V. S. Naipaul

DUNKLE GEGENDEN

Sechs große Reportagen

Zusammengestellt
und aus dem Englischen übersetzt
von Karin Graf

Eichborn Verlag
Frankfurt am Main 1995

Conrads Finsternis

Juli 1974

Es hat lange gedauert, bis ich auf Conrad zurückkam. Und wenn ich mit einem Bericht darüber beginne, wie schwierig er ist, dann, weil ich meine Begegnung mit ihm ehrlich darstellen muß. Es fällt mir schwer, Conrad gegenüber unvoreingenommen zu sein. Er war, glaube ich, der erste moderne Schriftsteller, mit dem ich Bekanntschaft machte. Durch meinen Vater. Mein Vater war ein Autodidakt, der sich einen Weg durch eine kulturelle Wirrnis suchte, deren er sich vielleicht kaum bewußt war und die auch ich erst seit kurzem zu verstehen begonnen habe; und er wollte selbst ein Schriftsteller sein. Er las weniger aus Vergnügen, als um Hinweise, Aufschlüsse und Ermutigung zu finden; und er machte mich mit den Schriftstellern bekannt, auf die er bei seiner Suche gestoßen war. Conrad war einer der ersten: Conrad, der große Stilist, aber auch Conrad, der Spätanfänger, der all denen Hoffnung machte, denen offenbar überhaupt kein Anfang gelang.

Ich glaube, ich war zehn, als mir das erste Mal Conrad vorgelesen wurde. Das klingt alarmierend, doch die Geschichte war »Die Lagune« und das Vorlesen ein Erfolg. »Die Lagune« ist vielleicht die einzige Geschichte von Conrad, die man einem Kind vorlesen kann. Sie ist sehr kurz, ungefähr 15 Seiten. Ein urwaldgesäumter tropischer Fluß in der Abenddämmerung. Der weiße Mann im Boot sagt: »Wir werden die Nacht bei Arsat verbringen.« Das Boot biegt in einen Nebenarm des Flusses ein; der weitet sich zu einer Lagune. Am Ufer ein einzelnes Haus; darin stirbt eine Frau. Und in der Nacht erzählt Arsat, der junge Mann, der ihr Geliebter ist, wie sie beide dort hinkamen. Es ist die Geschichte einer verbotenen Liebe, die an einem anderen Ort begann, von einer Verführung, einer Verfolgungsjagd, dem Tod eines Bruders, der den Verfolgern preisgegeben wurde. Was Arsat zu sagen hat, dürfte nicht mehr als 15 Minuten in Anspruch nehmen; doch eine Romanze ist eine Romanze, und als Arsats Geschichte endet, zieht die Morgendämmerung herauf; die frühmorgendliche Brise weht den Nebel fort; die Frau ist tot. Arsats Glück, wenn es je existierte, war zerbrechlich und kurz; und nun wird er die Lagune verlassen und an seinen Platz zurückkehren, um sich seinem Schicksal zu stellen. Auch der weiße Mann muß gehen. Und das letzte Bild zeigt Arsat, der, allein in seiner Lagune, »jenseits des großen Nichts eines wolkenlosen Tages die Finsternis einer Welt von Illusionen erblickt«.

Mit der Zeit verblaßte die Geschichte von der »Lagune«. Doch das Gefühl von Nacht und Einsamkeit und Verhängnis blieb in mir, übertrug sich in meiner

Phantasie auf die Südsee oder eine tropische Insel in den Filmen von Sabu und Jon Hall. Mit Widerstreben habe ich mir »Die Lagune« noch einmal vorgenommen. Es ist viel von Conrad darin — Leidenschaft und Tiefe, Einsamkeit und Vergeblichkeit und die Welt von Illusionen —, und ich bin mir heute nicht mehr sicher, ob es nicht das reinste Stück Prosa ist, das Conrad je geschrieben hat. Die frische Erzählweise, die präzise Bildhaftigkeit, die Szenerie des Flusses und der versteckten Lagune, der namenlose weiße Besucher, die nächtliche Geschichte von Liebe und Verlust, der Tod bei Tagesanbruch: alles fügt sich wunderbar zusammen. Und wenn ich sage, es ist ein reines Stück Prosa, dann, weil die Geschichte für sich spricht; der Verfasser tritt nicht zwischen seine Geschichte und den Leser.

»Die Lagune« wurde von Max Beerbohm in »Eine Weihnachtsgirlande« parodiert. Schriftstellermythen können von solchen Zufällen abhängen. »Die Lagune« war zufällig die erste Kurzgeschichte, die Conrad schrieb; und obwohl ich später, als ich die Parodie las, spüren konnte, daß ich über Conrad Bescheid wußte, war »Die Lagune« von meinem Standpunkt aus Schwindel gewesen. Denn nie wieder sollte ich bei Conrad etwas so Starkes und Direktes finden.

Eine Geschichte, »Karain«, wurde nicht viel später als »Die Lagune« geschrieben. Sie ist auch in Malaysia angesiedelt und hat, wie Conrad einräumte, ein ähnliches Motiv. Karain, von plötzlicher sexueller Eifersucht getrieben, tötet den Freund, dessen Liebeswerben zu dienen er versprochen hatte; und von da an wird Karain vom Geist des Mannes heimgesucht, den er getötet hat. Eines Tages trifft er einen weisen alten Mann, dem er alles gesteht. Der alte Mann bannt den Geist, und Karain wird, mit dem alten Mann als Berater, ein Krieger und Eroberer, ein Herrscher. Der alte Mann stirbt; der Geist des ermordeten Freundes kehrt zurück, um Karain heimzusuchen. Er ist auf der Stelle verloren; seine Macht und Größe schwinden dahin; er schwimmt zum Schiff der Weißen hinaus und bittet sie, Ungläubige aus einer anderen Welt, um Hilfe. Sie geben ihm ein Amulett: eine vergoldete Sixpence-Münze zum sechzigjährigen Regierungsjubiläum von Königin Victoria. Der Zauber funktioniert; Karain wird wieder ein Mann.

Oberflächlich betrachtet ist die Erzählung eine Schauergeschichte über den Aberglauben der Eingeborenen. Doch für Conrad ist sie viel mehr; sie ist tiefgründiger und wunderbarer als »Die Lagune«; und er legt es darauf an, daß ihre ganze Bedeutung erfaßt wird. Alle Andeutungen, die in »Die Lagune« implizit enthalten waren, sind nun ausgesprochen. Die Weißen haben Namen; sie reden und handeln wie eine Art Chor. Wir werden also aufgefordert, zwei entgegengesetzte Kulturen zu betrachten, die eine offen und ohne Glauben, die andere geschlossen und von alter Zauberei beherrscht; die eine »am Rand äußerster Finsternis«, die Welt erforschend, die andere in einem kleinen Teil davon eingeschlossen. Doch Illusionen sind Illusionen, ein Trugbild ist ein Trugbild. Ist nicht London selbst, das Leben seiner Straßen, ein Trugbild? »Ich sehe es. Es ist da; es keucht, es rennt, es wogt; es ist stark und lebendig; es würde dich zerschmettern, wenn du nicht aufpaßt; doch ich will verdammt sein, wenn es ebenso wirklich für mich wäre wie das andere.« So romantisch und irgendwie rätselhaft endet die Geschichte.

Die schlichte Schauergeschichte ist so gebaut, daß sie viel tragen muß. Sie verlangt eine komplexere Reaktion als die einfachere Prosa von »Die Lagune«. Gefühle — Nacht und Einsamkeit und Verhängnis — sind nicht genug; der Schriftsteller will uns in mehr als in seine Phantasie hineinziehen; wir sind aufgefordert —

der Chor oder Kommentar fordert es —, die Ereignisse der Geschichte von außen zu betrachten und darüber nachzudenken. Die Geschichte ist so etwas wie eine Parabel geworden. Es ist aber nichts künstlich konstruiert, weil nichts bewiesen wird; nur Zweifel werden geweckt.

In einem Vorwort zu einem späteren Erzählungsband schrieb Conrad: »Das romantische Gefühl für die Wirklichkeit war eine mir angeborene Fähigkeit.« Er hatte sich nicht absichtlich romantische Themen gesucht; sie selbst hatten sich ihm dargeboten.

> »Ich habe ein natürliches Recht auf [meine Themen], weil meine Vergangenheit ganz mir gehört. Wenn deren Verlauf außerhalb des ausgetretenen Pfads organisierten gesellschaftlichen Lebens liegt, dann vielleicht deshalb, weil ich selbst gewissermaßen sehr früh davon abgewichen bin. Ich gehorchte einem Impuls, der sehr echt gewesen sein muß, denn er hat mich durch alle Gefahren der Desillusionierung getragen. Doch dieser Ursprung meiner literarischen Arbeit war weit davon entfernt, meiner Vorstellungskraft größeren Spielraum zu geben. Im Gegenteil, die bloße Tatsache, daß ich mich mit Dingen befaßte, die außerhalb der üblichen Alltagserfahrung lagen, verpflichtete mich, der Wahrhaftigkeit meiner eigenen Empfindungen gegenüber um so aufrichtiger zu sein. Das Problem war, nicht vertraute Dinge glaubwürdig zu machen. Dafür mußte ich eine eigene angemessene Atmosphäre von Wirklichkeitstreue für sie schaffen, sie reproduzieren, sie darin einhüllen. Dies war angesichts der gewissenhaften Darstellung von Wahrheit in Gedanken und Tatsachen, die immer mein Ziel war, die schwerste und wichtigste Aufgabe von allen.«

Doch die Wahrheiten der Geschichte von »Karain« sind schwierig. Die Welt von Illusionen, Menschen als Gefangene ihrer Kulturen, Glauben und Unglauben: dies sind Wahrheiten, für die man bereit sein und die man vielleicht bereits halb verinnerlicht haben muß, denn die Geschichte trägt sie nicht überzeugend in sich. Die Andeutung, das Leben Londons sei genauso ein Trugbild wie das zeitlose Leben des Malaiischen Archipels, ist verblüffend, denn die zwei Seiten lange Beschreibung der Londoner Straßen, mit der die Geschichte endet, ist zu konkret: ausdruckslose Gesichter, Droschken, Omnibusse, Mädchen, »die sich lebhaft unterhalten«, »schmutzige Männer [. . .], die dreckige Reden halten«, ein Polizist. Diese Aufzählung hat nichts, was uns davon überzeugen könnte, das hier beschriebene Leben sei ein Trugbild. Die Wirklichkeit hat sich nicht mit der Phantasie des Schriftstellers vereinigt. Das Konzept des Trugbilds muß zusätzlich eingeführt werden: Es ist eine Sache von Worten, eine störende Unterschrift unter einem ziemlich konventionellen Bild.

Ich bin auf diese einfache Geschichte ziemlich ausführlich eingegangen, weil sie im Kleinen die Schwierigkeiten veranschaulicht, die ich mit den größeren Werken haben sollte. Ich hatte bei Conrad das Gefühl, daß ich nicht mitbekam, worum es ging. An sich einfache Geschichten schienen sich mir irgendwann immer zu entziehen. Und dazu kamen die Worte, die dem Bedürfnis des Schriftstellers entsprangen, der Wahrhaftigkeit seiner eigenen Gefühle zu entsprechen. Die Worte schoben sich dazwischen; sie verdunkelten. *Der Nigger von der »Narcissus«* und *Taifun,* berühmte Bücher, waren unergründbar.

1896 schrieb der junge H.G. Wells in einer ansonsten freundlichen Kritik von *Der Verdammte der Inseln,* dem Buch vor dem *Nigger:* »Mr. Conrad ist zu wortreich;

seine Geschichte wird nicht so sehr erzählt, wie in gewissen Abständen durch einen Schleier von Sätzen gesehen. Er muß noch die andere große Hälfte seiner Kunst lernen, die Kunst, Dinge ungeschrieben zu lassen.« Conrad schrieb Wells einen freundlichen Brief, doch am selben Tag — die Geschichte steht in Jocelyn Baines' Biographie — schrieb er an Edward Garnett: »Etwas bringt den Eindruck zustande — hinterläßt seine Wirkung. Was? Es kann nichts anderes sein als der Ausdruck — die Anordnung der Worte, der Stil.« Das ist für einen Romanautor eine erstaunliche Definition von Stil. Denn Stil im Roman und vielleicht in jeder Prosa ist mehr als die »Anordnung von Worten«: Er ist eine Anordnung, sogar eine Orchestrierung von Wahrnehmungen; es geht darum, daß man weiß, wo man was hinschreiben soll. Doch Conrad zielte auf Aufrichtigkeit. Aufrichtigkeit verlangte Ausführlichkeit von ihm.

Genau diese Ausführlichkeit, die fehlende Bereitschaft, die Geschichte für sich sprechen zu lassen, dieses Streben, aus einer einfachen, unkomplizierten Situation alles Geheimnisvolle ans Licht zu holen, führt zur Mystifizierung von *Lord Jim*. Es ist nicht immer leicht zu erkennen, was erläutert wird. Gewöhnlich behauptet man, in der Geschichte gehe es um Ehre. Ich selbst habe eher das Gefühl, es geht um das Thema — 1900 viel heikler als heute — der ungeklärten ethnischen Identität. Und Conrads Ausführlichkeit geht so weit, daß beide Standpunkte durch Zitate belegt werden können. *Lord Jim* ist jedoch auf jeden Fall ein imperialistisches Buch, und es könnte sein, daß beide Standpunkte in Wirklichkeit zusammenfallen.

Was auch immer das Geheimnis von *Lord Jim* sein mag, es konnte mich nicht fesseln. Phantasie, Vorstellungskraft, Handlung, wenn man so will, waren durch Ausführlichkeit herausdestilliert worden. Conrad hatte etwas Unausgeglichenes, sogar Unfertiges. Er schien nicht über sein erstes einfaches Konzept einer Geschichte hinausgehen zu können; seine Erfindungsgabe schien ihn schnell im Stich zu lassen. Und selbst in seinem Abwechslungsreichtum lag etwas Zaghaftes und Unsicheres.

Dann gab es *Der Geheimagent,* einen Krimi aus dem Polizeimilieu, der zu enden schien, kaum daß er begonnen hatte, mit Anklängen an Arnold Bennett und *Die Laster der kleinen Leute* in jener Soho-Atmosphäre und etwas von Wells' Humor, was Londoner Straßennamen und Droschkenfahrer und abgewirtschaftete Pferde betrifft — als habe den Autor im Umgang mit Bekanntem, bereits Beschriebenem, die Gabe des Staunens verlassen, so daß er sich auf die Visionen anderer stützen mußte. Dann gab es *Mit den Augen des Westens,* das mit seinem Figurenarsenal russischer Revolutionäre und dem Thema des Betrugs etwas von Dostojewski hatte, sich dann aber in reine Analyse auflöste. Dann gab es die zu künstliche Fiktion von *Sieg:* Der reine, zurückhaltende Mann rettet ein Mädchen von einer Orchestertruppe, die durch den Osten tourt, und bringt es auf eine abgelegene Insel, wo die Katastrophe in Gestalt von Gangstern auf es wartet. Und dann gab es *Nostromo,* über Südamerika, ein Durcheinander von Charakteren und Themen, das ich nicht einmal zu Ende lesen konnte.

Sehr viele verschiedene Conrads, und doch schienen mir alle mit einem Makel behaftet. Der Held von *Sieg,* der sich von der Welt fernhielt, hatte sich »alles bis auf Abscheu ausgetrieben«; und mir kam es so vor, als habe sich Conrad in seinen belletristischen Schriften gerade jene Qualitäten von Vorstellungskraft und Phantasie und Erfindungsgabe als Gemeinplatz ausgetrieben, die ich in Romanen suchte. Ein Roman von Conrad war wie ein einfacher Film mit einem ausführlichen Kommentar. Ein Film: Die Charaktere und Schauplätze konnte man deutlich sehen. Doch Realismus erforderte oft triviale, zufällige Dialoge, die Schilderung trivialer Handlungen; das melodramatische Getue am Ende betonte nur die Langsamkeit und Unausgewogenheit des Vorangegangenen; und der Kommentar betonte die Tatsache, daß die Charaktere Schauspieler waren.

Doch wir lesen zu unterschiedlichen Zeiten um unterschiedlicher Dinge willen. Wir tragen an Romane unsere eigenen Vorstellungen von dem heran, was der Roman sein sollte; und diese Vorstellungen entspringen unseren Bedürfnissen, unserer Erziehung, unserem Hintergrund oder vielleicht auch nur unseren Vorstellungen von unserem Hintergrund. Weil wir eigentlich lesen, um herauszufinden, was wir bereits wissen, können wir die Vorzüge eines Schriftstellers als selbstverständlich hinnehmen. Und seine Originalität, das Neue, das er uns bietet, kann über unsere Köpfe hinweggehen.

Ich kam zu der Erkenntnis, daß die großen Schriftsteller über hochorganisierte Gesellschaften schrieben. Ich hatte keine solche Gesellschaft; ich teilte die Voraussetzungen der Schriftsteller nicht; ich sah meine Welt nicht in der ihren widergespiegelt. Meine koloniale Welt war durchmischter, eingeengter und kam aus zweiter Hand. Es kam die Zeit, da ich begann, über das Geheimnis — ein Wort Conrads — meines eigenen Hintergrunds nachzusinnen: jener Insel in der Mündung eines großen südamerikanischen Flusses, des Orinoko, einer von Conrads dunklen Gegenden der Erde, in der mein Vater literarischen Ehrgeiz für sich und dann für mich gehegt, doch der ich in meiner Vorstellung jegliche Romantik und vielleicht sogar Realität abgesprochen hatte. Ich hatte es vorgezogen, »Die Lagune«, als die Erzählung mir vorgelesen wurde, nicht auf der Insel anzusiedeln, die ich kannte, mit ihren schlammigen Flüssen, Mangroven und Sümpfen, sondern irgendwo weit weg.

Es kam mir vor, als seien die von uns, die dort geboren waren, merkwürdig nackt, als lebten wir ausschließlich körperlich. Es war nicht leicht zu erklären, selbst für mich selbst nicht. Doch bei Conrad sollte ich später gerade in der Geschichte von »Karain« meine Gefühle für die Gegend exakt eingefangen finden.

> »Und tatsächlich, wenn man diese Sichel zwischen der See und den schroffen Felswänden sah, konnte man sich kaum vorstellen, daß dahinter noch anderes Territorium lag. Es war ein stilles, unbekanntes, aber heiles Gebiet, ein Land voller Leben, das sich in der Abgeschiedenheit verstohlen regte und unsagbar ruhig dahinfloß, ohne Hirne oder Herzen aufzuwühlen. Nichts kündigte kommende Tage an. Uns offenbarte es sich als Land, das keine Erinnerung kannte, keine Trauer oder Hoffnung, als Land, in dem jeder Sonnenaufgang zu einem besonderen, die Augen blendenden Schöpfungsakt wurde und weder mit einem Gestern noch mit einem Morgen verbunden war.«

Diesen Abschnitt hätte ich früher überflogen: die rhetorische Glanzstelle, die reflektierende Bildunterschrift. Nun sah ich eine Präzision in seiner Romantik und eine große Anstrengung des Denkens und Mitfühlens. Und die Anstrengung endet nicht bei der Anschauung des Landes. Sie erstreckt sich auf alle Menschen in diesen dunklen oder fernen Gegenden, denen, aus welchem Grund auch immer, eine klare Sicht der Welt verwehrt ist: Karain selbst in seiner Welt der Gespenster; Wang, dem Chinesen im freiwilligen Exil aus *Sieg,* selbstgenügsam in der »instinktiven

Existenz« des chinesischen Bauern; den beiden belgischen Kolonialisten aus »Ein Vorposten des Fortschritts«, hilflos, wenn ihre Kameraden weg sind, inmitten Afrikas lebend »wie Blinde in einem großen Raum, die sich nur dessen bewußt sind, was mit ihnen in Berührung kommt, die allgemeinen Zusammenhänge von Dingen aber nicht wahrnehmen können«.

»Ein Vorposten des Fortschritts« ist für mich heute das Beste, was Conrad je schrieb. Es ist die Geschichte von zwei ganz gewöhnlichen Belgiern, neu im neuen Belgisch-Kongo, die herausfinden, daß sie durch ihren schwarzen Gehilfen, ohne es zu wissen, Afrikaner gegen Elfenbein getauscht haben, und dann von den Eingeborenen um sie herum verlassen und wahnsinnig werden. Doch mein erstes Urteil darüber war rein literarisch gewesen. Die Geschichte war mir bekannt vorgekommen; ich hatte schon andere Geschichten über einsame weiße Männer gelesen, die in heißen Ländern wahnsinnig werden. Und meine Neuentdeckung — oder Entdeckung — Conrads begann eigentlich mit einer einzigen kleinen Episode in *Herz der Finsternis*.

Den afrikanischen Hintergrund — »das demoralisierte Land« des Plünderns und der sanktionierten Grausamkeit — nahm ich als selbstverständlich hin. So können wir in unseren Annahmen gefangen sein. Jetzt scheint mir der Hintergrund der wirkungsvollste Teil des Buches zu sein; aber damals war er lediglich das, was ich eben erwartete. Die Geschichte von Kurtz, dem Elfenbeinhändler am Oberlauf des Kongo, der durch seine unbegrenzte Macht über primitive Menschen zu Primitivismus und Wahnsinn getrieben wird, ließ mich völlig kalt. Doch eine Seite sprach mich direkt an, und sie handelte nicht nur von Afrika.

Der Dampfer fährt stromaufwärts, um Kurtz zu treffen; die Fahrt ist »wie eine Rückkehr zu den Urzeiten der Welt«. Am Ufer wird eine Hütte gesichtet.

Sie ist leer, doch darin liegt ein einziges Buch, 60 Jahre alt, *Eine Untersuchung über einige Einzelheiten der Seemannschaft*, zerfetzt, ohne Einband, doch »der Rükken war liebevoll neu geheftet worden mit weißem Baumwollfaden«. Und inmitten des Alptraums scheint das alte Buch — »nicht gerade kurzweilig [. . .] mit Schautafeln zur Illustration und abweisenden Zahlentabellen«, doch »schon auf den ersten Blick mit einer Absicht«, mit »einem ehrlichen Bemühen darum, wie eine Arbeit richtig anzupacken war« — dem Erzähler »mit noch einer anderen als nur einer beruflichen Erleuchtung zu glänzen«.

Diese Szene macht mir heute, vielleicht weil ich sie so lange mit mir herumgetragen habe oder vielleicht weil ich für den Rest der Geschichte empfänglicher bin, weniger Eindruck. Doch ich vermute, damals entsprach sie der politischen Panik, die ich zu empfinden begann.

Bewohner einer Kolonie zu sein hieß, so etwas wie Sicherheit zu kennen; es hieß, eine Welt zu bewohnen, in der alles geregelt war. Und ich vermute, in meiner Phantasie hatte ich mir England als rein literarische Gegend vorgestellt, in der ich, unbehindert von den Zufällen der Geschichte oder Herkunft, eine romantische Laufbahn als Schriftsteller beginnen könnte. Doch in der neuen Welt spürte ich, wie dieser Boden unter mir schwankte. Die neue Politik, das merkwürdige Vertrauen von Menschen auf Institutionen, die sie doch gleichzeitig untergraben wollten, die Einfachheit von dem, woran man glaubte, und die abscheuliche Einfachheit von dem, was man tat, die Korruption moralischer Anliegen, halbfertige Gesellschaften, die dazu verurteilt schienen, halb fertig zu bleiben: diese Dinge begannen, mich völlig zu beanspruchen. Ich konnte ihnen nicht unvoreingenommen begegnen. Und ich fand heraus, daß Conrad — 60 Jahre vorher, zur Zeit eines großen Friedens — überall vor mir gewesen war. Nicht als Mensch mit einem Anliegen, sondern als Mensch, der wie in *Nostromo* eine Anschauung von den halbfertigen Gesellschaften der Welt bot, sie als Gegenden zeichnete, die sich in einem fort schufen und zerstörten, wo es kein Ziel gab und wo immer »etwas den Notwendigkeiten jeder erfolgreichen Handlung Inhärentes [...] die moralische Herabsetzung der Idee in sich trug«. Düster, doch tief empfunden: so etwas wie eine Wahrheit und ein halber Trost.

Um Conrad zu verstehen, war es notwendig, allmählich seine Erfahrung einzuholen. Und genauso mußte man seine vorgefaßte Meinung darüber aufgeben, was ein Roman tun sollte, und sich vor allem von den verderblichen Einflüssen des Sittenromans oder der Sittenkomödie befreien. Wenn die Kunst das Leben kopiert und das Leben wiederum die Kunst nachahmt, kann die Originalität eines Schriftstellers oft verschleiert werden. *Der Geheimagent* schien ein Krimi zu sein. Doch Inspektor Heat, korrekt, wenn auch merkwürdig beunruhigend, war wie kein Polizist zuvor in der Literatur — wenn es auch seitdem viele seinesgleichen gegeben hat. Und trotz des äußeren Anscheins war diese großartige Dame, Gönnerin eines gefeierten Anarchisten, nicht Lady Bracknell:

»Seine Ansichten hatten nichts, was sie schockieren oder erschrecken konnte, da sie vom Standpunkt ihrer überlegenen Position urteilte. Tatsächlich waren ihre Sympathien einem Mann jenes Schlags leicht zugänglich. Sie selbst war keine ausbeuterische Kapitalistin; sie war sozusagen über das Spiel ökonomischer Bedingungen erhaben. Und sie hatte großes Mitleid mit den offensichtlicheren Formen allgemeinen menschlichen Elends, gerade weil es ihr so völlig fremd war, daß sie ihre Vorstellung davon in Begriffe geistigen Leids übersetzen mußte, ehe sie eine Ahnung von seiner Grausamkeit bekam [...] Sie glaubte seiner Zukunftstheorie beinahe, da sie ihren Vorurteilen nicht widersprach. Sie mochte das neue Element der Plutokratie in der Zusammensetzung der Gesellschaft nicht, und die Industrialisierung als Methode menschlicher Entwicklung kam ihr wegen ihres mechanischen und gefühllosen Charakters außerordentlich abstoßend vor. Die humanitären Hoffnungen des sanftmütigen Michaelis zielten nicht auf völlige Zerstörung, sondern bloß auf den ökonomischen Ruin des Systems. Und sie sah nicht wirklich, wo darin ein moralischer Nachteil war. Er würde die große Zahl der Parvenüs abschaffen, die sie nicht mochte und denen sie mißtraute, nicht, weil sie es zu etwas gebracht hatten (das leugnete sie), sondern wegen ihrer profunden Unkenntnis der Welt, die der hauptsächliche Grund für die Roheit ihres Empfindungsvermögens und die Dürre ihrer Herzen war.«

Nicht Lady Bracknell. Jemand, der viel realer ist und in mehr als einem Land nach wie vor anzutreffen. Heutzutage vielleicht jünger; doch hinter humanitärer Betroffenheit verbirgt sich auch heute noch eine ähnliche Arroganz und Beschränktheit, die Überzeugung, daß Reichtum, ein besonderes Vermögen, eine besondere Stellung oder ein besonderer Name die einzig möglichen Gründe für menschliche Selbstachtung sind. In wie vielen Ländern finden wir heutzutage nicht das Ebenbild dieses Mannes?

»Der alles andere als dem Tode geweihte Veteran von Dynamitkriegen war zu seiner Zeit ein großer Schauspieler gewesen [...] Der berühmte Terrorist hatte nie im Leben persönlich auch nur den kleinen Finger gegen das gesellschaftliche Gefüge erhoben.

Er war kein Mann der Tat [. . .] Mit weitaus subtilerer Absicht spielte er die Rolle eines frechen und boshaften Stifters von finsteren Impulsen, die im blinden Neid und der erbitterten Eitelkeit von Ignoranz lauern, im Leid und Elend von Armut, in all den hoffnungsvollen und edlen Illusionen von gerechtfertigtem Zorn, Mitleid und Revolte. Der Schatten seiner bösen Gabe hing ihm an wie der Geruch einer tödlichen Droge in einer alten Giftphiole, jetzt leer, nutzlos, bereit, auf den Abfallhaufen der Dinge geworfen zu werden, die ihre Aufgabe erfüllt haben.«

Der Ausdruck, der mich beeindruckt hatte, war »finstere Impulse, die in . . . edlen Illusionen lauern«. Doch nun fällt mir ein anderer Ausdruck auf: die »erbitterte Eitelkeit von Ignoranz«. So ist es mit dem Besten bei Conrad. Worte, die wir das eine Mal gar nicht beachten, beginnen das andere Mal zu funkeln.

Doch der Charakter in *Der Geheimagent,* von dem dieser Absatz handelt, kommt darüber hinaus kaum vor. Sein Name ist Karl Yundt; er ist keine der Gestalten, an die wir uns erinnern. Rein äußerlich ist er eine groteske Erscheinung, eine Karikatur, wie es so viele andere trotz Conrads durchdringender Beobachtung sind — Anarchisten, Polizisten, Minister. An Karl Yundts dramatischem Auftritt im Roman gibt es sozusagen nichts, was an die Tiefe dieses Absatzes herankommt oder auf die Qualität der Reflexion verweist, aus der heraus die Figur geschaffen ist.

Meine Vorbehalte gegen Conrad als Romanautor bleiben. Seine schöpferische Imagination ist irgendwie mangelhaft und ungeübt. Er bezieht mich — außer in *Nostromo* und einigen Geschichten — nicht in seine Phantasie mit ein; und *Lord Jim* ist für mich immer noch als erzählendes Gedicht annehmbarer denn als Roman.

Conrads Wert besteht für mich darin, daß er vor 60 bis 70 Jahren über meine Welt nachdachte, eine Welt, die ich heute wiedererkenne. Dieses Gefühl habe ich bei keinem anderen Schriftsteller des Jahrhunderts. Seine Leistung kommt von der Ehrlichkeit, die Teile seiner Schwierigkeit ist, nämlich »der Wahrhaftigkeit meiner eigenen Gefühle gegenüber ganz und gar aufrichtig zu sein«.

Bei Conrad ist nichts konstruiert. Er schafft keine Länder neu. Er suchte sich, wie wir heute wissen, Vorfälle aus dem wirklichen Leben; und er dachte darüber nach. »Nachdenken« ist sein eigenes, treffendes Wort. Und was er über die Heldin in *Nostromo* sagt, kann auch für ihn gelten. »Der Weisheit des Herzens, die nichts mit der Errichtung oder dem Niederreißen von Theorien zu schaffen hat und genausowenig mit der Verteidigung von Vorurteilen, steht kein zufälliges Wort zur Verfügung. Die Worte, die sie von sich gibt, haben den Wert von rechtschaffenen, toleranten und mitfühlenden Taten.«

Jeder große Schriftsteller ist Produkt einer Reihe besonderer Umstände. Bei Conrad sind diese Umstände wohlbekannt: Jugend in Polen, 20 Jahre Umherziehen, Seßhaftwerden in England, einem fremden Land, um zu schreiben, als er Ende 30 war und seine Erfahrungen mehr oder weniger abgeschlossen. Diese Umstände müssen zusammen betrachtet werden; man kann nicht einen über den anderen stellen. Die Tatsache des späten Anfangs kann nicht von der Herkunft und der vielseitigen Erfahrung getrennt werden. Doch der späte Beginn ist wichtig.

Die meisten phantasievollen Schriftsteller entdecken sich und ihre Welt durch ihre Arbeit. Conrad war, als er sich niederließ, um zu schreiben, wie er dem Verleger William Blackwood schrieb, ein Mann, dessen

Charakter bereits geformt war. Er kannte seine Welt und hatte über seine Erfahrungen nachgedacht. Einsamkeit, Leidenschaft, der Abgrund: diese Themen kehren bei Conrad immer wieder. Im Werk eines Schriftstellers gibt es eine Einheit; doch war der Conrad, der *Sieg* schrieb, obzwar leichter und direkter im Stil, nicht erfahrener und weiser als der Conrad, der 20 Jahre vorher *Almayers Wahn* geschrieben hatte. Seine Unsicherheiten in der Anfangszeit, als er Themen und Stimmungen ausprobierte, scheinen hauptsächlich literarischer Art gewesen zu sein. 1896, im Jahr nach der Veröffentlichung von *Almayers Wahn,* konnte er die romantische Schwülstigkeit von *The Rescue* (Die Rettung) hinter sich lassen und nicht nur »Die Lagune« schreiben, sondern auch mit »Der Vorposten des Fortschritts« beginnen. Diese Geschichten, die sozusagen an entgegengesetzten Enden meines Verständnisses von Conrad stehen, die eine so romantisch, die andere so energisch und forsch, wurden beinahe zur gleichen Zeit geschrieben.

Und dann gibt es noch die Aphorismen. Sie ziehen sich durch Conrads Werk, und ihr Ton ändert sich nie. Es scheint immer derselbe weise Mann zu sprechen. »Die Furcht vor dem Endgültigen lauert in jeder menschlichen Brust und verhindert genauso viele Heldentaten wie Verbrechen«: Das stammt aus *Almayers Wahn,* 1895. Und dies aus *Nostromo,* 1904: »Ein Mann, zu dem die Liebe spät kommt, den trifft sie nicht als die prächtigste aller Illusionen, sondern als erleuchtendes und unendlich kostbares Unglück« — was in dem Zusammenhang beinahe zu dramatisch klingt. Aus *Der Geheimagent,* 1907, wo es beinahe vergeudet erscheint: »Neugierde ist eine Form der Selbstenthüllung. Eine planmäßig nicht neugierige Person bleibt immer ein wenig geheimnisvoll.« Und schließlich aus *Sieg,* 1915: »Die fatale Unvollkommenheit aller Gaben des Lebens macht sie zur Täuschung und zur Falle« — was durchaus in eines der früheren Bücher gepaßt hätte.

Sich für die Arbeit eines Schriftstellers zu interessieren heißt für mich, sich für sein Leben zu interessieren; das eine ergibt sich automatisch aus dem anderen. Und Conrads Leben als Schriftsteller hat für mich etwas eigentümlich Deprimierendes. Bei einem Schriftsteller wie Ibsen kann man vom Leben wie von den Stücken selbst erschüttert werden. Man wundert sich, warum das sinnliche Leben aufgegeben wird; man wundert sich über die kurzlebigen Befriedigungen des schöpferischen Instinkts, genauso unersättlich wie die Sinne. Doch bei Ibsen spürt man immer die Erregung der Arbeit am Werk, das sich entwickelt, verändert, von ebendiesen Zweifeln und Konflikten bereichert wird. Conrad schien schon alle Themen und alle Schlußfolgerungen im Kopf gehabt zu haben, als er sich niederließ, um zu schreiben. *Nostromo* könnte durch einige Zeilen in einem Buch angeregt worden sein, *Der Geheimagent* durch ein Bruchstück einer Unterhaltung und ein Buch. Doch im Grunde lag die Erfahrung in der Vergangenheit; und die Arbeit des Schriftstellerlebens bestand darin, diese Erfahrung nach geeigneten Themen zum Nachdenken zu durchforsten, »nach einer verlorenen Fährte zu suchen«, um mit Conrads Worten zu sprechen.

Conrads Vorstellungen von schöner Literatur schienen sich schon früh in seiner Schriftstellerlaufbahn herausgebildet zu haben. Und wie unsicher auch immer sein anfängliches Vorgehen war, diese Vorstellungen änderten sich nie. 1895, als sein erstes Buch veröffentlicht wurde, schrieb er einem Freund, der ebenfalls zu schreiben begann: »Den ganzen Zauber, die ganze Wahrheit (deiner Geschichte) wirfst du durch die Konstruktion weg — durch (sozusagen) den Mechanismus der Geschichte, der sie falsch wirken läßt [. . .] Du hast so viel Vorstellungskraft: viel mehr, als ich je haben werde, auch wenn ich 100 Jahre alt würde. Diese Vorstellungskraft (ich wünschte, ich hätte sie) sollte dazu dienen, menschliche Seelen zu schaffen: menschliche Herzen offenzulegen — und nicht um Ereignisse zu schaffen, die im Grunde genommen nur *Zufälle* sind. Um das zu erlangen, mußt du dein poetisches Vermögen kultivieren [. . .] Du mußt jedes Gefühl, jeden Gedanken, jedes Bild aus dir herauspressen.« Als er Wells kennenlernte, sagte Conrad (die Geschichte wird von Wells erzählt): »Mein lieber Wells, was soll das mit dieser *Liebe und Mr. Lewisham?* Was soll das mit Jane Austen? Was soll das alles?« Und später — all diese Zitate stammen aus Jocelyn Baines' Biographie — sollte Conrad schreiben: »Der in England geborene Romanschriftsteller betrachtet sein Werk — die Ausübung seiner Kunst — selten als eine Errungenschaft des aktiven Lebens, mit der er gewisse Wirkungen auf die Gefühle seiner Leser hervorruft, sondern einfach als einen instinktiven, oft nicht bedachten Erguß seiner eigenen Emotionen.«

Waren diese Vorstellungen Conrads französischen oder europäischen Ursprungs? Schließlich mochte Conrad Balzac, den atemlosesten aller Schriftsteller; und Balzac, ein von seiner Gesellschaft verhexter Mensch, war durch Instinkt und Unbedachtheit zu etwas ganz Ähnlichem wie dem »romantischen Gefühl für Realität« gekommen, von dem Conrad sagte, es sei eine ihm angeborene Fähigkeit. Es scheint zumindest möglich, daß Conrad in seiner gereizten Ablehnung des englischen Sittenromans und des Romans der »Zufälle« zugleich seinen Mangel an Vorstellungskraft wie auch sein philosophisches Bedürfnis rationalisierte, sich so eng wie möglich an die Tatsachen jeder Situation zu halten. In seiner Prosa versuchte er nichts zu entdekken; er versuchte nur zu erklären; die Entdeckung jeder Geschichte ist, wie der Erzähler in *Mit den Augen des Westens* sagt, eine moralische.

Der Erfahrung der meisten Schriftsteller nach verändert die imaginative Realisierung einer Geschichte ständig das ursprüngliche Konzept des Schriftstellers. Eine Geschichte drängt sich auf aus Erfahrung, Phantasie und allen möglichen anderen Impulsen. Doch sie muß von der dramatischen Vorstellungskraft des Schriftstellers erprobt werden, und ihre verschiedenen Teile müssen diesen Test überstehen. Entweder funktioniert etwas oder nicht; was wahr ist, wirkt wahr; was falsch ist, ist falsch. Und indem der Schriftsteller darauf hinarbeitet, daß seine Erzählung funktioniert, daß er sich mit seiner Vorstellungskraft arrangiert, kann er mehr sagen, als er weiß. Bei Conrad scheint die Geschichte festgelegt zu sein; sie ist etwas Gegebenes, wie die Inhaltsangabe, die bei einem alten Gedicht in Prosa jeweils vor einem größeren Abschnitt steht. Conrad weiß genau, was er zu sagen hat. Und manchmal, wie in *Lord Jim* und *Herz der Finsternis,* sagt er weniger, als er beabsichtigt.

Herz der Finsternis zerfällt in zwei Teile. Da gibt es einmal die Reportage über den Kongo, völlig korrekt, wie wir inzwischen wissen: Die Conrad-Forschung hat so gut wie alles in dieser Geschichte identifizieren können. Und da gibt es die fiktive Geschichte — jedenfalls klingt sie in dem Kontext wie eine Fiktion — von Kurtz, dem Elfenbeinhändler, der sich anmaßt, so etwas wie ein heidnischer afrikanischer Gott zu werden. Die Idee mit Kurtz klingt gut, wenn sie eingeführt wird: Er will zeigen, »in welch urweltlichen Bereich im einzelnen die ungehinderten Füße einen Mann tragen, den Einsamkeit umgibt«. Betörende Worte, doch sie sind abstrakt; und die Idee, mit Bedacht ausgearbeitet, bleibt aufgetragen. Conrads Einstellung zur erzählenden Literatur — er nimmt sie nicht als etwas Eigenständiges, sondern als Tatsachen aufgetragenen Lack — wird durch seinen Kommentar zu der Geschichte deutlich. »Es handelt sich um Erfahrung, die mit der, glaube ich, vollkommen berechtigten Absicht, sie dem Verstand und Herzen des Lesers nahezubringen, ein wenig (nur ein ganz klein wenig) über die zugrundeliegenden Tatsachen des Falls hinausgetrieben ist.«

Geheimnis — das ist Conrads Wort. Aber im Werk selbst, in den imaginierten Dingen, gibt es kein Geheimnis; das Geheimnis bleibt etwas, was der Autor sich ausgedacht hat. Das Thema der Leidenschaft und des Abgrunds kommt bei Conrad häufig vor, doch in seinem Werk gibt es nichts wie die Abendszene in Ibsens *Gespenster:* Die Lampen werden angezündet, der Champagner wird bestellt, und Licht und Champagner unterstreichen nur den Fluch, der auf diesem Haus liegt, ein Fluch, der erst äußerlich und zufällig erscheint und den man dann als von innen kommend erkennt. Bei Conrad gibt es keine solche Szene, die uns über das hinausführt, was wir sehen, und zum Symbol für Erscheinungsweisen unserer eigenen Erfahrung wird. Bei ihm gibt es nichts — um beim Thema des Fluchs zu bleiben — wie »The Withered Arm« (Der verkümmerte Arm), Hardys Geschichte von Zurückweisung und Rache und Preisgabe der Unschuldigen, die über das ländliche Zaubermärchen hinausgeht, auf dem sie beruht. Dafür ist Conrad ein zu umständlicher und konkreter Schriftsteller; er hält sich zu dicht an die Tatsachen; hätte er über diese Geschichten nachgedacht, hätte er sie wahrscheinlich in Fallgeschichten verwandelt.

Bei Schriftstellern wie Ibsen und Hardy reagiert die Phantasie auf Impulse und Bedürfnisse, die sie vielleicht nicht explizit hätten erklären können. Die Wahrheiten dieser Phantasie müssen wir für uns herausfinden oder übersetzen. Bei Conrad ist das Verfahren umgekehrt. Wir beginnen fast immer mit den Wahrheiten — Wahrheiten, die man sozusagen nach Hause tragen kann, die manchmal als Aphorismen wiedergegeben sein können — und arbeiten uns bis zu ihrer Veranschaulichung vor. Die Methode wurde ihm durch die besonderen Umstände, die ihn zum Schriftsteller machten, aufgezwungen. Um die Schwierigkeiten dieser Methode zu verstehen, das außerordentliche Maß an Intelligenz und Einfühlung, das sie erforderte, und die Anwendung dessen, was er als poetische Fähigkeit beschrieb, sollten wir versuchsweise das Problem einmal aus Conrads Sicht betrachten. Es gibt eine frühe Geschichte, die uns das ermöglicht.

Die Geschichte heißt »The Return« und wurde ungefähr zur gleichen Zeit geschrieben wie »Karain«. Sie handelt in London, und interessanterweise sind ihre beiden Hauptfiguren Engländer. Alvan Hervey ist ein Städter. Er ist »groß, wohlhabend, gutaussehend und gesund; und sein klares blasses Gesicht trug unter seiner üblichen Vornehmheit jenen leichten Anflug anmaßender Brutalität, der sich einstellt, wenn man im Grunde nicht schwierige Fertigkeiten beherrscht; wenn man Meister im Spiel oder in der Kunst des Geldverdienens ist, wenn man mit Leichtigkeit Herr über Tiere und bedürftige Menschen ist.« Und damit ist bereits klar, daß dies weniger ein Porträt als ein Aphorismus und eine Vorstellung über die Mittelschicht ist.

Eines Abends folgen wir Hervey nach Hause. Wir gehen hinauf in sein Ankleidezimmer, das erleuchtet ist von Gaslampen in Form bronzener Drachen, aus deren Maul eine schmetterlingsförmige Flamme schlägt. Der Raum ist voller Spiegel und plötzlich ziemlich angefüllt mit mittelständischen Alvan Herveys. Doch auf dem Toilettentisch seiner Frau liegt ein Brief: Sie hat ihn verlassen. Dann begleiten wir Hervey in allen

Details seiner mittelständischen Reaktion: Schock, Übelkeit, Erniedrigung, Wut, Traurigkeit: ordentlich aufgereiht Abschnitt um Abschnitt, Seite um Seite. Und wunderbarerweise hält uns Conrad durch seine schiere analytische Intelligenz gefangen.

Dann hört man jemanden das Haus betreten. Es ist Herveys Frau: Sie hat letzten Endes doch nicht den Mut gehabt wegzugehen. Was nun folgt, ist sogar noch eindrucksvoller. Schritt um Schritt gehen wir mit Hervey mit, vom Gefühl der Erleichterung und des Triumphes über den Wunsch zu bestrafen bis zu der Überzeugung, daß die Frau, nach fünf Jahren Ehe eine Fremde, »in ihren Händen ein unentbehrliches Geschenk hielt, welches sonst nichts auf Erden gewähren konnte«. So kommt Hervey zu dem »unwiderstehlichen Glauben an ein Rätsel [. . .] die Überzeugung, daß vor ihm zum Greifen nahe und ihm doch entgleitend, das Grundgeheimnis der Existenz lag — seine Sicherheit immateriell und kostbar«. Er will dann »die Auslieferung des Geschenks erzwingen«. Er sagt seiner Frau, daß er sie liebt; doch die kitschigen Worte wecken nur ihre Empörung, ihre Verachtung für den »Materialismus« der Männer und ihre Wut über ihren Selbstbetrug. Bis dahin funktioniert die Geschichte. Nun schwindet ihre Kraft. Hervey fällt ein, daß seine Frau nicht den Mut hatte wegzugehen; er spürt, daß sie gar nicht das »Geschenk« hat, das er nun braucht. Und schließlich ist er es, der weggeht und nicht zurückkehrt.

Geheimnisvolle Worte wiederholen sich in dieser Geschichte — »Rätsel«, »Gewißheit, immateriell und kostbar«. Aber es gibt keinen richtigen Erzählverlauf und kein richtiges Geheimnis. Ein anderer Schriftsteller hätte vielleicht einen Handlungsablauf entworfen. Für Conrad jedoch lagen das Drama und die Wahrheit nicht in den Ereignissen, sondern in der

Analyse: im Herausarbeiten der Bewußtseinsstufen, über die ein Mann ohne Leidenschaft sich bis zur Erkenntnis der Bedeutung von Leidenschaft bewegen kann. Das war die schwierigste Art, das Thema zu behandeln; und Conrad litt, während er die 80 Seiten lange Geschichte schrieb. Er schrieb an Edward Garnett: »Sie hat mir fünf Monate meines Lebens schwergemacht.« Solche Mühe; und dennoch, trotz der Intelligenz und der richtigen Wahrnehmungen, trotz der filmischen Details — die Spiegel, die feuerspeienden Bronzedrachen — bleibt »The Return« weniger eine Geschichte denn ein phantasievoller Essay. Eine Wahrheit, wie Conrad sie sieht, wurde analysiert. Doch die Menschen bleiben Abstraktionen.

Und das gibt uns einen weiteren wichtigen Hinweis. Daß die mittelständischen Menschen alle gleich, alle als bewußt leidenschaftslos, vergnüglich und materialistisch gesehen werden, so daß sogar die Ehe wie eine Verschwörung ist — das ist die satirische Sicht des Außenseiters. Im Jahr zuvor, als er *The Rescue* durchlitt, hatte Conrad an Garnett geschrieben: »Andere Schriftsteller haben einen Ausgangspunkt. Etwas, woran sie sich halten können [. . .] Sie stützen sich auf Dialekt — oder Tradition — oder Geschichte — oder das Vorurteil oder die Laune des Augenblicks; sie nutzen ein Gebot oder eine Überzeugung ihrer Zeit — oder das Fehlen dieser Dinge —, die sie loben oder schmähen können. Doch auf jeden Fall haben sie etwas, womit sie beginnen können — während ich das nicht habe. Ich habe ein paar Eindrücke gehabt, ein paar Empfindungen — zu meiner Zeit [. . .] und das ist alles verblaßt.«

Das ist die Klage eines Schriftstellers, dem eine Gesellschaft fehlt und der langsam zu verstehen beginnt, daß Phantasie oder Vorstellungskraft sich in einer geschlossenen und geordneten Welt freier bewegen können. Conrads Erfahrung war zu diffus; er kannte viele Gesellschaften von außen, doch er kannte keine gründlich von innen. Sein Blick für Menschen war vollkommen. Doch als er »The Return« in London ansiedelte, war er sofort eingeschränkt. Er konnte nicht viel riskieren; er konnte nicht über sein Wissen hinauskommen. Die Nachteile eines Schriftstellers können, wenn das Werk vollbracht ist, wie Vorteile erscheinen. »The Return« gestattet uns sozusagen im Frühstadium einen Blick hinter die Kulissen und vermittelt uns eine Vorstellung von der notwendigen Befremdlichkeit des Werks und der ungeheueren Arbeit, die in den Romanen steckte, die als anschauliche Abhandlung unserer Welt immer noch Geltung haben.

Es ist interessant, über Schriftstellermythen nachzudenken. Mit Conrad verbindet man den imperialistischen Mythos vom Mann der Ehre, vom Mann, der das Meer stilisiert. Damit verfehlt man das Beste an Conrad, aber reflektiert zumindest das Werk. Die Mythen großer Schriftsteller haben gewöhnlich eher mit ihrem Werk als mit ihrem Leben zu tun. Doch heutzutage haben die Schriftstellermythen immer mehr mit dem Schriftsteller selbst zu tun: das Werk steht nicht mehr so stark im Vordergrund. Die großen Gesellschaften, die die großen Romane der Vergangenheit hervorbrachten, sind zerbrochen. Schreiben ist privater geworden und hat einen privateren Nimbus bekommen. Der Roman als Form ist nicht mehr überzeugend. Experimente, die nicht den eigentlichen Problemen gelten, haben die Rezeption korrumpiert; und in den Köpfen von Lesern und Schreibern herrscht große Konfusion über das Anliegen des Romans. Der Romanautor wie der Maler erkennt seine weltdeutende Funktion nicht mehr an; er versucht, darüber hinauszugehen; und seine Öffentlichkeit wird kleiner. Und so bleibt die Welt, die wir bewohnen und die immer neu ist, unerforscht, wird von Kameras gewöhnlich gemacht, ohne daß über sie nachgedacht würde; und es gibt niemanden, der die Empfindung wahren Staunens weckt. Das ist vielleicht eine zutreffende Definition für das Anliegen des Romanautors, zu allen Zeiten.

Conrad starb vor 50 Jahren. In diesen 50 Jahren ist sein Werk in viele Winkel der Welt vorgedrungen, die für ihn dunkel waren. Das ist ein Thema zum Nachdenken im Sinne Conrads; es sagt uns etwas über unsere neue Welt. Vielleicht spielt es gar keine Rolle, was wir über Conrad sagen; es reicht, daß er diskutiert wird. Man wird sich erinnern, daß für Marlow in *Herz der Finsternis* »der Sinn dessen, was geschah, nicht innen lag wie ein Kern, sondern er war die äußere Hülle der Geschichte, die nur die Folge davon war, wie Wärme einen Dunst zur Folge hat, ähnlich, wie es bei Nebelhöfen ist, die manchmal erst durch den Spektralglanz des Mondscheins sichtbar werden«.

Ein neuer König für den Kongo: Mobutu und der Nihilismus Afrikas

Januar bis März 1975

Der Kongo, einst eine belgische Kolonie, ist jetzt ein afrikanisches Königreich und heißt Zaire. Es scheint ein Nonsensname zu sein, eine portugiesische Verballhornung, sagen einige Zairer, eines einheimischen Wortes für »Fluß« aus dem 16. Jahrhundert. Als würde Taiwan, um seine chinesische Identität noch einmal geltend zu machen, sich wieder den portugiesischen Namen Formosa geben. Der Fluß Kongo heißt nun Zaire, wie auch die einheimische Währung, die beinahe wertlos ist.

Der Mann, der sich zum König über dieses Land der drei Z — pays, fleuve, monnaie — gemacht hat, hieß früher Joseph Mobutu. Sein Vater war Koch. Doch Joseph Mobutu bekam eine Schulbildung; eine Weile, zur Zeit der Belgier, war er Journalist. 1960, als das Land unabhängig wurde, war Mobutu 30, Sergeant in der einheimischen Force Publique. Die Force Publique wurde zur Kongolesischen Nationalarmee. Mobutu wurde Oberst und Befehlshaber, und durch alle Erhebungen, Rebellionen und Abspaltungen in den Jahren nach der Unabhängigkeit bewahrte er sich die Loyalität einer Fallschirmjägerbrigade. 1965 ergriff er als General Mobutu die Macht; und in dem Maße, wie er Ordnung in die Armee und das Land brachte, änderte sich sein Stil und wurde afrikanischer. Er gab den Namen Joseph auf und ist jetzt bekannt als Mobutu Sese Seko Kuku Ngbendu Wa Za Banga.

Als General Mobutu ließ er sich immer in Armeeuniform fotografieren. Nun, als Mobutu Sese Seko, trägt er, was er durch sein Vorbild zur Hoftracht der Zairer gemacht hat. Eine fesche Version des normalen zweiteiligen Anzugs. Die Jacke hat ein hohes breites Revers und wird ganz zugeknöpft; die Ärmel können lang oder kurz sein. Ein kühn gemustertes Halstuch ersetzt die Krawatte, die mehr oder weniger geächtet wurde; und zum Halstuch paßt ein Einstecktuch in der Brusttasche. Bei weniger offiziellen Anlässen — wenn er unter das Volk geht — trägt Mobutu geblümte Hemden. In der Öffentlichkeit trägt er immer eine Leopardenfellmütze und einen reich mit Schnitzereien verzierten Stab.

Dies — die Mütze und der Stab — sind die Embleme seiner afrikanischen Häuptlingswürde. Nur der Häuptling kann den Leoparden töten. In den Stab sind symbolische Figuren eingeschnitzt: zwei Vögel, etwas, was aussieht wie eine Schlange, eine menschliche Figur mit einem aufgeblähten Bauch. Kein Zairer, den ich traf, konnte mir die Symbolik erklären. Ein Lehrer tat so, als wisse er nicht, was »geschnitzt« sei, und sagte: »Wir hätten gerne alle solche Stäbe.« Doch bei manchen einheimischen Schnitzereien ist der Bauch der menschlichen Figur so aufgebläht, weil er den Fetisch enthält. Der Stab wird von Zairern als Häuptlingsstab akzeptiert. Solange der Häuptling den Stab vom Boden hochhält, können die Leute um ihn herum sprechen; setzt der Häuptling den Stab auf den Boden, müssen die Leute schweigen, und der Häuptling gibt seinen Beschluß bekannt.

Um die Verfassung und die beinahe unbegrenzte Macht des Präsidenten zu erklären, zitiert *Profils du Zaïre,* das offizielle Handbuch (zu variablen Preisen: 4 Zaire, 8 Dollar, der »erste« Preis des Straßenverkäufers, 2 Zaire sein »letzter«), Montesquieu zu den Aufgaben des Staates. *Elima,* die offizielle Tageszeitung, bietet eine andere, afrikanische Sicht der Regierung. »In Zaire haben wir von unseren Vorfahren tiefen Respekt für die Freiheiten anderer geerbt. Deshalb folgten unsere Vorfahren gern dem Prinzip, Konflikte zu schlichten, waren die Leute so an das Palaver *(la palabre)*, das heißt an Diskussionen, gewöhnt, die jeden Mann in seinen Rechten bestärkten.«

Montesquieu und die Vorfahren werden also miteinander in Übereinstimmung gebracht. Und die Sitten der Vorfahren stellen sich als fortschrittlich heraus. Es geht nur darum, die richtigen Worte zu finden. Das Palaver ist schließlich ein »Dialog«; die Herrschaft des Häuptlings ist Regierung durch Dialog. Doch wenn der Häuptling spricht, wenn der Häuptling seinen geschnitzten Stab auf den Boden setzt, endet der moderne Dialog; und das Afrika der Vorfahren übernimmt das Kommando. Die Worte des Häuptlings können nicht in Frage gestellt werden, so wie *Elima* (die es hält, wie sie es gerade braucht) manchmal »antirevolutionäre« Elemente ermahnen muß.

Es wird gemunkelt, die letzten fünf Worte von Mobutus afrikanischem Namen seien ein Hinweis auf die Manneskraft, die der afrikanische Häuptling haben muß: Er ist der Hahn, der kein Huhn in Ruhe läßt. Doch vielleicht sind die Worte nur symbolisch. Denn als Häuptling ist Mobutu mit seinem Volk »verheiratet« — »Die Ehe von Sese (Mobutu)« ist ein »revolutionäres Lied« — und wie in den guten alten Tagen der Vorfahren, *comme aux bon vieux temps des nos ancêtres,* hat der Häuptling sein Volk immer fest im Griff. Die Ehe des Häuptlings kann auf andere, mehr legalistische Weise erklärt werden: Der Häuptling hat einen »Vertrag« mit seinem Volk. Er erfüllt diesen Vertrag mit Hilfe eines modernen Staatsapparats, doch die Minister und ihre Kommissare sind nur die »Mitarbeiter« des Häuptlings, die »Nabelschnur zwischen der Macht und dem Volk«.

Der Häuptling, der mit seinem Volk vermählte Herr, *le pouvoir:* Die Attribute beginnen sich zu verdoppeln und verdreifachen. Mobutu ist auch der Führer der Authentischen Zairischen Revolution, der Vater der Nation, der Präsident und Gründer der revolutionären Volksbewegung (Mouvement Populaire de la Révolution), der einzigen politischen Partei des Landes. So daß er sowohl durch die Nomenklatur wie durch die fesche Nationaltracht, die er kreiert hat, das alte Afrika mit dem progressiven und neuen verbindet. So wie ein Anzug von Guy Dormeuil (160 Zaire, 320 Dollar, in den Läden von Kinshasa) mit Halstuch und passendem Einstecktuch zur authentischen zairischen Nationaltracht werden kann, so stützen eine Reihe bestechender importierter Ideen Mobutus afrikanische Häuptlingswürde.

Er ist Bürger, Häuptling, König, Revolutionär; er ist ein afrikanischer Freiheitskämpfer; er wird von den Geistern der Vorfahren unterstützt; wie Mao hat er seine Gedanken in einem Buch veröffentlicht (Mobutus Buch ist grün). Er hat jede ideologische Position bezogen, und die Grundlage seiner Königswürde kann nicht in Frage gestellt werden. Er herrscht; er ist großartig; und wie ein mittelalterlicher König wird er zugleich geliebt und gefürchtet. Er kontrolliert die Streitkräfte; er hat sie geschaffen; in Kinshasa schläft er immer noch in einer Kaserne. Wie der belgische Leopold II. zur Zeit des Kongostaates — dessen despotische Gesetzgebung (Aneignung der Bergwerksminen 1888, alles unbebauten Landes 1890, der Früchte der Erde 1891) über die belgische Kolonialverwaltung bis zum gegenwärtigen Regime zum großen Teil erhalten geblieben ist und nun als eine Art angestammter afrikanischer Sozialismus präsentiert wird —, wie Leopold II. ist Mobutu Besitzer von Zaire.

Im letzten November kämpfte Muhammad Ali in Kinshasa gegen George Foreman. Ali gewann; doch in Zaire war Mobutu der Sieger. Eine große Bretterwand vor dem Stadion verkündet es noch heute, mit englischer Übersetzung über dem französischen Text: »Ein Kampf zwischen zwei Schwarzen *(deux noirs)* in einer schwarzen Nation *(un pays de Nègres)*, organisiert von Schwarzen und gesehen von der ganzen Welt, ist ein Sieg des Mobutismus.« Doch der Spaß, den die Leute an dem Ereignis gehabt hatten, und auch die Propaganda hatten sich bis zu meinem Eintreffen Mitte Januar verflüchtigt. Ich hatte mir eine schlechte Zeit ausgesucht. Ganz wie ein Häuptling hatte Mobutu eine seiner Überraschungen auf Lager. Vor 14 Tagen hatte Mobutu nach einem zweitägigen Palaver mit seinen Mitarbeitern eine »Radikalisierung der Revolution« beschlossen. Und jetzt waren alle nervös.

Im November 1973 hatte Mobutu alle Unternehmen und Plantagen nationalisiert, die Ausländern gehörten — hauptsächlich Griechen, Portugiesen und Indern —, und sie Zairern gegeben. Nun, ein Jahr später, hatte er beschlossen, diese Unternehmen zurückzufordern, viele von ihnen ausgeplündert und bankrott, und sie dem Staat zu unterstellen. Wer oder was war der Staat? Niemand wußte das ganz genau. Neue Leute, ergebenere Leute? Mobutu schien, wenn er die reine Sprache der Revolution sprach, jeden zu bedrohen. Die 300 belgischen Familien, die den Kongo beherrscht hatten, sagte er, seien durch 300 zairische Familien ersetzt worden; das Land hatte mehr Mercedes-PKW importiert als Traktoren; ein Drittel der Deviseneinnahmen des Landes gingen in den Import von Lebensmitteln, die auch im Land produziert werden konnten.

Dieser neuen zairischen Bourgeoisie — die er selbst geschaffen hatte — erklärte der Häuptling nun den Krieg. »Ich stelle sie vor eine klare Wahl: Die, die das Volk lieben, sollten alles dem Staat geben und mir folgen.« In seiner neuen Stimmung drohte der Häuptling noch andere Maßnahmen an. Er drohte, die Kinos und die Nachtclubs zu schließen; er drohte, den Genuß von Alkohol an öffentlichen Orten und Gebäuden vor 18 Uhr zu verbieten.

Durch die von den Belgiern entworfene *cité indigène* von Kinshasa, durch die breiten, ungepflasterten Straßen, voller Löcher und Aufwerfungen, zwischen Abfallhügeln, manchmal so hoch wie die kleinen Häuser in mediterranen Farben, unter dem grünen Schatten von Flamboyant, Mango und rotem Jasmin, marschierten Schulkinder für ihren Häuptling. Täglich veröffentlichte *Elima* Berichte über *marches de soutien* in anderen Städten. Und der Schrecken war groß, bei den Ausländern, die ihrer Geschäfte beraubt worden und dennoch geblieben waren, weil sie auf eine Entschädigung hofften oder auf Visa für Kanada warteten, und bei den goldbehängten Zairern in Nationaltracht. Finstere Männer, diese Zairer, nervös im Umgang mit dem

Besucher, leicht beleidigt, nur darauf bedacht, wissen zu lassen, daß sie loyal und in ihrer »Authentizität«, ihrem authentischen Afrikanischsein, von niemandem zu übertreffen waren.

Doch es liegt in der Natur eines mächtigen Häuptlings, daß er unberechenbar ist. Der Häuptling droht; das Volk ist eingeschüchtert; der Häuptling läßt sich erweichen; das Volk preist seine Großherzigkeit. Die Tage vergingen; das Trinken am Tag und sogar am Morgen ging weiter; viele Afrikaner verbrachten ihre Tage weiterhin in dieser stumpfen Geistesabwesenheit mit rotgeäderten Augen, die dem Besucher am Anfang so rätselhaft ist. Die Nachtclubs und Kinos schlossen nicht; die Prostituierten um das Memling Hotel herum gingen weiterhin ihren Geschäften nach. Es hatte ganz den Anschein, als habe der Häuptling sich zumindest in dieser Frage der öffentlichen Moral erweichen lassen. Das gewöhnliche Volk war verschont geblieben.

Doch die Nervosität weiter oben war gerechtfertigt. Innerhalb weniger Tage fiel die Axt auf viele der »Mitarbeiter« des Häuptlings nieder. Es gab eine allgemeine Erschütterung; der innere Kreis der Macht um den Häuptling wurde enger gezogen; und Zairer, die in Kinshasa geherrscht hatten, wurden jäh entlassen und in unbekannte Gegenden des Buschs verschickt, um dort das Wort der Revolution zu verbreiten. *Elima* trug zu ihrem schnellen Abgang bei.

»Der politische Kommissar wird nicht mehr sein, was er war, bevor das System modifiziert wurde. Das heißt kein Bürger mehr, der über der Alltagsrealität des Volkes schwebt, in einem Mercedes durch die Straßen und Alleen von Kinshasa fährt und nichts vom Leben des Bauern in Dumi weiß. Die politischen Kommissare werden mit dem Volk leben. Sie werden auf dem Feld arbeiten, nicht als Herren, son-

> dern als Bauern. Sie werden mit den Arbeitern schaffen, ihre Freuden und Sorgen teilen. Auf diese Weise werden sie das Streben und Trachten des Volkes besser verstehen und wahrhaft wieder zu Kindern des Volkes werden.«

Worte des Terrors. Denn dies war die große Furcht vieler Männer, die so leicht, einfach durch amtlich organisiertes Plündern, zu Reichtum gekommen waren — die Furcht der neuen Männer des neuen Staates, die im Namen der Afrikanisierung und der Würde Afrikas häufig Ämter innehatten, für die sie nicht qualifiziert waren, und Gehälter für Arbeiten bezogen, die sie überhaupt nicht taten. Denn trotz ihres Geredes von Authentizität und den Sitten der Vorfahren fürchteten sie genau dieses: von der süßen Korruption Kinshasas in die ältere Korruption des Buschs zurückgeschickt zu werden, nach Afrika zurückgeschickt zu werden.

Und der Busch ist nahe. Er beginnt direkt vor der Stadt und hört nicht mehr auf. Das Flugzeug von Kinshasa nach Kisangani scheint mehr als 800 Meilen über immer noch unberührt aussehenden Wald zu fliegen.

Man muß nur die letzte Reise des Subkommissars für die Äquatorregion in die Siedlung Bomongo betrachten. Bomongo liegt am Fluß Giri, ziemlich genau 100 Meilen nördlich der großen Stadt Mbandaka, früher Coquilhatville, der alten »Äquatorstation«, die mehr oder weniger genau auf dem Äquator, auf halber Strecke zwischen Kinshasa und den Stanleyfällen am Kongo oder Zaire errichtet wurde. Von Mbandaka brachte ein Dampfer die Gruppe des Kommissars auf dem Hauptfluß nach Lubengo; und dort stiegen sie für die 20 Meilen lange Durchfahrt durch den Lubengo-»Kanal« zum Giri in einen Einbaum um. Doch der Kanal ist auf großen Teilen der Strecke nur sechs Fuß breit, unter Wasser voller Wurzeln und Stümpfe, und manchmal nur zwölf Inch tief. Der Außenbordmotor mußte hochgezogen werden, man mußte Paddel nehmen. Und dazu kamen die Moskitos.

»Schon bei der Einfahrt in den Kanal [heißt es im offiziellen Bericht in *Elima*] bedecken einen Tausende Moskitos von Kopf bis Fuß, zwingen einen, sich ständig zu bewegen [. . .] Nach einer schlaflosen Nacht auf dem Lubengo-Kanal, oder besser dem ›Leidensweg‹ des Lubengo, auf dem wir oft ins Wasser hinaus und übermenschliche Anstrengungen unternehmen mußten, um den Paddlern zu helfen, den Einbaum vom Schlamm oder von Wurzeln zu befreien, erreichten wir gegen 9 Uhr morgens das Ende des Kanals (wir waren um 9 Uhr 30 am vergangenen Abend in ihn eingefahren) und kamen um 12 Uhr 30 endlich in Bomongo an, in einem Zustand, der auch das härteste Herz erweicht hätte. Wenn wir uns so ausführlich über den Lubengo-Kanal ausgelassen haben, dann nicht, weil wir Leute entmutigen wollen, über die Kanalroute nach Bomongo zu fahren, sondern weil wir einen der Hauptgründe hervorheben wollen, warum dieser Ort so isoliert und selten besucht ist.«

Seine Erschöpfung ignorierend, *bravant sa fatigue,* machte der Kommissar sich an die Arbeit. Er sprach vor verschiedenen Gruppen über die Integration von Partei und Verwaltung, über die Notwendigkeit von Pünktlichkeit, professioneller Sorgfalt und revolutionärem Eifer. Am nächsten Morgen besuchte er eine Ölfabrik im Bezirk Ebeka, die 1971 aufgegeben worden war und nun mit Hilfe eines ausländischen Beraters wieder in Betrieb genommen werden sollte. Am Nachmittag hielt er eine Rede gegen Alkoholismus und mahnte die Leute, mehr zu produzieren. Am Tag danach besuchte er eine Kaffeeplantage, die 1973 nationalisiert (die Plantagen in Zaire waren größtenteils von Griechen geführt worden) und einem Zairer gegeben worden war. Diese spezielle *attribution* hatte nicht gut funktioniert: in den letzten fünf Monaten waren die Arbeiter nicht bezahlt worden. Die Arbeiter beschwerten sich, und der Kommissar hörte zu; doch was der Kommissar tat oder sagte, wurde nicht wiedergegeben. Überall, wo der Kommissar hinkam, forderte er die Leute auf, um ihrer eigenen Freiheit und ihres Wohlergehens willen, die Prinzipien des Mobutismus buchstabengetreu zu befolgen; überall forderte er zu Wachsamkeit auf. Dann überließ der Kommissar Lubengo, Bomongo und Ebeka den Moskitos und kehrte in seine Zentrale zurück. Und *Elima* hielt die fünfzehntägige Reise für heldenhaft genug, um ihr eine halbe Seite zu widmen.

Dabei liegt Bomongo, abgeschnitten, wie es ist, nur 20 Meilen vom Hauptfluß des Kongo oder Zaire entfernt. Die Straßen des Landes sind heruntergekommen; der Inlandbetrieb von Air Zaire ist unzuverlässig; der Fluß ist auch 1975 noch der große Verkehrsweg des Landes. Und seit beinahe 100 Jahren verkehren Dampfer auf dem Fluß. Als Joseph Conrad — noch nicht Schriftsteller — 1890 mit der holzgefeuerten *Roi des Belges* mit einer Geschwindigkeit von acht Meilen in drei Stunden den Fluß hinauffuhr und jede Nacht anlegte, damit die kannibalischen Holzfäller am Flußufer schlafen konnten, mochte er vielleicht denken, er dringe ins unberührte Herz der Finsternis vor. Doch der Conrad-Forscher Norman Sherry hat sich in den Archiven umgeschaut und in *Conrad's Western World* bewiesen, daß sich selbst zur Zeit von Conrads Reise elf Dampfer auf dem Oberlauf des Flusses befanden.

Die Dampfer gibt es noch immer; auf die belgische *Otraco* folgte die zairische *Onatra.* Die Fahrrinne ist markiert: Am Ufer sind weiße Schilder an Bäume genagelt, der Fluß wird regelmäßig von Stümpfen und Wurzeln unter Wasser gesäubert. Für die Reise stromaufwärts, die zu Conrads Zeit einen Monat dauerte, braucht man heute sieben Tage; die Reise stromabwärts dauerte 14 Tage, nun legt man die Strecke in fünf Tagen zurück. Die Anlegestellen sind Städte geworden und doch geblieben, was sie waren: ferne Handelsniederlassungen. Und 1975 ist die Reise — 1000 Meilen durch grünes, flaches, eigentlich eintöniges Land — immer noch wie eine Reise durch das Nichts. So wenig wurde das weite Land angerührt: so abgeschlossen, einfach und ewig gleich scheint das afrikanische Leben noch zu sein, das der Reisende schnell durchquert.

Als der Dampfer noch den Belgiern gehörte, brauchten die Afrikaner eine *carte de mérite civique,* um erster Klasse zu reisen. Und afrikanische Passagiere dritter Klasse wurden auf Schleppkähnen ein Stück hinter dem Dampfer hergezogen. Jetzt sind die zweideckigen Schleppkähne der dritten Klasse, rostig, verbeult, mit abgeblätterter Farbe, erfüllt von einem geschäftigen Hinterhofleben, mit gefesselten Ziegen und in Kisten gepferchten Hühnern, die dichtgedrängt, inmitten der Passagiere, am Bug des Dampfers angebunden sind; und die Passagiere der ersten Klasse schlafen und essen vor ihren Kabinentüren in einem durchdringenden, warmen Geruch von geräuchertem Fisch und geräuchertem Affen.

Die *cabine de luxe,* doppelt so teuer wie die erste Klasse, wird von dem schwitzenden *garçon* als Abstellraum für seine Besen und Eimer und Putzlappen genutzt und als Versteck für das Essen, *foo-foo,* nach dem er ständig auf der Suche ist: Er sichert sich beispielsweise ein halbes Pfund Zucker, indem er ihn in eine Kanne Tee aus Flußwasser gießt und den Tee im Kleiderschrank versteckt, bis er abends an die Tür kratzt und klopft und schlägt, bis er eingelassen wird.

Die Vorhänge der *cabine* hängen ohne Ringe, in sich zusammengefallen vor den Fenstern. *»C'est pas bon«,* sagt der *garçon.* Viele Glühbirnen fehlen; sie werden nie mehr ersetzt; doch die leeren Arme der Wandleuchter kann man benutzen, um daran Sachen aufzuhängen. Das verseuchte Flußwasser im Badezimmer sieht ungefiltert aus; das fleckige und leckende Waschbecken ist aus der Wand gerissen; die verchromten Handtuchhalter bleiben für immer leer, ihre Funktion ist vergessen; und die Löcher im Fußboden werden wie die Löcher in einem Einbaum mit etwas ausgebessert, was wie Lehm aussieht. Der Spülkasten der Toilette läuft in einem fort. *»C'est pas bon«,* sagt der *garçon,* als spreche er von einer unabänderlichen Tatsache des Lebens. Und nicht einmal das sagt er, wenn an einem bewölkten Nachmittag bei einer Temperatur von 100 Grad Fahrenheit, die Fenster der *cabine de luxe* versiegelt, die Klimaanlage ausfällt.

Die Bar ist leer bis auf drei Flaschen Schnaps. Bier ist immer *terminé,* obwohl der Dampfer voll von benommenen Afrikanern und der Mann, der sich *maître d'hôtel* rufen läßt, vom frühen Morgen an betrunken ist. Es gibt natürlich Bier; doch jede kleine Dienstleistung bedarf eines »Schmiergelds«. Der Dampfer ist ein afrikanischer Dampfer und wird nach afrikanischen Regeln geführt. Er wurde afrikanischen Bedürfnissen angepaßt. Er befördert Passagiere, zu viele für die zwei Rettungsboote, die auf dem Deck der ersten Klasse zu sehen sind; aber er ist mehr als ein Passagierdampfer. Er ist ein reisender Markt; er ist für viele Leute, die entlang des Flusses leben, immer noch das einzige, was sie von der Welt draußen kennen.

Der Dampfer hält, wenn er flußabwärts von Kisangani, dem ehemaligen Stanleyville, nach Kinshasa fährt, nur in Bumbe, Lisala und Mbandaka. Doch er versorgt den Busch entlang der ganzen Strecke. Der Busch beginnt direkt außerhalb von Kisangani. Die Stadt endet — das verkommene Hôtel des Chutes, der Zollschuppen, die drei oder vier rostenden Eisenschaluppen, die dort zusammen vertäut sind, die römisch-katholische Kathedrale, dann eine große Ruine, ein paar Villen am Fluß —, und das Grün beginnt: Bambus, buschiges Gras hängt über die Flußufer, die Erde spiegelt sich rot, grün und rot im glatten Wasser, der Himmel, wie so oft hier dunkel vom Gewitter, aufgehellt und bebend wie von fernem Gewehrfeuer, das Licht wie Silber. Dann kommen Wind und Regen; das grüne Ufer weicht zurück; das Wasser kräuselt sich, die Spiegelungen verschwinden, das Wasser wirkt schlammig. Dschungel scheint sich anzukündigen. Doch der Busch wird nie höher, wird nie zum Wald.

Bald tauchen die Siedlungen auf: die niedrigen strohgedeckten Hütten in kahl gefegten braunen Höfen, Stroh und Mauern in der Farbe der Erde, die Erde so kahl gefegt aus Angst vor Schlangen und Soldatenameisen. Jungen kommen zum Dampfer herausgeschwommen, ihr Abenteuer zweimal pro Woche; und immer wieder kommen auf Zuruf die Einbäume der Händler, geschickt am fahrenden Dampfer entlanggestakt, vertäut und meilenweit mit stromabwärts genommen, während die Waren ausgeladen werden, Produkte des Buschs: Korbstühle, aus Baumstümpfen geschnitzte Mörser, große Emailleschüsseln mit Ananas. Wegen der Kriege oder aus irgendeinem anderen Grund gibt es hier wenige Männer, und die Paddler und Händler sind ausschließlich Frauen oder Mädchen.

Wenn die Händler verkauft haben, kaufen sie. Im vorderen Teil des Dampfers, hinter den WCs der zweiten Klasse, von deren Stahlböden ständig Wasser abläuft, und im schmalen Gang entlang der Kabinen, zwischen den kackenden Babys, dem Kochen und dem Waschen und den ins Leere starrenden Mädchen, die konzentriert entlaust werden, in einem feuchten Geruch nach salzigem Fisch und Exkrementen und Öl und Rost und zum Klang von Grammophonmusik, liegen die Verkaufsstände: Rasierklingen, Batterien, Pillen und Kapseln, Seife, Spritzen, Zigaretten, Bleistifte, Schulhefte, Stoffballen. Dies sind die Produkte der Außenwelt, die man braucht; dies sind die Güter, für die man solche Mühen auf sich nimmt. Wenn ihr Geschäft erledigt ist, stoßen die Einbäume ab und paddeln ohne Licht im Dunkeln meilenweit stromaufwärts.

Unfälle ereignen sich (auf dieser Reise wurde ein vollbesetzter Einbaum umgekippt, als er an den fahrenden Dampfer anlegen wollte, und ein paar Studenten, die aus dem Busch nach Kinshasa zurückkehrten, fanden dabei den Tod); und nachts tasten die Scheinwerfer des Dampfers unablässig die Ufer ab. Motten erscheinen weiß im Licht; und die Kongo-Hyazinthe auf dem Wasser erscheint weiß: eine Wasserpflanze, die erstmals 1956 auf dem oberen Kongo erschien und sich seitdem flußabwärts verbreitet, trügerisch schön, mit dicken, lilienähnlichen grünen Blättern und einer blaßlila Blüte wie eine wilde Hyazinthe. Sie verbreitet sich rasch; sie kann schwimmende Inseln bilden, die andere Pflanzen anziehen; sie kann die Schrauben des Dampfers blockieren. Wenn die Dampfer nicht mehr ausfallen, wenn es keine Kriege mehr geben sollte, dann könnte es immer noch die Kongo-Hyazinthe schaffen, die Anwohner des Flusses in die unvordenklich alten Lebensweisen des Buschs zu bannen.

Am Morgen sind neue Einbäume da, frische Handelsware: Schüsseln mit Schnecken in feuchter schwarzer Erde, frischer Fisch und Affen, fertig geräucherte Affen, *boucané,* verkohlte kleine Rümpfe, oder frisch geschlachtete, graue oder rote Affen, die Schwanzspitzen aufgeschlitzt und die aufgeschlitzte Haut der Schwänze um den Hals gewickelt, die Affen zusammengebündelt und an den Schwänzen von den Einbäumen hochgehoben, Reisetaschen, Mantelsäcke aus toten Affen. Die Aufregung ist groß. Affenfleisch ist eine afrikanische Delikatesse, und ein Affe, der in Kinshasa sechs Zaire, zwölf Dollar, einbringt, ist auf dem Fluß für drei Zaire zu kaufen.

Auf dem vibrierenden Stahldeck sehen manche Affen aus, als seien sie lebendig und atmeten. Der Wind zaust ihren Pelz; die Gesichter der roten Affen, die mal zur einen, mal zur anderen Seite fallen, lassen an einen tiefen, zufriedenen Schlaf denken; die Vorderpfoten der Tiere sind locker aneinander gelegt, manchmal vor dem Körper ausgestreckt. Im Heck des Dampfers wird auf dem Unterdeck ein Holzfeuer angezündet, und das Kochen beginnt: Der tote Affe wird mit dem Gesicht nach unten über das Feuer gehalten und der Pelz abgesengt. Zwischen den Ziegen und Hühnern im Bug sitzt ein nasses Affenbaby, fest angebunden, Schoßtier oder Abendessen für jemanden (und im Rettungsboot liegt am nächsten Tag als eine Art afrikanischer Scherz ein Affenschädel, sauber und weiß abgenagt).

Tag um Tag, auch während der Haltepausen in Bumbe, Lisala und Mbandaka — zweigeschossige belgische Kolonialgebäude, ockerfarbene Betonmauern, weiße Bögen, grüne oder rote Wellblechdächer —, spielt sich der Markt auf dem Dampfer ab. An den Flußufern weicht der Bambus Palmen, deren untere braune Wedel das gelbe Wasser streifen. Doch es gibt keinen richtigen Wald. Die hohen Bäume sind tot, und ihre Stämme und kahlen Äste ragen weiß aus dem niedrigen grünen Busch empor. Die niedrige Vegetation wird zeitweilig schütter und geht manchmal in eine grasbewachsene Savanne über, die im Dunst der Nachmittagshitze verdorrt und gespenstisch aussieht.

Der Fluß wird breiter; Inseln tauchen auf, aber in diesem Herzen Afrikas gibt es keine Einsamkeit. Immer gibt es die kleinen braunen Ansiedlungen in den geharkten braunen Höfen, die kleinen Anpflanzungen von Mais oder Bananen oder Zuckerrohr um die Hütten, die Einbäume der Händler, die auf Zuruf neben dem Dampfer erscheinen. Im Hitzedunst kann die Sonne eine Stunde vor Sonnenuntergang rund und orange aussehen und sich in dem von Laterit trüben Wasser als orangefarbener Streifen widerspiegeln, der nur durch die kleinen Wellen vom Bug des Dampfers und der Schleppkähne gebrochen wird. Manchmal bei Sonnenuntergang färbt sich das Wasser tief lila unter einem tief lila Himmel.

Doch die Wildnis ist bevölkert. Das Land dieses Flußbeckens ist Land, das auf afrikanische Art genutzt wird. Es wird abgebrannt, bestellt, aufgegeben. Es sieht verwüstet aus, doch seine Reichtümer und Früchte sind bekannt; es ist eine Wildnis, aber eine der Affen. Busch und verdorrte Bäume verschwinden erst kurz vor Kinshasa. Erst nach 900 Meilen werden weiche Erde und Laterit abgelöst durch Eruptivgestein, und das Land, allmählich hügelig, mit scharfen Einkerbungen, wird glatt und kahl, mit dunkler Vegetation nur in den Senken.

Heute pflanzen, morgen ernten: So sagt man in Kisangani. Doch dieses weite grüne Land, das den Kontinent ernähren kann, ernährt sich kaum selbst. In Kinshasa müssen Fleisch und sogar Gemüse aus anderen Ländern importiert werden. Eier und Orangensaft kommen, trotz der offiziellen scharfen Verurteilung, aus Südafrika und Trockenmilch und Flaschenmilch aus Europa. Der Busch ist eine Lebensart; und wo der

Busch so überwältigend ist, wird organisierte Landwirtschaft zur Vernunftwidrigkeit.

In den letzten 20 Jahren ihrer Herrschaft versuchten die Belgier, die afrikanische Landwirtschaft zu entwickeln, und scheiterten. Ein Mädchen auf dem Dampfer, eine Lehrerin, erinnerte sich an den irrationalen Versuch und die Prügel, die es dabei setzte. Landwirtschaft müsse »industrialisiert« werden, schrieb ein Autor eines Tages in *Elima,* aber nicht so, wie »die alten Kolonialisten und ihre Anhänger es predigten«. Die Belgier scheiterten, weil sie zu theoretisch waren, zu weit weg von den Bauern, die sie für »ignorant« und »irrational« hielten. In Zaire wie in China konnte diesem Autor zufolge eine vernünftige Landwirtschaft nur auf traditionellen Methoden aufgebaut werden. Maschinen waren nicht nötig. Sie entsprachen nicht immer dem Boden; Traktoren etwa machten den Boden häufig unfruchtbar.

Zwei Tage später stand ein anderer Artikel in *Elima.* Es sei kein Geheimnis, schrieb der Verfasser, daß die Landwirte des Landes nur kleine Flächen bestellten und ihre Produktion »minimal« sei. Man müsse moderne Maschinen einsetzen: Experten aus Nordkorea kamen, um dem Volk zu zeigen, wie. Und dazu gab es ein großes Foto von einem Traktor, eine Verheißung für die Zukunft.

Über die Landwirtschaft wie über so viele andere Dinge, auch über die Prinzipien der Regierung selbst, herrschte Verwirrung. Jeder spürt den großen Busch im Rücken. Und der Busch bleibt der Busch mit seinem eigenen natürlichen Leben. Abseits der Bergbaugebiete und der verfallenden Städte ist das Land, wie die Belgier es vorfanden und verließen.

APERIRE TERRAM GENTIBUS: »DAS LAND DEN NATIONEN ÖFFNEN«. Dieses Motto hat in erhabenem Granit über dem verunstalteten Denkmal vor dem Bahnhof von Kinshasa überlebt. Mit der Eisenbahn vom Atlantik, dem Dampfer jenseits des Wasserfalls bei Kinshasa: so wurde der Kongo erschlossen, und das Denkmal wurde 1948 zum fünfzigjährigen Jubiläum der Eisenbahn errichtet.

Doch nun wird die Eisenbahn hauptsächlich für Güter benutzt. Nur wenige Besucher treffen auf dem kleinen vorstädtischen Bahnhof ein, an dem immer noch »Kinshasa Est« steht, und treten hinaus in die imperiale Pracht des zweispurigen Boulevards, der südlich des Flusses verläuft, direkt hinter dem Hafen. Im Kreisverkehr vor dem Bahnhof hat man die Statue von König Albert I. (alten Postkarten zufolge, die immer noch verkauft werden, mit Uniform, Tropenhelm und Schwert) entfernt und die Bronzeplaketten am Sockel weggebrochen, bis auf einen Rand oben, der nach Bananenblättern aussieht; die Scheinwerfer sind eingeschlagen, der Leitungskasten herausgezogen und verrostet; und alles, was von diesem Denkmal geblieben ist, sind zwei hohe Ziegelsteinsäulen — wie die Säulen am Ende einer aufgegebenen kongolesischen Via Appia.

In der Bahnhofshalle drehen sich die Rahmen der Fahrpläne leer und ohne Glas um den Metallpfosten. Doch auf dem Rangiergelände, hinter den offenen, unbewachten Türen, steht ein wahres Relikt: eine Lokomotive von 1893, die erste der Kongo-Eisenbahn. Sie steht auf einem frischen Kiesbett, zwischen Wundersträuchern und neben zwei Bäumen der Reisenden. Sie ist klein, für eine Schmalspur gebaut, und sieht mit ihrem niedrigen schlanken Dampfkessel, dem hohen Schornstein und offenen Führerstand recht niedlich aus; aber anscheinend ist sie noch intakt. Sie trägt die Serienzahl *No. 1* und in einer ovalen Kartusche einen der großen Namen der belgischen industriellen Expansion im 19. Jahrhundert: *Société Anonyme Jean Cockerill-Seraing.*

Nicht viele Leute in Kinshasa wissen von dieser Lokomotive; und vielleicht hat sie nur überlebt, weil sie wie so vieles aus der belgischen Vergangenheit nun ausrangiert ist. Wie der halb zusammengebrochene Gabelstapler auf dem Bahnsteig vor einem der Lagerschuppen; wie der andere Gabelstapler auf dem Gelände, der gründlicher ausgeraubt wurde und dessen rostige Gabeln, die wie metallene Stoßzähne im Staub liegen, abmontiert wurden. Wie der Rasenmäher mit dem einen Rad, draußen im Park, der jetzt Ödland ist und überwuchert, wo er nicht bis auf den Staub entblößt wurde. Der Rasenmäher befindet sich im Besitz eines kleinen Jungen, der, als er das Interesse des Fremden bemerkt, die Maschine aufrichtet und geschickt auf dem einen Rad durch den Staub rollt, bis die rostigen Klingen surren.

Heutzutage trifft der Besucher auf dem Flughafen von Ndjili ein, ein paar Meilen östlich der Stadt. Zaire ist noch kein Land für den spontan Reisenden — der Belästigungen, offiziell wie inoffiziell, sind zu viele —, der Besucher ist gewöhnlich entweder Geschäftsmann oder, wenn er schwarz ist, ein Delegierter (in Nationaltracht) für eine der vielen Konferenzen, die Zaire jetzt abhält. Vom Flughafen führt eine Straße direkt in die Innenstadt und zum Intercontinental-Hotel, vorbei an großen grün-gelben Tafeln mit Mobutu-Sprüchen in Französisch und Englisch, vorbei am Fluß (die Slums der *cité indigène* sind ein gutes Stück weiter nach Süden), vorbei an den von den Belgiern erbauten Villen in grünen Gärten. Eine kaum befahrene sechsspurige Autobahn führt über 20 oder 30 Meilen in die andere Richtung, zum »Sitz des Staatspräsidenten«, Nsele.

In der Residenz, die aussieht wie eine Feriensiedlung, luxuriös, aber mit Anzeichen von Vergänglichkeit, dürfen herausragende Besucher bleiben oder konferieren, und bewährten Mitgliedern der Partei wird ein Hauch von Luxus zugestanden. Im letzten Jahr trainierte Muhammad Ali hier; im Januar dieses Jahres hielten sich hier ein paar Akrobaten aus Nordkorea und Angehörige der Vereinten Nationen auf. Es gibt Bungalows mit Klimaanlage, riesige Konferenzsäle, extravagante Salons, ein Schwimmbad. Es gibt auch eine Modellfarm, betrieben von Chinesen. Nsele ist ganz im Stil der neuen Präsidentschaft gehalten: eines von vielen großspurigen, offiziellen Gebäuden, von Häuptlingskralen, die in den letzten Jahren in der baufälligen Hauptstadt errichtet wurden, eine Bestätigung der Macht des Häuptlings und der führenden Rolle Afrikas zugleich. In dem neuen Palast für offiziell eingeladene Oberhäupter anderer Staaten sind die Bäder vergoldet: Mein Informant war jemand aus einem anderen afrikanischen Land, der dort gewohnt hatte.

Die belgische Vergangenheit gerät also langsam in Vergessenheit und wird so schäbig dargestellt wie ihre verunstalteten Denkmäler. *Elima* widmet der fünfzehntägigen Reise des Subkommissars für die Äquatorregion nach Bomongo eine halbe Seite; doch Stanley, der die Kongo-Route erstmals zurücklegte, der die Straße von Matadi nach Kinshasa baute, wurde von seinem Sockel gestoßen. Im Museum bewahrt der belgische Kurator ein großes Eisenrad von einem der Wagen auf, die auf dieser Straße eingesetzt wurden (und von wieviel Arbeit zeugt dieses Rad!); doch Mount Stanley ist zu Mont Ngaliema geworden, einem Park des Präsidenten; und die Statue von Stanley, die über den Wasserfall hinwegschaute, ist durch die Statue eines hochgewachsenen anonymen Stammeskriegers mit Speer ersetzt worden. Im Hôtel des Chutes in Kisangani hat der alte Stadtname Stanleyville auf ein paar Geschirrstücken überlebt. Die geborstenen Kaffeetassen werden nur für Zucker und Milchpulver benutzt; wenn sie verschwunden sind, wird auch der Name verschwunden sein.

Die belgische Vergangenheit wird genauso ausradiert, wie die arabische Vergangenheit ausradiert wurde. Die Araber waren die Rivalen der Belgier im östlichen Kongo; ein Araber war einmal Gouverneur der Station an den Stanleyfällen. Doch wer bringt heute noch den Kongo mit einem arabischen Imperium des 19. Jahrhunderts in Verbindung? Ein Batetela-Junge erinnerte sich, daß seine Vorfahren Sklavenjäger für die Araber waren; als die Belgier kamen und ihnen Posten in ihrer Armee anboten, wechselten sie die Seiten. Doch das war vor langer Zeit. Der Junge ist jetzt Psychologiestudent und wie so viele junge Zairer auf der Suche nach einem Stipendium im Ausland; und die Freundin des Jungen, aus einem anderen Stamm, dessen Angehörige in der Vergangenheit für versklavbar gehalten wurden, lachte über diese Geschichte vom Sklavenhandel.

Der Busch überwuchert schnell, was einmal große Ereignisse oder Umwälzungen waren. Der Busch hat die Städte begraben, die die Araber schufen, die Plantagen, die sie anlegten, so wie er vor kurzem, in den Unruhen nach der Unabhängigkeit, die eleganten östlichen Vororte von Stanleyville, in der Nähe des Wasserfalls von Tshopo, begraben hat. Die belgischen Villen wurden verlassen; die Afrikaner nahmen sie zunächst in Besitz und plünderten sie dann, raubten alles Metall, Draht, Holz, Badewannen und Toilettenschüsseln (beide nützlich zum Einweichen von Maniok) und hinterließen nur eingeschossige Hülsen aus Ziegel- und Mauerwerk. 1975 stehen einige der Ruinen noch, und sie sehen sehr alt aus, wie ein tropisches überwuchertes Pompeji, seiner Kunstwerke beraubt. Nur die Ruinen des Nachtclubs Château de Venise geben noch einen Hinweis auf das kulturelle Leben der verschwundenen Siedlung.

Und es ist überraschend, wie wenig schon jetzt von der belgischen Vergangenheit in den Köpfen der Leute haften geblieben ist. Ein vierzigjähriger Mann — er hatte ein paar Jahre in den Vereinigten Staaten verbracht — erzählte mir, daß sein Vater, 1900 geboren, sich an die belgische Gummisteuer und das Abschneiden von Händen erinnerte. Eine Frau sagte, ihr Großvater habe weiße Priester ins Dorf gebracht, um die Dorfbewohner vor strengen Beamten zu schützen. Doch ironischerweise könnte man die Leute, die diese Geschichten erzählten, beide als *évolués* bezeichnen. Die meisten unter 30, die aus dem Busch ausbrachen, um in Kinshasa Stellen als Lehrer oder in der Verwaltung zu bekommen, sagten, sie hätten von ihren Eltern oder Großeltern nichts über die Belgier gehört.

Ein Mann, ein Universitätslehrer, sagte: »Die Belgier gaben uns einen Staat. Ehe die Belgier kamen, hatten wir keinen Staat.« Ein anderer sagte, er habe von seinem Großvater nur etwas über die Ursprünge des Bantu-Volks gehört; sie seien vom Tschadsee nach Süden gewandert, über den Fluß in ein »leeres« Land, in dem nur Pygmäen gewohnt hätten, »ein primitives Volk«, das sie in den tiefen Wald vertrieben. Für die meisten ist die Vergangenheit ein weißer Fleck; und Geschichte beginnt mit ihren eigenen Erinnerungen. Die meisten berichten von einer Kindheit im Dorf, einer Schule, und dann — vom Schock der Unabhängigkeit. Für einen Mann aus Bandundu, Sohn eines »Bauern« und der erste seines Dorfes, der eine Schule besuchte, brach die neue Welt 1960 urplötzlich mit der Ankunft von Soldaten der sich auflösenden kongolesischen Armee über sein Dorf herein. »Ich sah damals zum ersten Mal Soldaten, und ich hatte große Angst. Sie hatten keine Offiziere. Sie behandelten die

Frauen schlecht und töteten ein paar Männer. Die Soldaten suchten Weiße.«

Zur Kolonialzeit, erzählte mir ein Schuldirektor, begann die Geschichte des Kongo in den Schulen mit den portugiesischen Seefahrern des späten 15. Jahrhunderts und sprang dann ins 19. Jahrhundert, zu den Missionaren und den Arabern und den Belgiern. Afrikanische Geschichte, wie sie jetzt geschrieben wird, gibt Afrika den Afrikanern wieder, aber sie ist nicht weniger undurchsichtig: ein Namensverzeichnis von Stämmen, eine Aufzählung der großen Königreiche. So in der *Introduction à l'Histoire de l'Afrique Noire*, die letztes Jahr in Zaire veröffentlicht wurde. So im offiziellen *Profils du Zaïre*, das — ohne die Portugiesen, die Missionare und Araber zur Kenntnis zu nehmen — von der kurzen Aufzählung größtenteils undatierter afrikanischer Königreiche zur Gründung des Kongostaates springt. Der Ton ist kühl und legalistisch. Von der absoluten Macht König Leopolds II. wird im selben Ton gesprochen wie von der Macht älterer afrikanischer Könige. Leidenschaft entwickelt die Darstellung erst mit den Ereignissen der Unabhängigkeit.

Die Vergangenheit ist verschwunden. Fakten in einem Buch allein können den Leuten kein Gefühl für Geschichte geben. Wo sich so wenig geändert hat, wo Busch und Fluß so überwältigend allgegenwärtig sind, ist eine andere Vergangenheit leichter zugänglich und wird der afrikanischen Verwirrung und den afrikanischen Religionen besser gerecht: die Vergangenheit als *le bon vieux temps de nos ancêtres*.

Im Präsidentenpark Mont Ngaliema, dem früheren Mount Stanley, tragen die Wachen schmucke Uniformen, und die Tore sind mit Bronzeplaketten verziert — der schlechten Kunst des modernen Afrika: Kunst, die keinem religiösen oder magischen Zweck mehr dient, versucht sich in einer fremden Gegenständlichkeit und wird manieriert und bedeutungslos, läßt auf doppelte Mimikry schließen: afrikanische Kunst, die sich selbst und die afrikanisch inspirierte westliche Kunst imitiert.

Auf Mont Ngaliema gibt es noch ein paar Gräber aus der Kolonialzeit um 1890. Sie liegen nahe beieinander auf ordentlichen Terrassen und sind von Zypressen und Flamboyant abgeschirmt. Dort über den Stromschnellen — wo der braune Fluß sich weiß auf den Felsen bricht und doch merkwürdig statisch aussieht, weil sich die weißen Schaumkronen nie bewegen: ein ewig gleichmäßiges Wasserrauschen — liegen die Pioniere grandios bestattet. Immer wieder die einfachen Berufe: *commis, agent commercial, chaudronnier, capitaine de steamboat, prêtre, s/officier de la Force Publique.* Nur Madame Bernard ist *sans profession.* Nicht alle waren Belgier; manche waren Norweger; ein Missionar kam aus England.

In einer bestimmten Art imperialistischer Literatur sind diese Gestalten heroisch. Anders sah es Joseph Conrad 1890 auf seiner Reise durch den Kongo, kurz bevor man mit den Beerdigungen auf dem Mont Ngaliema begann. Er sah Menschen, die für einen Vorposten des Fortschritts zu einfach waren, Menschen, die Teil des gemeinen Volks daheim waren und von diesem Volk abhingen, deren Kraft in Afrika wie die Kraft der Römer in Britannien »ein Zufall war, der sich aus der Schwäche anderer ergab«, deren »Eroberung der Erde« nicht von einer Idee eingelöst wurde, »keinem sentimentalen Vorwand, sondern einer Idee; und einem uneigennützigen Glauben an die Idee«.

»In 100 Jahren«, läßt Conrad einen dieser einfachen Menschen in »Der Vorposten des Fortschritts« (1897) sagen, »wird hier vielleicht eine Stadt stehen. Hafenanlagen, Lagerhäuser, Kasernen und — und — Billardsäle. Zivilisation, mein Junge, Tugend und alles.«

Diese so akkurat festgelegte Zivilisation kam; und dann verschwand sie, wie die Villen in Stanleyville und der Nachtclub Château de Venise. »Anschaffungen, Kleider, hübsches Zeugs — Zeugs, das bei der ersten guten Erschütterung davonfliegt«, sagt der Erzähler in *Herz der Finsternis* (1902). »Nein; man braucht einen wohlerwogenen Glauben.«

Die Leute, die jetzt — nach der allgemeinen Flucht — kommen, sind wie die Leute, die damals kamen. Sie bieten Waren, Handel, technische Fertigkeiten, die gleiche vergängliche Zivilisation; sonst bringen sie nichts. Es sind keine Pioniere; sie wissen, daß sie nicht bleiben können. Sie füllen die Nachtclubs (nun mit afrikanischen Namen); sie halten die Prostituierten (nun in afrikanischer Kleidung; ausländische Kleidung ist afrikanischen Frauen gesetzlich untersagt) um das Memling Hotel im Geschäft. So, umgeben von Afrika, das nun wieder gefährlich ist, mit Ausweisung und Konfiszierung droht, setzt sich die Zivilisation des Vorpostens fort: Zur Abendessenszeit führen die beiden alten Männer im Café de la Paix die jungen Prostituierten vor, die sie aufgegabelt haben, Mädchen von 14 oder 15. Alte Männer: ihre letzte Chance, solch junges Blut zu genießen: Kinshasa macht vielleicht schon morgen dicht.

»Alle sind nur wegen des Geldes hier.« Der Zynismus wurde nie geheimgehalten; nun wird er durch Ängstlichkeit und Unsicherheit verstärkt. Diesen Zynismus scheint der Afrikaner im unabhängigen Zaire zu teilen. Auch er will »Anschaffungen, Kleider, hübsches Zeugs«: den Mercedes, die fetteren Prostituierten, den raffinierteren Anzug mit passendem Einstecktuch und Halstuch, die goldgeränderte Brille, die goldene Schreibgarnitur, die große goldene Uhr um das eine Handgelenk und das goldene Armband um das andere, den dicken Bauch, der in einem Land dünner Menschen von Reichtum zeugt. Doch mit dieser Komplizenschaft und Imitation geht noch etwas anderes einher: ein Ressentiment gegen die Menschen, die nachgeahmt werden, die Menschen, die man heute als *nostalgiques* bezeichnet.

Simons Firma, eine große, wurde nationalisiert, und Simon ist jetzt Geschäftsführer. Die eigentliche Arbeit machen weiterhin Expatriierte, aber das ist nur praktisch, und Simon stört es nicht. Warum also hält Simon, der aus dem Busch kommt, der so jung und erfolgreich ist, seinen früheren Manager für einen *nostalgique?* Nun, eines Tages sah dieser Manager die Lohnlisten durch, und er sagte: »Simon bezahlt nicht genug Steuern.«

Menschen wie Simon (er hat einen offiziellen afrikanischen Namen) sind nicht leicht kennenzulernen — das sagen selbst Belgier, die afrikanische Sprachen sprechen. Simon antwortet nur auf Fragen; er ist unfähig, so etwas wie eine Unterhaltung in Gang zu bringen; aufgrund seiner Würde, seines neuen Selbstwertgefühls hat die Welt sich für ihn wieder verschlossen; und er scheint sich zu verstecken. Doch sein Ressentiment gegen seinen früheren Geschäftsführer muß einen tieferen Grund haben als den, den er angegeben hat. Und allmählich kommt es heraus: Aus anderen Antworten, die er gibt, aus seinem Glauben an »Authentizität«, aus seiner Abneigung gegen die Einstellung der Ausländer zur afrikanischen Kunst (die für ihn etwas Lebendiges ist: das Museum in Kinshasa hält er für absurd), aus seinem Familienleben, zu dem er mit dem Auto zurückkehrt, das er insgeheim nach afrikanischer Sitte gestaltet, wird allmählich offenbar, daß Simon in dieser unwirklichen Welt der Nachahmung haltlos und unsicher ist.

Bei Menschen wie Simon, gebildet, gut verdienend, spürt der Besucher die Allgegenwart von Verwundbarkeit, Sprachlosigkeit, Gefahr. Denn ihr Ressentiment, das ihrem Ehrgeiz zu widersprechen scheint und das sie nie hinreichend erklären können, kann jederzeit in den Wunsch umschlagen, auszulöschen und zu vernichten, in einen afrikanischen Nihilismus, die Wut primitiver Menschen, die zu sich kommen und merken, daß sie betrogen und beleidigt wurden.

Eine solche Rebellion ereignete sich, nachdem das Land unabhängig geworden war. Sie wurde von Pierre Mulele angeführt, einem früheren Erziehungsminister, der nach einem langen Marsch durch das Land sein Lager in Stanleyville aufschlug und ein Terrorregime errichtete. Jeder, der lesen und schreiben konnte, wurde in den kleinen Park gebracht und erschossen; jeder, der eine Krawatte trug, wurde erschossen. Diese Geschichten über Mulele machten 1966 im Nachbarstaat Uganda die Runde, fast zwei Jahre nachdem die Rebellion niedergeschlagen worden war (und Uganda selbst am Rande des Verfalls stand, sein nihilistischer Führer bereits aufgetaucht war: Idi Amin, der Kommandant der lächerlichen Armee, die die Macht der Kabaka zerstört hatte). 9000 Menschen waren angeblich in Muleles Rebellion gestorben. Was wollte Mulele? Was war der Zweck des Tötens? Der vierzigjährige Afrikaner, der einige Zeit in den Vereinigten Staaten verbracht hatte, lachte und sagte: »Keiner weiß es. Er war gegen *alles*. Er wollte wieder ganz von vorne anfangen.« Im *Profils du Zaïre* gibt es nur eine einzige, nichtssagende Zeile über die Mulele-Rebellion. Doch (im Gegensatz zu Lumumba) hat er ein Foto, und ein großes dazu. Es zeigt einen lächelnden Afrikaner mit Zahnlücke — in Jackett und Krawatte.

Für Joseph Conrad war Stanleyville — 1890 die Station der Stanleyfälle — das Herz der Finsternis. Dort herrschte in Conrads Geschichte der Elfenbeinhändler Kurtz, der vom Idealismus zur Barbarei herabgesunken war, durch Wildnis, Einsamkeit und Macht auf die frühesten Stufen der Menschheit zurückgeworfen, sein Haus von gepfählten Menschenköpfen umgeben. 70 Jahre später verwandelte sich Conrads Phantasie an dieser Biegung des Flusses in krasse Wirklichkeit. Doch der Mann mit »dem unfaßbaren Rätsel einer Seele, die keinen Zwang, keinen Glauben und keine Furcht kannte«, war schwarz und nicht weiß; und wahnsinnig geworden war er nicht durch den Kontakt mit der Wildnis und dem Primitiven, sondern durch den mit der Zivilisation, die jene Pioniere eingeführt hatten, die nun über den Stromschnellen von Kinshasa auf dem Mont Ngaliema liegen.

Mobutu verkörpert diese afrikanischen Widersprüche und scheint sie durch die Herrlichkeit seiner Königswürde zu adeln. Er ist bei aller Eleganz der große afrikanische Nihilist, auch wenn er nicht den Weg des Bluts geht. Er ist der Mann, »jung, aber vor Weisheit und Dynamik bebend« — so eine Publikation der Universität von Zaire —, der in den dunklen Tagen der Sezessionen und Rebellionen »alles bis zum Kern des Problems durchdachte« und so zu seiner besonderen Erleuchtung gelangte: dem Bedürfnis nach »Authentizität«. »Ich habe kein geborgtes Bewußtsein mehr. Ich kabe keine geborgte Seele mehr. Ich spreche keine geborgte Sprache mehr.« Er wird die Gebräuche der Vorfahren und die Ehrfurcht vor ihnen zurückbringen; er wird diese reine logische Welt neu erschaffen.

»Unsere Religion beruht auf einem Glauben an den Schöpfergott und der Verehrung unserer Ahnen.« So sagte es neulich ein Minister vor Lehrern. »Unsere toten Vorfahren leben; sie schützen uns und sind unsere Fürsprecher.« Keine Verwendung mehr für die christlichen Heiligen oder das Christentum. Christus war der

Prophet der Juden, und er ist tot. Mobutu ist der Prophet der Afrikaner. »Dieser Prophet erweckt uns aus unserer Stumpfheit und hat uns von unserer geistigen Entfremdung erlöst. Er lehrt uns, einander zu lieben.« An öffentlichen Stätten sollte das Kruzifix durch das Bild des Messias ersetzt werden, so wie in China überall das Porträt Maos verehrt wird. Und Mobutus glorreiche Mutter, Mama Yemo, sollte ebenfalls geehrt werden wie die Muttergottes.

Der Mobutismus wird also zum afrikanischen Ausweg. Die Tänze und Lieder Afrikas, viele von ihnen religiösen Ursprungs, heißen nun offiziell *séances d'animation* und dienen dem neuen Kult; auf die Kleidung der Tänzer ist Mobutus Bild gedruckt. Alte Rituale, die in den neuen aufgehen und deren Schauplatz nun nicht mehr das Dorf, sondern das Fernsehstudio, der Palast, der Konferenzsaal ist, scheinen eine neue Würde erlangt zu haben. Afrika erwacht! Und für alles bietet sich Mobutu als Stellvertreter Afrikas an. Ende Januar teilte Mobutu der afro-amerikanischen Konferenz in Kinshasa (gesponsert von der Ford- und der Carnegie-Stiftung) mit: »Karl Marx ist ein großer Denker, den ich respektiere.« Doch Marx hatte nicht immer recht; er irrte sich beispielsweise, was die segensreichen Wirkungen des Kolonialismus anging. »Die Lehren von Karl Marx richteten sich an seine Gesellschaft. Die Lehren von Mobutu richten sich an das Volk von Zaire.«

In Afrika müssen solche Vergleiche, wenn sie gezogen werden, unverschämt ausfallen: die Bedürfnisse Afrikas sind gewaltig. Und der Mobutismus ist so eng mit der Pracht von Mobutus Königswürde verschlungen — die neuen Paläste (der Palast im Maharadscha-Stil in Kisangani wurde einem Herrn Nasser, einem alten indischen Siedler, weggenommen), der Park des Präsidenten auf dem Mont Ngaliema (wo sonntags

Afrikaner mit Ausländern spazierengehen und so tun, als amüsierten sie sich über die Affen), die Residenz des Präsidenten in Nsele (die loyalen Parteimitgliedern offensteht: und die Passagiere auf Dampfern und Schleppkähnen drängeln sich, um den Anblick nicht zu verpassen), die Staatsbesuche im Ausland, die intensiv fotografisch dokumentiert werden, das Wunder des Friedens, den Mobutu dem Land gebracht hat, das beinahe völlige Fehlen von Polizisten in den Städten — so glorreich sind die Manifestationen von Mobutus Königswürde, so gut sind die Worte des Königs, der sich zum Freund der Armen und, als Sohn eines Kochs, zu einem der *petit peuple* ernannt hat, daß alle Widersprüche Afrikas aufgelöst und in eine Art von Macht verwandelt scheinen.

Aber die Widersprüche bleiben und sind jetzt manchmal noch zugespitzt. Die Zeitungen bringen Artikel über Wissenschaft und Medizin. Doch ein Arzt, der nun meint, sagen zu können, er heile, »wenn Gott und die Vorfahren es wollen«, läßt eine Zeitung wissen, daß Unfruchtbarkeit entweder erblich oder durch einen Fluch verursacht sei; und eine andere Zeitung läßt einen Heiler zu Wort kommen, einen durch die Revolution dreist gewordenen Mann, der ein unfehlbares Heilmittel für Hämorrhoiden hat, ein »exklusives« Geheimnis, das ihm die Vorfahren übermittelt haben. Die Landwirtschaft muß modernisiert, die Menschen müssen besser ernährt werden; doch im Namen der Authentizität mahnt ein Arzt, daß Babys auf keinen Fall mit importierter Nahrung gefüttert werden dürften; traditionelle Nahrungsmittel wie Raupen oder grüne Blätter seien das Beste. Der industrialisierte Westen ist dekadent und im Niedergang; Zaire muß sich von den Plagen der Konsumgesellschaft befreien, von Egoismus und Individualismus, die das Industriesystem exportiert. Doch im Jahr 2000 könnte Zaire, so ein Universitätsprofessor in *Elima,* selbst einen Aufschwung erleben, mit großen Städten, einer »wahrscheinlich« 71933851 zählenden Bevölkerung und einer fabelhaften Produktionskapazität. Westeuropa wird einen »postindustriellen« Niedergang erleben; Rußland, Osteuropa und der indische Subkontinent werden einen Block bilden; das arabische Öl wird erschöpft sein; und Zaire (und Afrika) dürften ihre große Blütezeit erleben, Investitionen aus entwickelten Ländern anziehen (offensichtlich aus den nicht vom Niedergang betroffenen) und komplette Fabriken importieren.

So werden die geborgten Ideen — über den Kolonialismus und die Entfremdung, die Konsumgesellschaft und den Verfall des Westens — dem afrikanischen Kult der Authentizität dienstbar gemacht; und der Traum einer wiederhergestellten Vergangenheit der Vorfahren ist verknüpft mit dem Traum von einer Zukunft magischer Macht. Die Verwirrung ist nicht neu und nicht auf Zaire beschränkt. Phantasien wie diese regten einige Sklavenaufstände in der Karibik an, und auch heute gibt es in Jamaika Universitätsangehörige, die das Gefühl haben, daß Wiedergutmachung und Macht für die Neger nur durch eine Rückkehr zu afrikanischen Gebräuchen erlangt werden können. Der tote Duvalier von Haiti wird für sein Afrikanisch-Sein bewundert; ein Autor spricht mit unbewußter Ironie vom Bedürfnis des Negers nach einer »reinigenden« Periode der Armut (und wird damit, ohne es zu wissen, zum Echo Duvaliers, der sagte: »Es ist das Los des Volks von Haiti zu leiden«); und es gibt Leute, die aus sicherer Entfernung vom Schlachtfeld Uganda, in Amins afrikanischem Nihilismus einen Beweis für afrikanische Macht entdecken.

Es ist Wahnsinn, Verzweiflung. In der Ausgabe von *Jeune Afrique* — erstaunlicherweise in Kinshasa zum

Verkauf angeboten — vom 7. Februar untersucht ein französisch-afrikanischer Autor, Seydou Lamine, die Widersprüche der afrikanischen Phantasie und spricht vom »Alibi der Vergangenheit«. Könnte dieses Gerede von »Afrikanisch-Sein«, fragt er, nicht ein »Mythos« sein, den die »Prinzen« Afrikas benutzen, um ihre eigene Stellung zu stärken? »Für viele sind Authentizität und Neger-Sein *(la negrité)* nur Wörter, die für die Verzweiflung und Machtlosigkeit des afrikanischen Menschen stehen, der mit der entmutigenden Grenzenlosigkeit seiner Unterentwicklung konfrontiert ist.«

Und angesichts der allgemeinen Korruption, der nicht erledigten Arbeiten, des Zusammenbruchs der Stadtverwaltung in Kinshasa, der Müllberge, der nicht desinfizierten Abwasserkanäle (obwohl die Taxis für die Gebühr von 1 Zaire regelmäßig desinfiziert werden), der verwüsteten öffentlichen Fernsehapparate und Telefonzellen fällt es selbst *Elima* an manchen Tagen schwer, der kolonialen Vergangenheit die Schuld für diese Symptome des Egoismus zuzuschieben. »Es ist falsch, wenn wir das Wort ›Unterentwicklung‹ nur unter seinem ökonomischen Aspekt betrachten. Wir müssen begreifen, daß es eine Art von Unterentwicklung gibt, die den Gewohnheiten eines Volks und seiner Einstellung zu Leben und Gesellschaft entspringen.«

Der Mobutismus, läßt *Elima* wissen, werde diese »geistige Plage« bekämpfen. Aber es ist kein Geheimnis, daß der Mobutismus trotz seines Geredes vom »Menschen«, trotz seiner schmetternden Nationalhymne mit Namen *Zairoise (»Paix, justice et travail«)* nur einen einzigen Menschen ehrt: den Häuptling, den König. Er allein ist zu fürchten und zu lieben. Wie beginnt — jenseits dieser Verehrung — eine neue Einstellung zu Leben und Gesellschaft? Kürzlich wurden in Kinshasa eine Reihe Leute aus irgendeinem Grunde verhaftet und ins Gefängnis von Makala gebracht: Betonblöcke ohne Toiletten hinter einer weißgekalkten Mauer, auf der in der Nähe des Tors steht: DISCIPLINE AVANT TOUT. Die Verhafteten paßten nicht ohne weiteres in die Zelle hinein, und man benutzte einen Landrover, um die Tür zu schließen. Am Morgen fand man viele von ihnen zermalmt oder erstickt.

Nicht Grausamkeit, nur Gedankenlosigkeit: der Besucher muß lernen, sich in Zaire anzupassen. Die Residenz des Präsidenten in Nsele (wo Muhammad Ali trainierte) ist eine einzige Verschwendung, extravagant und schäbig zugleich, mit ihren übermöblierten klimatisierten Bungalows, ihren riesigen Konferenzsälen, ihren VIP-Salons (Teppiche, überall gefranster Dralon, afrikanische Kunst, zur Innendekoration herabgewürdigt). Doch man kann Nsele auch anders sehen. Es zeugt vom afrikanischen Bedürfnis nach afrikanischem Stil und Luxus; es zeugt von der großen afrikanischen Verwundung. Die Wunde erklärt die Verfolgung ausländischer Siedler, die Nationalisierungen. Doch die Nationalisierungen sind kleinlich und Schaumschlägerei; sie haben sich oft als eine Form von Plünderung erwiesen und nicht als Teil eines kreativen Plans; sie sind genauso kurzsichtig und nihilistisch, wie sie wirken, fügen dem Land Schaden zu, zerstören, was von dem von den Belgiern geschaffenen Staat geblieben ist. So schwankt die Stimmung des Besuchers in einem fort, und eine Reaktion löscht die andere aus.

Wo beginnt Kinshasa, wo so viele Leute Jobs »simulieren« und so viele Jobs künstlich und politisch geschaffen, Teil einer künstlichen Verwaltung sind, das Gefühl von Verantwortung, Gesellschaft, Staat? Eine Stadt mit zwei Millionen Einwohnern, beinahe ohne öffentliche Verkehrsmittel, ohne Industrie (abgesehen von den Montagehallen, die, wie in so vielen »Entwicklungs«ländern, an der Straße vom Flughafen zur Hauptstadt gelegen sind), eine Stadt, die nichts mit dem Rest des Landes zu tun hat, nur existiert, weil die Belgier sie bauten, und die heute beinahe sinnlos ist. Sie muß nicht funktionieren; sie kann einfach sich selbst überlassen bleiben. Nachts scheint bereits eine besonders zähe Art Buschleben in die Innenstadt von Kinshasa zurückzukehren, wenn die Wachleute (die ebenfalls ihre Jobs simulieren: sie beschützen nichts) ihr Territorium abriegeln, mit jedwedem Industrieabfall, der zur Hand ist, auf den geborstenen Bürgersteigen Feuer anzünden, ihre kleinen Gerichte kochen und sich schlafen legen. Wenn es heiß ist, stinkt es aus den Gullys; bei Regen sind die Straßen überflutet. Und die ungeordnete Stadt breitet sich aus: mäandernde schwarze Ströme von Schmutz in nichtgepflasterten Gassen, Müllhaufen neben den Autostraßen, Kinder, weggeworfene Autoreifen, eine Vielzahl kleiner Stände und überall, wo Platz ist, Anpflanzungen von Zuckerrohr und Mais: Subsistenz-Landwirtschaft in der Stadt, ein Überbleibsel des Buschlebens.

Doch am Ende einer großen Autostraße liegt die Universität. Angeblich geht es mit ihr bergab. Aber die Studenten sind aufgeweckt und freundlich. Sie kommen aus dem Busch, doch sie können bereits über Stendhal und Fanon reden; sie haben den Enthusiasmus von Menschen, für die alles neu ist; und auch sie haben das Gefühl, daß mit dem ökonomischen Zusammenbruch des Westens (über den die Zeitungen jeden Tag berichten) die Zeit für Afrika arbeitet. Der Enthusiasmus verdient ein besser ausgerüstetes Land. Man kann sich vorstellen, daß viele dieser Studenten, die zu einem Bewußtsein von Ideen, Geschichte, Wissen um Ungerechtigkeit und einem Gefühl ihrer eigenen Würde erwachen, sich von ihrer Gesellschaft im Stich gelassen sehen und ein schmerzliches Erwachen erleben. Doch nein. Für die meisten wird es Stellen in der Regierung geben; und schon jetzt sind sie ausnahmslos Anhänger Mobutus. Sie kennen bereits den afrikanischen Weg, der vor ihnen liegt; die Forschung ist bereits reglementiert; und Mobutu selbst hat warnend verkündet, daß die am meisten entfremdeten Menschen in Zaire die Intellektuellen seien.

So vereinfacht der Mobutismus die Welt, die Vorstellung von Verantwortlichkeit und Staat und die Menschen. Er erweckt den Anschein, als sei der Zugriff Zaires auf Macht und Herrlichkeit leicht gewesen und das Ausplündern des ererbten belgischen Staats ebenso einfach wie die Konfiszierung und Nationalisierung der Besitztitel, die Verteilung einträglicher Scheinpositionen. Nun hat es allmählich den Anschein, als sei Kreativität selbst etwas, was erbeutet oder per Dekret erzeugt werden könne.

Zaire hat seine Musik und seinen Tanz. Um seinen Ruhm zu vervollständigen, braucht Zaire auch eine Literatur; andere afrikanische Länder haben ihre Literatur. Das Problem ist, heißt es in einem ganzseitigen Artikel in der Sonntagsausgabe von *Elima,* daß viel zu viele Leute, die keine Zeile geschrieben haben und manchmal nicht einmal korrekt sprechen können, hier und dort auftreten und sich als Schriftsteller aus Zaire ausgeben und damit Schande über das Land bringen. Das wird nun aufhören; die pseudoliterarischen »Kreise« werden durch offizielle literarische »Salons« ersetzt; und die müssen sich unverzüglich an die Arbeit machen. In zwei Monaten fährt der Präsident nach Paris. Die ganze Welt wird zusehen, und es ist wichtig, daß in diesen zwei Monaten ein Werk der zairischen Literatur geschrieben und veröffentlicht wird. Andere Werke sind für das Festival der Negerkunst in Lagos Ende des Jahres zu produzieren. Und der Ton des *Elima*-Artikels legt nahe, daß es wahrscheinlich Mobutu war, der hier gesprochen hat.

Mobutu spricht immer. Er spricht nicht mehr Französisch, sondern Lingala, die einheimische Lingua Franca, und Transistoren tragen seine Worte in den tiefen Busch. Er spricht als Häuptling, und die Leute hören zu. Sie lachen in einem fort, und sie klatschen Beifall. Mobutu hatte die glänzende Idee, dem Volk von Zaire etwas zu geben, was es nicht hatte und schon lange brauchte: einen afrikanischen König. Der König bringt die ganze Würde seines Volks zum Ausdruck; einen König zu haben heißt, an der Würde des Königs teilzuhaben. Die Verantwortlichkeit des Individuums — in der abgrundtiefen Hoffnungslosigkeit Afrikas möglicherweise eine Quelle der Verzweiflung — wird entlastet. Nur noch Gehorsam wird verlangt, und Gehorsam ist leicht.

Mobutu stellt seine einfache Herkunft heraus. Er ist ein *citoyen* wie jeder andere. Und Mama Mobutu, Mobutus Frau, liebt die Armen. Sie leitet ein Heim für notleidende Mädchen, und diese widmen sich nun der Landwirtschaft und der Anfertigung von Medaillons des Königs, die von den Gefolgsleuten getragen werden: in Zaire kann es gar nicht genug Bilder von Mobutu geben. Die kleinen Wohltaten des Königs werden von einem Volk, das so wenig an Wohltaten gewöhnt ist, begeistert aufgenommen. Viele Zairer erzählen einem, daß neuerdings ein Krankenhausdampfer die Dörfer am Fluß anläuft. Doch am meisten gibt Mobutu seinem Volk da, wo er sich am extravagantesten gibt. Die Mutter des Königs soll geehrt werden; und sie war eine einfache Frau Afrikas. Es werden Pilgerfahrten zu Orten angekündigt, die im Leben des Königs eine Rolle spielen; und der mißachtete Busch Afrikas wird wieder heilig.

Täglich berichten die Zeitungen in einem sprachlichen Verschnitt von Fanon und Mao über die Revolution und die Radikalisierung der Revolution. Doch die Revolution beinhaltet eigentlich nur eines: die Königswürde. Die Nachrichten in Zaire drehen sich einzig und allein um Mobutu: seine Reden, seine Empfänge, die *marches de soutien,* die neuen Ernennungen: Hofberichterstattung. Tatsächliche Ereignisse werden nur am Rande erwähnt. Die Nationalisierung eines protzigen Möbelgeschäfts in Kinshasa ist eine große Meldung, desgleichen die Enthüllung, daß im Aufsichtsrat einer Brauerei kein einziger Afrikaner sitzt. Antirevolutionäre Aktivität, aufgedeckt dank der »Wachsamkeit« des Volkes, kann mit einem betrügerischen Verkäufer auf dem Markt zu tun haben oder einem Beamten, der ein Regierungsfahrzeug als Nachttaxi einsetzt, oder jemandem, der ein Haus baut, wo er es nicht dürfte, oder ein paar betrunkenen Mitgliedern der Parteijugend, die den Volkswagen der Partei in Kisangani zu Schrott fahren. Es gibt keine Nachrichten in Zaire, weil es so wenig Neues gibt. Es wird weiterhin Kupfer gefördert; der große Damm bei Inga wird weitergebaut. Überall werden Flußhäfen erweitert oder neu gebaut. Aber das heißt nicht, daß Zaire einen Wirtschaftsaufschwung erlebt: Es dient der besseren Überwachung des Landes.

Was am ersten Tag offensichtlich schien, doch dann durch vernünftig klingende Worte vertuscht wurde, stellt sich als wahr heraus. Die Königswürde Mobutus ist zum Selbstzweck geworden. Der ererbte moderne Staat wird demontiert, aber es ist nicht wichtig, ob der Staat funktioniert. Der Busch funktioniert; der Busch hat immer sich selbst genügt. Die Regierung, nun der Hof, ist etwas Aufgezwungenes, vom wahren Leben des Landes Abgehobenes. Die Vorstellungen von Verantwortlichkeit, Staat und Kreativität sind Vorstellungen, die der Besucher mitgebracht hat; sie haben trotz aller Mimikry der Sprache mit afrikanischen Erwartungen nichts zu tun.

Mobutus Frieden und seine Königswürde sind große Errungenschaften. Doch die Königswürde ist steril. Der Königskult läßt bereits den intellektuellen Fortschritt eines Volkes, das kaum als solches hervorgetreten ist, im Morast versinken. Das intellektuelle Gefasel von Authentizität, das heute solch eine Illusion von Macht verleiht, schließt die Welt wieder hermetisch ab und verweist auf eine künftig noch größere Verzweiflung. Mobutus Macht wird unausweichlich vernichtet werden; doch ein Zurück hinter die Prinzipien des Mobutismus kann es nicht geben. Mobutu hat das Muster für seine Nachfolger festgelegt; und sie werden merken, daß weder die Abhängigkeit Afrikas noch das Bedürfnis nach nihilistischer Bestätigung nachgelassen haben.

Zu dem Gefühl zu gelangen, daß Zaire als Land blockiert, statisch, ewig verwundbar ist, bedeutet zugleich, sich etwas von dem afrikanischen Gefühl der Leere anzueignen. Es bedeutet, sich auf afrikanische Weise in den Traum von einer Vergangenheit zu versetzen — die Leere von Fluß und Wald, die Hütte im braunen Hof, der Einbaum —, als die toten Vorfahren noch alles bewachten und beschützten und die Feinde nichts als Menschen waren.

Die Krokodile von Yamoussoukro

1983

I

Yamoussoukro, ein Ort tief im Feuchtwald der Elfenbeinküste, ist eines der Wunder Schwarzafrikas. Früher war es ein Dorf, und damals war es vielleicht wie andere westafrikanische Buschdörfer, wo die Grashütten nach zwei Jahren verfallen. Doch Yamoussoukro war auch der Sitz eines Stammeshäuptlings; und während der rund 50 Jahre direkter französischer Herrschaft im Landesinnern war die — moralische und geistige oder magische — Autorität des Häuptlingsamtes nicht vergessen.

Der uralte Mann, der immer noch Häuptling ist, erhielt eine französische Schulausbildung. Er wurde, was die Franzosen »Kolonialdoktor« nannten — nicht das vollendete französische Produkt, aber doch immerhin Arzt. Später wurde er Politiker, Rebellenführer. Mit der Unabhängigkeit 1960 — der Busch wurde, mit gewissen Veränderungen, seinem Volk wiedergegeben — übernahm er die Herrschaft über die Elfenbeinküste. Und seitdem hat er sie nicht mehr abgegeben.

Er ist ein guter Herrscher. Er hat die Franzosen als Techniker, Berater, Verwalter eingesetzt; und ohne den fertigen Reichtum von Bodenschätzen, nur mit den Ressourcen der tropischen Wälder und Felder hat er sein Land reich gemacht. So reich, daß die Elfenbeinküste Arbeitskräfte aus den wirtschaftlich schwächeren oder chaotischeren afrikanischen Nachbarländern einführt. Die Immigration von Arbeitskräften hat im selben Maße wie der natürliche Bevölkerungszuwachs die Einwohnerzahl von drei Millionen 1960 auf heute neun Millionen ansteigen lassen. Abidjan, die Hauptstadt, ohne große Perspektiven im schwarzen Schlamm einer stinkenden Lagune gegründet, ist zu einem der größten Häfen Westafrikas geworden. Und 150 Meilen landeinwärts, am Ende einer Autostraße, für die sich auch Frankreich nicht genieren müßte, hat Yamoussoukro, das Dorf der Vorfahren des Präsidenten, eine Umgestaltung erfahren.

Um die Wahrheit zu sagen, ist das Dorf der Vorfahren gar nicht mehr zu sehen. Das gesamte Dorf — Hütten (soweit noch vorhanden), Gemeindeland, der halb heilige Palaverbaum — ist in das Grundstück des neuen Präsidentenpalastes aufgegangen. Und alles wird verborgen von einer hohen Palastmauer, die viele Meilen lang sein muß.

An einer Seite des Palastes entlang zieht sich ein künstlicher See, und in diesem See hat man Schildkröten und menschenfressende Krokodile ausgesetzt. Diese Tiere sind ein Totem, sind emblematisch, und sie gehören dem Präsidenten. Früher gab es keine Krokodile in Yamoussoukro. Niemand weiß genau, was sie bedeuten. Doch für alle Afrikaner stehen sie zugleich für Gefahr und für das dem Präsidenten, dem

Häuptling, auf magische Weise gewährte Wissen um seine Macht, als etwas, was nicht von den Menschen, sondern von der Erde selbst herrührt.

Die Macht und Weisheit des Häuptlings haben den Wald um Yamoussoukro herum verschwinden lassen. Wo einst afrikanische Felder, brachliegendes Gemeindeland und wilde Bäume waren, gibt es nun regelrechte, maschinell bearbeitete Plantagen. Quadratmeilenweit wachsen Mangos, Avocados oder Ananas in schnurgeraden Reihen — Reihen, die Menschen schön finden, denen die Natur gewöhnlich als formloser, feindseliger Busch erscheint. Land in diesem Teil Afrikas, sagt man, gehört dem Benutzer; im Busch kann es keinen Rechtsanspruch geben. Und bis sie vor ein paar Jahren dem Staat übereignet wurden, waren diese Plantagen um Yamoussoukro das persönliche Gut des Präsidenten.

Die Ideen des Präsidenten sind immer großartig gewesen, und seine Pläne für Yamoussoukro sind besonders großartig. Wenn es nach ihm ginge, würde es eine der großen Städte Afrikas und der ganzen Welt. Das Land ist planiert worden, und Alleen, so breit wie Start- oder Landebahnen, deuten die Umrisse der Metropole an, die hier entstehen soll. Extravagante und manchmal hervorragende moderne Gebäude wurden in der baumlosen Wildnis errichtet und harren ihrer vollen Nutzung.

Um Besucher anzuziehen, gibt es einen großen Golfplatz, sehr schön angelegt und bislang fest gegen den schnell wachsenden Busch verteidigt. Die Idee stammt vom Präsidenten, obwohl er selbst nicht Golf spielt. Die Idee mit dem Golf überkam ihn, als er bereits alt war, und jetzt wünschte er sich in seiner gütigen, fürsorglichen Art, daß sein ganzes Volk, alle 60 Stämme der Elfenbeinküste, anfangen würden, Golf zu spielen. Für die Unterbringung der Besucher gibt es ein zwölfgeschossiges Hôtel Président, das zur französischen Sofitel-Kette gehört. Die Hotelbroschüre wird in Frankreich gedruckt; ihr silbriggrauer Umschlag sieht fürstlich aus. »Finden Sie die Spuren des Heimatdorfes von Präsident Houphouët-Boigny«, heißt es in der Broschüre, »und entdecken Sie das ultramoderne Vorbild für das Afrika von morgen.«

Die beiden Ideen passen zusammen. Der ultramoderne Traum dient auch dem alten Afrika. Er ist pharaonisch: er hat etwas von der antiken Welt. Ein Stück entfernt von den stupenden modernen Spielereien des Golfplatzes und des Golfclubs und des Swimmingpools des Hôtel Président liegt der Präsidentenpalast mit seinem künstlichen See. Diesseits der undurchlässigen Mauern, die das Dorf der Vorfahren des Präsidenten und den Palaverbaum den allgemeinen Blicken entziehen, werden jeden Tag die Totem-Krokodile des Präsidenten mit frischem Fleisch gefüttert. Man kann hingehen und zusehen. Doch die Entfernungen in Yamoussoukro sind so groß und die versteppten, öden Flächen so abweisend, daß nur Leute mit Auto leicht hinkommen; und das sind eher Besucher, Touristen.

Das Fütterungsritual findet nachmittags statt, bei hellem Tageslicht. Da sind die Autos, die Touristen in bunten Kleidern, die Kameras. Doch die Krokodile sind heilig. Es muß ihnen eine lebendige Opfergabe — ein Huhn — dargebracht werden. Das gehört zum Ritual. Dieses Element von Opfer, diese sich hinziehende Demonstration von Macht und Grausamkeit ist so aufwühlend wie beabsichtigt, und sie scheint die Nacht und den Wald wieder nahe an den Traum von Yamoussoukro heranzuführen.

Dem Menschen von draußen, gleich, welchen politischen oder religiösen Glaubens, erscheint Afrika oft in einem Zustand des Werdens. Es soll immer gerade zu etwas anderem gemacht werden. Deshalb erweckt es Hoffnung, Ehrgeiz, Enttäuschung, Ärger. Und selbst der Erfolg der Elfenbeinküste löst so etwas wie Beängstigung aus. Wird er von Dauer sein? Werden die Afrikaner von den Franzosen und den Israelis und den anderen all das übernehmen können, was diese für sie geschaffen haben und praktisch noch immer betreiben?

Und an einem Ort wie Yamoussoukro, wo die Beängstigung am schärfsten spürbar wird, bekommt man dann einen Beigeschmack von Unwirklichkeit. Man erhascht einen Blick auf ein afrikanisches Afrika, ein Afrika, das — ungeachtet der Zufälle der Geschichte, ungeachtet der gegenwärtigen Manifestationen irdischer Pracht — in seinen eigenen Augen immer vollendet war, am Ziel, berstend vor eigener Kraft.

Diese Vorstellung von afrikanischer Vollkommenheit hätte mich nicht überraschen dürfen. Etwas Ähnliches, ein ähnliches religiöses Gefühl stand im Hintergrund bei vielen Sklavenaufständen in der Karibik. Die Vorstellung von afrikanischer Vollkommenheit hält sich in verschiedenen religiösen Kulten der Karibik und nimmt Einfluß auf die politischen Verhältnisse dieser Region. Viele der jüngeren politischen Bewegungen in der schwarzen Karibik haben eine chiliastische, ekstatische, rein afrikanische Seite.

Westafrika versorgte die Sklavenplantagen der Neuen Welt mit Menschen. Doch das war nicht die Vorstellung, mit der ich zur Elfenbeinküste kam. Ich fuhr aus einfacheren Gründen. Die Welt ist zu abwechslungsreich; sie kann in unserem Denken nur in Kategorien existieren. Ich wollte nach Westafrika, wo ich noch nie gewesen war; ich wollte in ein ehemaliges französisches Gebiet in Afrika; und ich wollte in ein afrikanisches Land, das im Durcheinander des schwarzen Afrika allgemein für politisch und wirtschaftlich erfolgreich gehalten wurde. Afrikanischer Erfolg, Frankreich in Afrika — diese berückenden Vorstellungen brachten mich dorthin.

Frankreich in Afrika war eine private Phantasie. Sie beruhte auf meiner Liebe zur französischen Sprache, einer besonderen Schuljungenliebe, die mir auf dem Queen's Royal College im kolonialen Trinidad meine Lehrer eingegeben hatten, von denen viele schwarz oder teils schwarz waren oder die selbst verliebt waren in die französische Sprache und die (oft angedeutete, aber nie ausgesprochene) Vorstellung von einem aufnahmebereiten, assimilierenden Frankreich. Frankreich in Afrika: Ich stellte mir die Sprache aus dem Mund eleganter Afrikaner vor; ich dachte an hochgewachsene Frauen mit Turbanen wie die in Mali und dem Kongo; ich dachte an Wein und tropische Boulevards.

Doch in der Feuchtigkeit der Elfenbeinküste war der Wein (der einen mittags benommen machte) meistens ein Rosé aus Marokko; das westafrikanische Französisch war so gebrochen und mißtönend wie das westafrikanische Englisch; und in dem verrufenen kleinen Handelszentrum von Abidjan, wo im Schatten hoher Neubauten libanesische Läden hier und dort noch von einer erst unlängst vergangenen, dumpferen Kolonialstadt zeugten, gab es nichts, was einem Boulevard glich. Anstelle der Boulevards gab es das afrikanische Getöse »volkstümlicher« afrikanischer Viertel. Weit weg davon gab es — wie in vielen anderen ehemaligen Kolonialgebieten — den konfektionierten eingefriedeten Glanz neuer internationaler Hotels.

Um den Swimmingpool des Forum Golf Hotels lagen die kleinbrüstigen Frauen französischer Geschäftsleute und Techniker oben ohne in der Sonne, zwischen den schwarzen und orangefarbenen Eidechsen. Afrika kam erst nachts wie das Cabaret: nicht das

Afrika der Nachtclubs in den afrikanischen Vierteln, sondern das Afrika der offiziell gebilligten »Kultur«: die halbreligiösen oder beschwörenden Tänze des Urwalds, nun vorgeführt in einem gepflegt angelegten Garten, in dem das elektrische Licht über die schweren nackten Brüste der tanzenden, singenden Frauen spielte.

Ich hatte nicht wirklich geglaubt, daß ich Frankreich in Afrika finden würde — das war Phantasie. Aber ich hatte auch nicht erwartet, daß Frankreich und Afrika in der Elfenbeinküste noch wie völlig getrennt existieren würden. Es machte den Erfolg, der in der großen Hauptstadt Abidjan zu sehen war, um so verblüffender: die Stadtautobahnen mit Richtungsschildern, die an Frankreich denken ließen; die Wolkenkratzer des Stadtzentrums; den Universitätscampus und den Golfplatz; die sich ausdehnenden Arbeiterviertel, unordentlich, aber nicht arm; die vielen — afrikanisch und europäisch — gemischten bürgerlichen Wohnviertel; die von der Regierung gebauten Wohnblocks; der große Hafen und das Industriegebiet; die schmutzige tropische Lagune, die in der Dämmerung die Lichter des Berufsverkehrs auf der »Corniche« widerspiegelte.

»Ist es nicht wunderbar«, sagte ein Amerikaner von der Botschaft eines Abends bei diesem Anblick zu mir, »daß sie das alles nur mit ein bißchen Kaffee und Kakao geschafft haben?«

Aus offensichtlich wenig war Reichtum geschaffen worden. Und dieser Reichtum war aufgeteilt und verbraucht worden. Der Boom der Elfenbeinküste war abgeflaut. Der Kaffeepreis war um ein Drittel, der Kakaopreis um die Hälfte gefallen, und die Ölprospektoren verließen die Elfenbeinküste und zogen in andere französisch-afrikanische Länder. Es gab nun einige Unzufriedenheit; man vernahm Proteste über die Anzahl von Franzosen im Land. Doch etwas Außergewöhnliches war erreicht worden; in dieser Ecke Afrikas war schon die Aufrechterhaltung staatlicher Ordnung wie ein Wunder.

Ringsum war Chaos oder das Nichts. Liberia, analphabetisch, verarmt, wurde von der Armee regiert, nachdem Angehörige der vorherigen Regierung umstandslos am Strand erschossen worden waren. (Was für Bilder diese neuen Berichte im Kopf auslösten: die Ferienszenerie, die konfusen Männer in Anzügen oder Schlafanzügen, die Uniformierten mit Gewehren, das Rauschen des Meeres.) Guinea, wie die Elfenbeinküste einst eine französische Kolonie und potentiell reicher als die Elfenbeinküste, war nun bankrott, eine mörderische Tyrannei, berühmt für die »schwarze Diät« in den Zellen der Verurteilten, wo die Menschen weder Nahrung noch Wasser bekamen und einfach bis zum Tode sich selbst überlassen wurden. Ghana, zur Zeit der Unabhängigkeit 1957 weitaus reicher, mit öffentlichen Institutionen und mit besserem Bildungsniveau als die Elfenbeinküste, befand sich nach wiederholten Putschen nun in einem Zustand der Anarchie, ein Land, aus dem Arbeitskräfte auswanderten.

Doch was die Stämme anbetraf, glich die Bevölkerung von Ghana und Guinea einigen Bevölkerungsgruppen der Elfenbeinküste. Die Stämme, die Ethnien, ließen sich nicht auf Staatsgrenzen beschränken. Und auch wenn die Elfenbeinküste angeblich liberal war, war sie doch auch ein afrikanischer Staat, ein Einparteienstaat mit einem Führerkult: der Mann, der bei der Unabhängigkeit Präsident geworden war, war immer noch Präsident. Was in der Elfenbeinküste getan worden war, war nicht auf einmal getan worden; es hatte sich über 20 Jahre hingezogen. Um diesen afrikanischen Erfolg zu erklären, hatte es also — ganz abgesehen von der Persönlichkeit des Präsidenten — ersichtlich irgendeines Organisationsprinzips bedurft, das dem Volk entsprach, etwas, was sich leicht erfassen und wiederholen ließ.

Die Erklärungen, die dem Besucher geboten wurden, waren einfach, kurz, griffig: Sie waren schon vielen anderen Besuchern vorher gegeben worden. Die nationalistische Bewegung in einem Land wie Ghana war eine Bewegung von Angestellten und Rechtsanwälten gewesen, Ideologen, die versuchten, Afrika durch ausländische Ideen zu veredeln und gleichzeitig zu afrikanisieren. Die nationalistische Bewegung in der Elfenbeinküste war einfacher gewesen, eine Bewegung von Bauern, *planteurs,* Dorfbewohnern.

Ein Botschafter, den ich kurz nach meiner Ankunft besuchte, bestätigte das. Er hatte gerade die Nachricht erhalten, daß in Ghana ein weiterer Coup niedergeschlagen worden war. Die beiden Länder waren bei der Unabhängigkeit schon verschieden, sagte der Botschafter. Sie hatten nur Klima und Vegetation gemeinsam. In Ghana konzentrierten sich die Nationalisten nach der Unabhängigkeit auf »Verwaltungsstrukturen«. In der Elfenbeinküste konzentrierten sie sich darauf, Wohlstand zu schaffen, Wohlstand aus bäuerlicher Landwirtschaft. Die Afrikanisierung lag ihnen weniger am Herzen. Sie bauten Straßen, um die Dörfer näher an den Markt zu bringen. Sie brachten den Dörfern Dienstleistungen und Sicherheit — und Sicherheit war wichtig. Sie versuchten, die Leute auf dem Land zu halten, indem sie die Dörfer aus der Isolation holten; und es war ihnen gelungen. Überall in der Elfenbeinküste gab es jetzt Straßen und Hotels. Das Dorf des Präsidenten, Yamoussoukro, mitten im Land, war nun bloß drei Autostunden von Abidjan entfernt.

So hörte ich zum ersten Mal von Yamoussoukro. Es war das Dorf des Präsidenten, und es hätte auch einfach eines der Bauerndörfer sein können, die eine

Regierung, der die Landwirtschaft am Herzen lag, erschlossen hatte.

Botschafter müssen ihre Worte mit Bedacht wählen. Sie tun eine spezialisierte Arbeit und sind gezwungen, ein reglementiertes Leben zu führen. Öffentliche Vertreter, die sie sind, sollte ihre Vision von einem Land nicht zu weit über die der Einheimischen hinausführen, mit denen sie zu tun haben. Deshalb hat man in Schwarzafrika bei Botschaftern wie bei anderen Ausländern beim ersten Kennenlernen das Gefühl einer Art Ambivalenz. Um zu sagen, was sie meinen sagen zu müssen, scheinen sie einen Teil dessen, was sie wissen, zu verleugnen oder zu ignorieren. Solche Ausländer kennen vielleicht das afrikanische Afrika, aber es ist nicht das Afrika, das sie einem Besucher gegenüber beim ersten Treffen in den Vordergrund stellen. Sie sind Menschen mit bestimmten Aufgaben und Fähigkeiten; ihre Arbeit ist Teil ihrer Selbstachtung; und das Afrika, das sie dem Besucher präsentieren, ist das Afrika, das mit ihrer Arbeit zu tun hat. Die Ambivalenz ist natürlich; sie ist nicht unaufrichtig. Wenn man in Afrika bestimmte Arten von Arbeit verrichtet, bestimmte Disziplinen oder Fähigkeiten aus einer anderen Zivilisation anwendet, kann das wie eine interessenlose Tugendübung sein. Viele Ausländer — die, die im befreiten Schwarzafrika ausgehalten haben — werden wahrhaft gute Menschen; und nicht wenige sind merkwürdig vereinsamt.

Philip, einen solchen Ausländer, hörte ich das nächste Mal von Yamoussoukro reden. Philip war Engländer. Er war Ende 30 und hatte einen Großteil seines Arbeitslebens in Afrika verbracht. Nun arbeitete er für eine übernationale afrikanische Organisation. Seine Frau war eine schwarze Guyanerin von großer Schönheit, deren Familie nach England ausgewandert war. Es sei merkwürdig, sagte Philip, daß er die afrikanische Seite des Paares darstelle und Janet die englische, aus »Huddersfield«.

Sie hatte an dem Wochenende Geburtstag. Und um zu feiern, machten sie den Sonntagsausflug der Ausländer zum Strand von Grand-Bassam. Ich fuhr mit: aus Abidjan hinaus, vorbei an den Hüttensiedlungen der Wanderarbeiter, vorbei an den Kokosnußplantagen, wo die Kokospalmen in Reihen standen und lange Blickfluchten entlang der gerodeten Zwischenräume zuließen, vorbei an den Reihen von Strohhütten, wo afrikanische Kuriositäten und Kunstgewerbe verkauft wurden, bis zu den Ruinen der alten kolonialen Hauptstadt Grand-Bassam, die 1899 nach einer Gelbfieberepidemie aufgegeben worden war, Beton und Wellblech und dick mit Staub bedeckte Straßen, und endlich die strohgedeckten Ausflugsrestaurants am Meer: der Ausflug, der, wie ich am Ende meiner zweiten Woche entdecken sollte, zur Routine und Langeweile und Enge des Lebens der Ausländerkolonie gehörte.

Am Stadtrand von Abidjan wurde die Autostraße sehr breit, hatte aber keinen Mittelstreifen. Wegen der Paraden, sagte Philip.

»Es ist wie Yamoussoukro«, sagte Philip. »Sie sollten einmal versuchen hinzufahren. Versuchen Sie, abends dorthin zu kommen. Sie werden die Doppelreihe der Lichter sehen. Sie werden sich fragen, wo Sie sind, und am Morgen werden Sie sehen, daß Sie im Nirgendwo sind.«

Wir fuhren an niedrigen Kasernen vorbei. Sie schienen sich lange hinzuziehen. Es waren die Kasernen einer französischen Einheit der Fremdenlegion. Sie hielten sich bewußt im Hintergrund, sagte Philip. Sie seien nur zur Ausbildung in der Elfenbeinküste.

Ich sagte zu ihm: »Deprimiert es Sie, in all diesen afrikanischen Ländern mit jeweils verschiedenem Personenkult zu sein?«

Die Frage war zu direkt, um sie ihm in diesem Stadium unserer Beziehung zu stellen.

Er sagte: »Personenkult gibt es überall. Wenn man sich die Geschichte mit den Falklandinseln von außen ansieht, würde ich sagen, daß es auch dort einen großen Persönlichkeitskult gab. Mrs. Thatcher hat sich ganz schön in den Vordergrund gestellt.«

Ich fragte ihn, ob er wirklich meinte, daß die Situation die gleiche sei.

Mit unerwarteter Offenheit sagte er: »Nein.« Und kurz darauf kam er auf das Thema zurück, als wolle er sich und das, was er gesagt hatte, erklären. »Sie müssen verstehen, daß Afrikaner den Personenkult höher schätzen. So was verstehen sie eben. Eine Vielzahl von Parteien und Persönlichkeiten verwirrt sie. Ich habe das erlebt.«

Die Einstellung von Afrikanern zur Autorität war eines der Themen, das am nächsten Tag bei einem Botschaftsessen zur Sprache kam. Der Präsident, hörte ich, war sich der zunehmenden Unzufriedenheit in der Elfenbeinküste bewußt geworden. In seiner Güte und aus dem Wunsch heraus, das Richtige zu tun, hatte er es mit »Demokratisierung« versucht. In der Elfenbeinküste gab es nur eine Partei, und bei Wahlen gab es normalerweise nur eine Kandidatenliste; die Leute stimmten in den Wahlkreisen einfach für oder gegen den Kandidaten der Partei. Bei der letzten Wahl hatte man ein Experiment gewagt. Man beschloß, daß jeder in der Partei sich für einen Sitz aufstellen lassen konnte. Für die rund 140 Sitze im Parlament hatte es mehr als 600 Kandidaten gegeben; und 80% der alten Abgeordneten, von denen manche ihre Sitze über 20 Jahre innegehabt hatten, waren abgewählt worden.

In gewisser Weise hatte man der Demokratie Genüge getan, aber es hatte eine mehr als politische Verstörung gegeben. Die alten Abgeordneten hatten sich Gefolgschaften aufgebaut; sie waren Älteste geworden; und in der afrikanischen Tradition blieb ein Ältester ein Ältester, bis er starb. Ein Mann, der seiner Autorität entkleidet war, konnte nicht wieder einfach ein gewöhnlicher Dorfbewohner sein; er war persönlich entwürdigt worden. Deshalb hatte das demokratische Experiment den Zusammenhalt des Dorflebens beeinträchtigt. Seit der Wahl hatte es im Fernsehen eine ganze Reihe von Programmen über die Notwendigkeit der »Aussöhnung« gegeben. »Demokratie«, die Herrschaft des Volkes, war das importierte Konzept; Versöhnung war das afrikanische Konzept — in bestimmten Dörfern, bei bestimmten Stämmen gab es in der Tat jedes Jahr eine Aussöhnungszeremonie unter dem Vorsitz des örtlichen Häuptlings.

Und wie es einem Ältesten oder Abgeordneten schwerfiel, aufzugeben, was er war, so fiel es — obwohl die Parallele bei dem Mittagessen nicht gezogen wurde — dem Präsidenten schwer, nicht mehr Präsident zu sein, obwohl er nun sehr alt war, 80 oder älter — niemand kannte sein Alter genau. Ein weiterer Grund für das Festhalten des Präsidenten am Amt war das große Unternehmen Yamoussoukro. Die Arbeiten dort waren längst noch nicht vollendet, würden auch zu Lebzeiten des Präsidenten nicht vollendet werden. Und deshalb würde der Präsident, obwohl er Demokrat und Antitribalist war, als Nachfolger jemanden aus seinem eigenen dominanten Baoulé-Stamm wählen müssen. Nur so konnte er sicherstellen — oder es zumindest versuchen —, daß das Werk von Yamoussoukro nach seinem Tod fortgesetzt würde.

Als ich davon hörte, war Yamoussoukro also noch am Wachsen: von einem Bauernhof im Landesinneren, das jetzt mit Straßen und Dienstleistungen versorgt war, zu einem Ort mit sehr breiten, strahlend hell erleuchteten Boulevards, die nirgendwohin führten, zu einer monumentalen Stadt, die einen afrikanischen Herrscher unsterblich machen sollte. Und noch während ich die pharaonische Dimension des Projekts zu begreifen suchte, bekam ich es mit der Angst. Ich dachte an die Monumente des antiken Ägypten, wo die Kartuschen eines Pharaos von seinen Nachfolgern entweiht werden konnten, wo die gemeißelten und polierten Steine des Monuments eines geheiligten Pharaos herausgebrochen und umstandslos als bloße Bausteine, für das Monument eines anderen, gebraucht werden konnten. Und dieser afrikanische Traum von Yamoussoukro wurde von Angehörigen einer anderen Zivilisation geschaffen: von Franzosen und Israelis und anderen, deren Fertigkeiten ohne weiteres vom Kontinent verschwinden konnten.

Meine ersten Eindrücke vom modernen afrikanischen Erfolg behaupteten sich also nur bedingt. Erfolg wurde ein Ausdruck der nichtideologischen Persönlichkeit des Herrschers, des Mannes aus einer etablierten Herrscherfamilie; dies beruhte auf einer afrikanischen Vorstellung von Autorität. Und all dem lag Magie zugrunde.

Diese Idee mit der Magie kam mir nicht auf irgendeine geheimnisvolle Weise. Ich kam ganz öffentlich darauf durch die Zeitung.

In der Elfenbeinküste gab es nur eine Tageszeitung; zumindest kam mir nur eine in die Hände. Sie hieß *Fraternité Matin.* Jeden Tag brachte sie in der Ecke oben links auf der Titelseite einen »Gedanken« des Präsidenten. Die Gedanken befaßten sich meistens mit der Entwicklung und der Wirtschaft; und das taten auch die Titelgeschichten. Es gab zwar Sportseiten, doch die machten die Zeitung kein bißchen weniger streng. Es gab keinen Klatsch, beinahe keine Polizeiberichte. *Fraternité Matin* ließ auf eine Nation bei der

Arbeit und in der Schule — ja in der Abendschule — schließen. Doch dann, am Ende meiner ersten Woche, erschien so etwas wie ein wirklicher Nachrichtenartikel. Er erstreckte sich über zwei Innenseiten der Wochenendausgabe und handelte eindeutig von einer wohlbekannten lokalen Sensation.

17 Kilometer von Abidjan, in einem Dorf an der großen Autostraße nach Yamoussoukro, stand das Haus eines Lehrers, aus dem zuweilen geheimnisvolle Feuerflammen schlugen. An dem Wochenende hatte ein Leser an die Zeitung geschrieben und den Verdacht geäußert, daß irgendwo in der Nachbarschaft wahrscheinlich natürliches Gas entweiche. Doch dieser Brief mit der Überschrift »Eine wissenschaftliche Lösung« wurde auf der rechten Seite unten plaziert. Die Hauptgeschichte, die *Reportage,* besagte, daß das Geheimnis der Feuer bei Kilometer 17 gelöst worden war.

Gelöst hatte es ein Prediger der Sekte der *Himmlischen Christen.* Schon bevor man sie zu dem Fall herangezogen hatte — während der Lehrer noch ein Vermögen für Fetischmacher und moslemische Magier ausgab —, hatten die *Himmlischen Christen* mittels eines göttlichen Mediums »entdeckt«, daß der »böse Geist« hinter allem steckte. Bei solchen Nachforschungen waren den *Himmlischen Christen* zufolge zwei Ebenen in Betracht zu ziehen, die mystische und die menschliche. Auf der mystischen Ebene gab es den bösen Geist. Auf der menschlichen gab es die Person, die vom bösen Geist besessen und in einen Brandstifter verwandelt worden war.

Die *Himmlischen Christen* mit ihren besonderen Gaben hatten herausgefunden, wer diese Person war. Und der »böse Geist«, solchermaßen entdeckt, geriet sofort in Verlegenheit. Der Geist war zu den *Himmlischen Christen* gegangen und hatte sie angefleht, in Ruhe gelassen zu werden, damit er insgeheim mit seinem bösen Tun in der Elfenbeinküste fortfahren könne. Er hatte sie bestechen wollen. Die *Himmlischen Christen* hatten das abgelehnt. Statt dessen verwickelten sie den bösen Geist in ein Gespräch. Sie fragten den bösen Geist, warum er im Haus des Lehrers Feuer legen wolle. Der Geist gab keine klare Antwort. Er gab nur »auf mystische Weise« zu verstehen, daß er der Besitzer des Hauses sei. Die Antwort war offenbar furchterregend, und die *Himmlischen Christen* wollten nichts weiter hören. Sie befahlen dem bösen Geist sofort, nicht nur das Haus zu verlassen, sondern überhaupt aus der Elfenbeinküste zu verschwinden. Und demütig ging der Geist von dannen.

Nun wurde zur Sicherheit vor der Haustür des Lehrers ein Kreuz aufgestellt, und der gequälte Mann hatte seinen Frieden wieder. Die *Himmlischen Christen* holten das meiste aus ihrem Erfolg heraus und bedauerten nur, daß der Lehrer soviel Geld für Fetische und moslemische *Marabut*-Magie ausgegeben hatte. Sie, die Christen, hatten, was sie getan hatten, nur mit ihrem Glauben an Jesus Christus und ein paar Kerzen geschafft.

Die Geschichte von Kilometer 17 hatte also ein Happy-End. Es war eine moralische Geschichte, und wie so vieles in *Fraternité Matin* schien sie ein Element wohlwollender Unterweisung und Beruhigung zu enthalten. Der böse Geist war von einer stärkeren Macht besiegt worden. Mehr als der Seelenfrieden eines Dorfschullehrers war gerettet: Die Elfenbeinküste selbst war gereinigt worden.

Der Bericht in *Fraternité Matin* sagte nicht, wer die besessene Person war. Das mochte auf einen juristischen Vorbehalt zurückgehen, aber eher noch auf ein Tabu, das für »böse Geister« gilt. Der Reporter ließ nur Andeutungen fallen: Die besessene Person ging im Hause des Schullehrers ein und aus, war der Familie wohlbekannt, erledigte vieles für den Lehrer. Das

Sonntagsmagazin, *Ivoire Dimanche,* zeigte in einer zweiseitigen Fotoreportage Bilder von dem Lehrer und seinen beiden Frauen. War die besessene Person eine der Ehefrauen? Beide sahen gleichermaßen entnervt aus, so entnervt wie der Lehrer selbst, obwohl sie dünn waren und er ziemlich rundlich. Die Anwesenheit von Zauberkräften und dem »bösen Geist« hatte sie anscheinend die Hölle schauen lassen. Mit Zauberei trieb man keinen Scherz; und die Titelgeschichte von *Ivoire Dimanche* galt in Wahrheit dem Krieg der wahren Religion und der weißen Magie gegen Zauberei und schwarze Magie.

Der Besucher sah die Stadtautobahnen und Wolkenkratzer von Abidjan, und er dachte an Entwicklung und afrikanischen Erfolg. Doch Abidjan war in Afrika, und im Denken der Leute mußte die Welt auch in anderer Hinsicht sicher gemacht werden. Die beruhigende Botschaft in der staatlich kontrollierten Presse lautete, daß Licht an beiden Enden des afrikanischen Tunnels war.

2

Ich reise, um andere Geistesverfassungen zu entdecken. Und wenn ich um dieses intellektuellen Abenteuers willen an Orte fahre, wo die Menschen ein eingeschränktes Leben führen, dann, weil meine Neugierde zum Teil immer noch von meiner Herkunft aus dem kolonialen Trinidad bestimmt ist. Ich fahre an Orte, die — ganz gleich, wie frend — in einem gewissen Zusammenhang mit dem stehen, was ich bereits kenne. Wenn meine Neugierde befriedigt ist, wenn es keine weiteren Überraschungen gibt, ist das intellektuelle Abenteuer vorüber, und ich dränge darauf abzureisen.

Das ist die Neugierde eines Schriftstellers, nicht so sehr die eines Ethnographen oder Journalisten. Während ich mich also auf Reisen nur entlang dessen bewegen kann, was ich vorfinde, lebe ich auch sozusagen in einem selbstverfaßten Roman, wobei ich mich vom Nichtwissen zum Wissen hinbewege, wobei sich eine Person mit der nächsten verschränkt und ein Ereignis ein anderes eröffnet. Das intellektuelle Abenteuer ist auch ein menschliches: Ich kann mich nur entlang meiner Sympathie bewegen. Ich erzwinge nichts; es gibt keinen Wortführer, den ich treffen muß, niemanden, den ich unbedingt interviewen muß. Die Art Verständnis, die ich suche, kommt am besten durch Menschen zustande, die ich schätzen lerne. Und in der Elfenbeinküste bewegte ich mich hauptsächlich unter Ausländern, Weißen und Schwarzen. Ich sah das Land durch sie und ihre jeweilige Erfahrung.

Einer dieser Ausländer war Terry Shroeder, für die Öffentlichkeitsarbeit der amerikanischen Botschaft zuständig. Er war Ende 40 und unverheiratet, ein schlanker, gutaussehender Mann mit der Art Melancholie, die Frauen anzieht und ihnen widersteht. Er wollte sich früh vom diplomatischen Dienst zurückziehen. Die Elfenbeinküste war sein vorletzter Posten, und es war gegen Ende seiner Zeit dort. Von Terry hatte ich den Ausdruck »mit ein bißchen Kaffee und Kakao« übernommen. Er bewunderte die ökonomischen Leistungen der Elfenbeinküste. Doch er hatte auch ein Gespür für ihre afrikanische Seite.

Bei unserer ersten Begegnung hatte mir Terry erzählt, daß es in der Elfenbeinküste einen berühmten und sehr alten afrikanischen Weisen gebe, der den Präsidenten in spirituellen Dingen beriet. Der Weise stand auch anderen zur Verfügung, und Terry wollte, daß ich ihn besuche. Doch der Weise war leider im Krankenhaus und blieb dort, solange ich mich in der Elfenbeinküste aufhielt. Der Name des Weisen war Amadou Hampaté Bâ. Zu seiner Zeit war er Botschafter und

Mitglied einer wichtigen UNESCO-Organisation gewesen; doch sein Ruhm in der Elfenbeinküste war spiritueller Art und beruhte auf seiner Beherrschung der Arithmologie und anderer esoterischer Künste. Terry kannte ihn so gut, daß er ihn im Krankenhaus besuchte, und er sprach von ihm immer als von Mr. Hampaté Bâ (»Hampaté« klang beinahe so wie »Humpty«). Hampaté Bâ war ein Moslem aus Mali im Norden, doch er hatte ein großes Herz für die afrikanische Religion. »Der Islam ist mein Vater, doch Afrika ist meine Mutter« — lautete Terry zufolge einer von Hampaté Bâs wohlbekannten Aussprüchen. Ein anderer lautete: »Immer wenn in Afrika ein alter Mann stirbt, ist eine Bibliothek abgebrannt.«

Bei unserer ersten Begegnung erzählte Terry mir auch von jemandem, der über die dörflichen Zauberdoktoren oder Medizinmänner forschte. Manche dieser Männer besaßen tatsächlich einiges Wissen. Auf afrikanische Weise konnten sie afrikanische Neurosen behandeln; auch kannten sie sich mit Kräutern und Giften aus. Über die Gifte schwiegen sie sich aus. Ihre Kenntnis dieser Gifte machte sie gefürchtet und war eine der Quellen ihrer Macht.

Das Gerede über Gift ließ mich an die karibischen Inseln auf der anderen Seite des Ozeans denken. Auf den Sklavenplantagen dort, die aus Ländern wie der Elfenbeinküste ständig »neue Neger« (wie sie genannt wurden) bezogen, war Gift früher ein besonderes Schrecknis der Sklaven und der Sklavenhalter gewesen. Irgendein Giftmischer war immer am Werk; im Untergrund oder der Unterwelt der Sklaven, dem verborgenen Afrika der Plantagen, fand sich in der Regel immer jemand mit einem Giftvorrat; und ein rachsüchtiger Sklave konnte schreckliche Dinge anrichten. 1794 wurden in Trinidad auf der Koblenc-Plantage in Port of Spain 100 Neger vergiftet, und das Gut mußte aufgegeben werden. 1801, als es von dem emigrierten Baron de Montalambert gekauft wurde, machte sich wieder ein Giftmischer ans Werk, und im ersten Monat verlor der neue Besitzer 120 der 140 »eingewöhnten« Neger, die er dort eingesetzt hatte.

Genausosehr wie Gift fürchteten die Plantagenbesitzer in der Karibik die afrikanische Magie. Sklaverei beruhte auf Gehorsam, darauf, daß der Sklave seine Lage akzeptierte. Ein überzeugender Magier, der afrikanische Instinkte erweckte, konnte seinen Gefährten ein Gefühl von der Unwirklichkeit der Arbeitswelt vermitteln und normalerweise fügsame und sogar loyale Sklaven zur Rebellion anstacheln. Magier wurden, waren sie einmal identifiziert, mit großer Unnachsichtigkeit behandelt. In Trinidad und Martinique konnten sie bei lebendigem Leibe verbrannt werden.

Magie und Gift — in den alten Dokumenten der Inseln waren sie mir wie Waffen der Verzweiflung vorgekommen; und das waren sie wahrscheinlich auch gewesen. Hier in der Elfenbeinküste waren sie Teil einer Welt, die noch in sich geschlossen war. Die afrikanische Kultur, die offiziell verkündet wurde und manchmal nur wie eine Quelle für Touristenmotive wirkte, war ein Ausdruck afrikanischer Religion. Selbst die Masken in den Souvenirläden, selbst die Tänze am Swimmingpool des Forum Golf Hotels ließen ein Gefühl von heiliger Scheu spüren, eine Ausstrahlung akzeptierter magischer Praktiken. Die Menschen hier kannten eine andere Realität; sie lebten mühelos in einer Welt des Geistes und der Geister.

Terry Shroeder machte mich auch mit Arlette bekannt. Arlette war eine schwarze Frau aus Martinique. Ihr Französisch, wundervoll gesprochen, erweckte meine ganze Schülerliebe zu der Sprache aufs neue. Sie war Ende 30 oder Anfang 40, eine kräftige Frau, sehr großzügig in ihrer Freundschaft, großzügig mit ihrer Zeit und ihrem Wissen; sie lehrte mich viele Dinge über das Land. Sie hatte einen Bürger der Elfenbeinküste geheiratet, den sie in Paris kennengelernt hatte, und sie lebte seit 20 Jahren in der Elfenbeinküste. Jetzt war sie geschieden; ihr Exmann war nach Gabun gezogen, dem neuesten französisch-afrikanischen Land mit Öl und Geld. Arlette arbeitete am Institut für Kunst der Universität Abidjan. Sie lebte allein; sie hatte viele Freunde in der ausländischen Gemeinde; ich hatte das Gefühl, sie fürchtete die Einsamkeit. Sie war eine Expatriierte — zu ihnen zählten in der Elfenbeinküste sowohl Schwarze als auch Weiße.

Martinique, Frankreich, das französischsprachige Afrika: die Kette war offensichtlich, und früher — als ich im beengten Trinidad zur Schule ging und Französisch von Schwarzen lernte, die eine hohe Meinung von einer aufnahmebereiten, befreienden französischen Kultur hatten — wäre mir Arlettes Lebensweise romantisch vorgekommen. Doch als ich mit dem Gedanken spielte, in die Elfenbeinküste zu fahren, hatte ich nicht an französischsprachige Westinder gedacht, die die ganze weite Reise zurück gemacht hatten. Deshalb wurden mir neben den Zusammenhängen, die ich für mich selbst herstellen konnte, weitere geboten. Und die Elfenbeinküste wurde anders als das Land, das ich mir vorgestellt hatte.

Wir trafen Arlette bei einem Klavierkonzert des Goethe-Instituts. Terry ging einesteils hin, um einen Diplomatenkollegen zu unterstützen: die Kulturabende, die von ausländischen Botschaften arrangiert wurden, waren mitunter schlecht besucht. Die Einheimischen — reich, erfolgreich, von ausländischen Arbeitskräften bedient — waren Ausländern gegenüber im allgemeinen hochmütig; es sei nicht leicht, sie zu etwas zu verlocken, sagte Terry. Bei seinen eigenen kulturellen Veranstaltungen bot er vorher ein Abendessen und hoffte, daß die Leute bleiben würden. Das funktionierte nicht immer. Die ausländische Kultur war zu ausländisch. Das größte amerikanische Ereignis in der Elfenbeinküste war vor kurzem der Besuch des Kriegsschiffs *U. S. S. Portland* gewesen, als die Amerikaner mit Hilfe phantastischer Landefahrzeuge zu Demonstrationszwecken einen Angriff auf eine Insel vor der Küste inszeniert hatten.

Terry sagte mit melancholischem Stolz: »Das hat das Militär der Elfenbeinküste beeindruckt.«

Arlette wohnte in einer Regierungswohnung, in einem umzäunten Anwesen voller Häuser mit Regierungswohnungen. Wir trafen sie nicht an, als wir sie abholen wollten. Wir fuhren zum Goethe-Institut weiter. Dort wartete sie bereits im Garten, eine kräftige, dunkelbraune Frau in einem glänzenden weißen Kleid, die im Schein der Lampen und Schatten der Bäume ein wenig verloren aussah. Sie kaute; immerzu kaute oder lutschte sie nervös an etwas Süßem oder aß irgend etwas. Sie hätten ihr das Wasser in der Wohnung abgestellt, sagte sie. Sie hatte sich über die Rechnung beschwert, die Zahlung verweigert; und sie hatten das Wasser abgestellt. Jetzt benutzte sie die Badezimmer verschiedener Freunde. (Diese Wasserschlacht führte sie ein paar Tage; dann zahlte sie die Rechnung.)

Das Publikum bei dem Klavierkonzert war weiß. Der Pianist, den das Goethe-Institut dem französischsprachigen Afrika bot, war ein Elsässer mit französischem Namen. Er hatte die französisch-afrikanische Reise schon einmal für das Institut gemacht und genoß einen gewissen Ruf im Land. Er war ein großer, dünner, leise lächelnder Mann mit klobigen schwarzen Schuhen und kräftigen, großen, weißen Händen. Als applaudiert wurde, verbeugte er sich, stieg vorsichtig die beiden wackligen vor die Bühne gestellten Stufen hinab, ging forsch zum Ende der Halle, als wolle er uns für immer verlassen, wartete dann jedoch im Schatten, ging zurück zur Bühne, die wackligen Stufen hoch und verbeugte sich noch einmal. Am Ende ging er zweimal zurück und spielte zwei Zugaben.

Arlette sagte auf französisch: »Ich habe mit Terry gewettet, daß es hier nur zehn schwarze Gesichter geben würde. Ich habe mich geirrt. Es gibt nur drei.« Afrikaner mochten keine Kulturmusik, sagte Arlette. Ihnen gefalle nur afrikanische Nachtclubmusik. Selbst in Paris interessierten afrikanische Studenten sich nur dafür. Aber immerhin, sagte Arlette, den Kopf im Rhythmus ihres französischen Sprechens schüttelnd und damit ihre eigene Unruhe während der Aufführung bezeugend, habe der Pianist einige schwierige Stücke ausgewählt, *des morceaux difficiles.*

Der Pianist und der deutsche Kulturbeamte standen an der Tür, um sich zu verabschieden. Der Pianist war korrekt gekleidet und still, im schwarzen Anzug. Der Beamte war künstlerisch lässig, mit einer großen runden Brille, einem vollen runden Gesicht und langem rotem Haar. Er war froh über den Erfolg des Abends. Es sei teuer, sagte er zu Terry, Musik solcher Qualität zu bringen. Das Goethe-Institut in Abidjan könne sich so etwas nur einmal im Jahr leisten. Der Pianist habe nach Accra in Ghana weiterreisen sollen, doch — und der Beamte zuckte diplomatisch mit den Schultern, als wüßten wir alle über die Ereignisse in Ghana Bescheid und als sei es nicht seine Sache, sie zu kommentieren.

Danach fuhren wir, Arlette und ich, zu Terrys Haus. Es war das Haus eines Junggesellen. Das Wohnzimmer war groß und konventionell; hier fanden viele von Terrys kulturellen Abenden statt. Es gab Erinnerungsstücke an den Osten, wo Terry gedient hatte, und es gab afrikanische Masken und Kunstobjekte. Terry bot uns Wein an und ging dann in die Küche, um Rühreier zu machen.

Arlette erzählte mir von den Franzosen. Sie liebe die französische Kultur, sagte sie. Aber sie verabscheue die Manieren, *les mœurs.* Sie meinte, die Franzosen seien gesellschaftlich rigide und kleinlich, außergewöhnlich penibel auf die korrekten Gläser, das korrekte Besteck, die richtigen Weine bedacht. Für die *petits français* — und besonders an einem Ort wie Abidjan — waren diese Dinge wie moralische Fragen. Und dazu kam noch die Versessenheit der Franzosen aufs Essen. Das gehörte zum französischen Mythos, doch Arlette bewunderte ihn nicht. Wie konnte man Leute bewundern, denen, wenn man von einer Auslandsreise zurückkam, nur die Frage einfiel: *»Mange-t-on bien là?«* »Ist das Essen dort gut?«

Arlette sagte, daß die französischen Westinder, *les Antillais,* sich in der Elfenbeinküste benahmen wie Franzosen. Sie schauten auf die Afrikaner herab und erwarteten — weil sie sich für französisch und zivilisiert hielten —, daß die Afrikaner zu ihnen aufschauten. *»Mais ils sont déçus«* — doch da machten die Westinder einen Fehler; Afrikaner schauten zu niemandem auf; und infolgedessen war das Leben für manche Westinder in der Elfenbeinküste ziemlich anstrengend.

Trotz allem, was sie also über Afrikaner und Nachtclubmusik gesagt hatte, distanzierte sich Arlette demnach sowohl von den Franzosen als auch von einer gewissen Sorte französischer Westinder. Und es war auch klar, daß sie trotz ihrer gescheiterten afrikanischen Ehe und ihrer gegenwärtigen Einsamkeit ein tiefes Gefühl für das Afrika hatte, das seinen eigenen Wegen folgte.

Während wir Eier und dunkles Brot aßen und dazu Wein tranken, kam das Gespräch auf Amadou Hampaté Bâ, den Weisen, der Berater des Präsidenten in geistigen Dingen war.

Arlette sagte mit glitzernden Augen: »Er ist ein großartiger Mann. Einer der großartigen Männer Afrikas.«

Terry hatte ein doppeltes Exemplar von Amadou Hampaté Bâs Büchlein, *Jésus vu par un musulman,* »Christus von einem Moslem gesehen«, das er nicht brauchte. Der Weise hatte das Buch vor 19 Monaten Flora Lewis von der *New York Times* geschenkt und ihr in zittriger Handschrift gewidmet.

In diesem Exemplar las ich später am Abend die arithmologischen Berechnungen, die, angewandt auf Anrufungen und andere religiöse Formeln, die grundsätzliche Einheit von Islam und Christentum beweisen.

Amadou Hampaté Bâ beschrieb sich als »Mann des Dialogs«, und das letzte Kapitel seines schmalen Buchs handelte vom Präsidenten der Elfenbeinküste. Er sagte, er und der Präsident führten oft lange geistige Gespräche, wenn die Staatspflichten des Präsidenten es gestatteten. Einst hatte er den Präsidenten um eine Geschichte gebeten, vielleicht eine von einem afrikanischen Ältesten gehörte Legende, die als Parabel brüderlicher Liebe dienen könne. Und der Präsident hatte Amadou Hampaté Bâ die folgende Geschichte erzählt.

»Am Königshof von Yamoussoukro gab es einmal einen Gefangenen, der für die Erziehung der Kinder zuständig war. Er mochte mich sehr, und er erteilte mir viele Ratschläge, Ratschläge, die für jemanden wie mich, der zum Häuptling erzogen wurde, nötig waren. Doch ehe ich fortfahre, sollte ich erwähnen, daß bei den Baoulé ›Gefangenschaft‹ mehr ein Wort denn eine Tatsache war. Die Tatsache, daß ein Mann ein Sklave war, beraubte ihn nicht seiner Menschenwürde.«

Von diesem Sklaven oder Gefangenen hörte der Präsident als Kind eine Geschichte, die er nie mehr vergaß. Die Geschichte ging so. Es war einmal ein Bauer. In einem Jahr hatte er eine gute Ernte, und er brachte seine Feldfrüchte auf den Markt. Er verkaufte gut, und danach wanderte er über den Markt. Am Stand eines Händlers lag ein schönes Messer. Der Bauer verliebte sich in das Messer und kaufte es. Der Bauer hielt sein Messer in Ehren. Er machte eine Scheide dafür und verzierte sie mit Perlen und Muscheln. Eines Tages, als er einen Baum aufpfropfte, schnitt er sich mit dem Messer in den Finger. In seinem Schmerz warf er das Messer zu Boden und verfluchte es. Doch dann hob er es auf, wischte das Blut ab und steckte das Messer in die Scheide zurück, die ihm an der Seite hing. Das war die ganze Geschichte. Warum warf der Bauer das undankbare und böse Messer nicht fort? Aus Liebe. Der Bauer liebte sein Messer. Das war die Moral.

Das war die Geschichte, die der Gefangene am Königshof von Yamoussoukro dem Jungen erzählte, der Häuptling werden sollte. Das war die Geschichte, die der Präsident Amadou Hampaté Bâ, dem Weisen, weitergab und die dieser in seinem Buch abdruckte.

Sklaverei, »Gefangenschaft« — es war also eine afrikanische Einrichtung. Und wie Gift und Zauberei hatte sie noch Bestand. Doch was war der Sinn dieser zusammenhanglosen kleinen Geschichte? Wie ließ sich Liebe zu einem Messer auf brüderliche Liebe übertragen? Die Geschichte war in Wirklichkeit eine Parabel — von einem alten Präsidenten, einem alten Häuptling — über Macht und Versöhnung. Macht war das Vorrecht des Häuptlings; doch der gute Häuptling, der sich an die alten Sitten hielt, suchte auch Versöhnung. Böse Menschen waren verstoßen worden; doch einst waren sie gut und nützlich und geliebt gewesen, der Häuptling würde sich daran erinnern und vergeben.

Der wohltätige Herrscher, der Herrscher, der die Zuneigung der Beherrschten suchte: Auf diese Weise dargestellt, als afrikanisches Ideal, wurde der Häuptling anziehend, ergreifend. Ich begann, ein wenig in die afrikanische Welt vorzudringen, wie Arlette sie sah.

3

Terrys Assistent wollte meine Fahrt nach Yamoussoukro organisieren. Arlette wollte mich mit einem Einheimischen vom Institut für Ethnosoziologie an der Universität bekannt machen, der einen umstrittenen Kurs in »Drummologie«, der Wissenschaft von den sprechenden Trommeln, eingeführt hatte. Und ich hatte mich nach einem Führer zum Kilometerstein 17 erkundigt, wo sich vor kurzem der böse Geist zu schaffen gemacht und von Zeit zu Zeit das Haus eines Lehrers geheimnisvoll in Brand gesetzt hatte.

Diese Projekte begannen zu reifen und sich zusammenzufügen. Meine Tage wurden ausgefüllt und abwechslungsreich. Nach den zufälligen Eindrücken und halboffiziellen Treffen und Höflichkeitsbesuchen der ersten Tage begann ich, Themen und Menschen zu entdecken. Ich begann, meinen kleinen Roman zu leben.

Philip — der im Ausland lebende Engländer, der mich mit seiner guyanischen Frau auf den Sonntagsausflug der Expatriierten zum Strand von Grand-Bassam mitgenommen hatte —, Philip hinterließ eines Tages eine Nachricht im Hotel. Er hatte einen jungen Mann gefunden, der bereit war, mich zum Kilometerstein 17 zu bringen und überhaupt in die afrikanische Magie einzuführen. Der junge Mann hatte schon ein paarmal als Führer fungiert und einem Kollegen von Philip bei moslemischen Marabu-Magiern geholfen.

Jetzt war er arbeitslos — Arbeit wurde allmählich knapp in der Elfenbeinküste, sogar für einen Bürger des Landes.

Am nächsten Morgen trafen wir uns alle drei — Philip verließ sein Büro, um den Vermittler zu spielen — in einem schäbigen kleinen Café im Zentrum von Abidjan.

Der junge Mann war gut gebaut, kräftig, schlank und mit fester Taille. Er hatte ein schön geschnittenes afrikanisches Gesicht, jeder Zug war voll ausgeprägt und seine Haut sehr schwarz, von ebenmäßiger Farbe, ohne Flecken oder Schattierung. Er war sorgfältig gekleidet; sein Hemd war gebügelt und sauber. Ich sah ihn nur so, als rein körperliches Wesen. Ich konnte nicht feststellen, was in seinem konzentrierten Blick lag, Intelligenz, Geistlosigkeit, der Wunsch zu gefallen oder latente Verschlagenheit. Er hieß Djédjé. Er gehörte zum Stamm der Bété, dem zweitgrößten Stamm der Elfenbeinküste nach den Baoulé, zu denen der Präsident gehörte.

Wir verbrachten viel Zeit damit, über das Geld zu reden und die Unkosten zu schätzen, die bei einem Besuch in dem Haus beim Kilometerstein 17 entstehen würden. Da war erstens das Taxi — Djédjé würde das arrangieren: er kannte jemanden, der billiger sein würde als ein Hoteltaxi. Dann würde es etwas für den Dorfhäuptling geben müssen; etwas für Trinkgelder; und Djédjés Honorar — er meinte, daß er schon vorher einmal ins Dorf fahren müsse, um die Leute vorzubereiten.

Die Art, wie Djédjé sich über die Kaffeetassen auf dem Plastiktisch lehnte, war konspirativ. Doch es war schwer, ihn dazu zu bewegen, für irgend etwas, sogar sein eigenes Honorar, eine präzise Zahl zu nennen. Eine geistige Leere, eine trübselige Lethargie schien ihn zu überkommen, wenn ein Kostenpunkt kalkuliert wurde. Philip drängte ihn sanft, ließ ein Schweigen nie zu lange dauern. Es sei notwendig, jetzt eine Obergrenze zu setzen, sagte Philip auf englisch zu mir. Sonst könnte Djédjé, wenn es ans Zahlen gehe, einfach »wild« werden und jeden Betrag fordern. Am Ende schien man übereingekommen zu sein, daß der Gesamtpreis zwischen 20000 und 30000 Franc der Landeswährung, 35 bis 50 Pfund, betragen würde. Djédjé würde mir am nächsten Tag den endgültigen Betrag telefonisch durchgeben, nachdem er mit dem Häuptling und dem Taxifahrer gesprochen hatte.

Djédjé sagte, er sei gläubig. Er wollte damit sagen, daß er an die Geister und die Macht der Magier glaubte; und er sagte, er habe eingewilligt, mein Führer zu sein, weil er wollte, daß auch ich gläubig werde.

Ich fragte, ob es Probleme geben würde, weil ich Ausländer sei. Er sagte nein; dann sagte er ja. Ich sei doch Hindu, nicht? Hindus hatten einen guten Ruf als Magier, und ein *féticheur* könnte mich als Rivalen ansehen und versuchen, vor mir etwas zu verbergen. Für einen Europäer, für jemanden wie Philip, würde es leichter sein, obwohl Philip und ich die gleiche Hautfarbe hatten.

Das letzte war eine merkwürdige Aussage; es stimmte bei weitem nicht. Doch für Djédjé stimmte es. Er hatte noch den Stammesblick: Menschen, die nicht Afrikaner waren, waren einfach Menschen einer anderen Farbe.

Ich bat ihn, seinen ganzen Namen für mich aufzuschreiben, und er schrieb zuerst seinen Familiennamen, danach seinen französischen Vornamen. Als ich eine Bemerkung über den französischen Namen fallenließ, runzelte er die Stirn und machte mit der schreibenden Hand eine kleine wegwerfende Geste. Es sei nicht wichtig, sagte er; es sei ein Name, den er nur bei Dokumenten benutze.

Am nächsten Tag rief er in der Hotelrezeption an und hinterließ eine Nachricht. *»Le rendezvous du kilomètre 17 est ok.«* Und als er zum Hotel kam, berichtete er mir, daß der Taxifahrer den Preis auf 18000 Franc festgesetzt habe. Ich verstand auch — doch sein Sprachgebrauch hier war vage, kompliziert —, daß man weitere 2000 für Trinkgelder brauchte. Der Taxifahrer sei der Bruder des Dorfhäuptlings, sagte er. Und der Häuptling brauche eine Flasche Whisky: Alkohol hatte für Afrikaner »besonderen Wert«.

Er schien den Preis innerhalb der Grenzen gehalten zu haben, die wir vereinbart hatten, und ich führte ihn in die Bar, um unser Abkommen zu besiegeln.

In der dunklen, »intimen« Hotelbar — Rosenholz, Möbel mit Metalleisten und schwarze PVC-Polster mit Nieten — war er genauso ungezwungen oder gleichgültig seiner Umgebung gegenüber wie in dem Café in der Stadt. Er schlürfte sein Bier mit der Muße und den Pausen, mit denen er den Kaffee im Café getrunken hatte, er wurde wieder konspirativ, beugte sich vor, redete leise und hielt mich mit seinem tiefen Blick gebannt.

Die Entwicklung des Landes habe einen falschen Lauf genommen, sagte er. Sie habe von oben begonnen. Was meinte er damit? Ohne meine Frage zu beantworten, ging er zu seinen Problemen über und sagte, die Universität sei »saturiert«. Dabei gebe es nur eine Universität, und die habe strenge Aufnahmeregeln. Und nun gebe es große Arbeitslosigkeit. Die Leute kämen nach Abidjan und nähmen westliche Gebräuche an, das sei für sie ein Unglück. Das war noch so eine Idee. Aber warum war es ein Unglück? Er senkte die Stimme, beugte sich näher zu mir herüber und sagte — als erwarte er, daß ich das, was er sagte, in seiner vollen Tragweite verstehe —, daß sogar er selbst vergessen habe, wie man tanze, wie man die Tänze seines Stammes, seiner *éthnie,* vollführe. In seinem Dorf habe er getanzt, aber in Abidjan könne er nicht tanzen.

Ich erkundigte mich nach seiner Familie. Er sagte, er habe neun Schwestern und acht Brüder. Sein Vater war ein *planteur,* einer der Kleinbauern, die den Reichtum der Elfenbeinküste geschaffen hatten, und er hatte zwei oder drei Frauen. Alle Kinder waren jetzt in Abidjan. Djédjé selbst wohnte im Haus eines Onkels, des Bruders seines Vaters. Der Onkel, ein Mechaniker, hatte zwei Frauen und 13 Kinder.

Ich hätte gern mehr von Djédjés Familienleben gehört, doch er wollte über Magie sprechen. In Abidjan gebe es Leute, sagte er, die sich modern anzögen und korrektes Französisch mit französischem Akzent sprächen. Sie hätten jeglichen Kontakt mit ihren *éthnies* verloren, und sie sagten, sie glaubten nicht mehr an die afrikanischen Götter. Aber diese Leute wollten nicht mehr in ihre Dörfer zurückgehen, weil sie Angst vor den Zauberern hätten. Im Herzen seien diese französischen Afrikaner immer noch Gläubige.

Ich hatte nicht das Gefühl, daß ich alles begriff, was Djédjé sagte, und das lag nicht nur an der Sprache. Vielleicht hatte ich im Gespräch mit ihm, seine Unschuld vergessend und fehlgeleitet durch seinen ersten Satz, daß das Land eine falsche Entwicklung genommen habe, nach etwas gesucht, was nicht da war: einer Haltung, einer folgerichtigen gedachten Position. Vielleicht war er — ohne Bildung, ohne Arbeit, ein Dorfbewohner in Abidjan — durch die Entwicklung des Landes »von oben« tatsächlich verwirrt. Aber ebensogut konnte es sein, daß er nur versuchte, mich mehr für die Magie zu interessieren, deretwegen er mein Führer sein sollte.

4

Einer der Namen, die ich bekommen hatte, ehe ich in die Elfenbeinküste fuhr, war George Niangoran-Bouah. Die Notiz über ihn besagte: »Anthropologe. Zu finden am Institut d'Ethnosociologie an der Universität. Circa 55, Weltspezialist in ›Drummologie‹, Form der Kommunikation mittels Stammestrommeln. Kenner der afrikanischen Kunst, hat eine phantastische Sammlung von Aschanti-Gewichten.«

Das klang beeindruckend. Und wie so oft, wenn man mir als Reisendem die Namen bedeutender Menschen am Ort gibt, hatte ich Scheu davor, den Kontakt zu ihm aufzunehmen. Doch ich erwähnte seinen Namen gegenüber verschiedenen Leuten, und ich fand recht schnell heraus, daß Mr. Niangoran-Bouah wissenschaftlich umstritten war, daß er als Weltexperte für Trommelsprache nur galt, weil er das Fach gegründet und das Wort *Drummologie* faktisch erfunden hatte. Drummologie als Universitätsfach war offenbar genauso umstritten wie afrikanische Philosophie. Manche bezweifelten, daß es überhaupt so etwas wie Drummologie oder afrikanische Philosophie gebe.

Arlette, die an der Universität arbeitete, kannte sowohl Niangoran-Bouah als auch seine Sekretärin. Die Sekretärin war auch eine *Antillaise,* eine französische Westinderin. Diese Dame rief mich eines Morgens an. Sie hatte eine fiepsige, flötende Stimme, und ihr Französisch war — im Gegensatz zu dem von Arlette — für mich nicht leicht zu verstehen, schon gar nicht am Telefon. Sie hieß Andrée, und ich verstand sie so weit, daß ihr *patron,* Mr. Niangoran-Bouah, noch auf einer Vortragsreise in den USA sei, daß ich aber zur Universität kommen solle, um Mr. Niangoran-Bouahs Buch über Drummologie zu holen, von dem heute morgen neue Exemplare im Büro eingetroffen seien.

Das Universitätsgelände war groß. Ein paar Arbeiter, die unter einem Baum auf der Erde saßen — der mit Fingergras bewachsene Boden war bis zu den Wurzeln des jungen Baumes abgetreten —, zeigten mir das unerwartet bescheidene und ziemlich verwitterte Ziegelgebäude, in dem sich das Institut für Ethnosoziologie befand. Und es war ziemlich aufregend, in einem Korridor, der voll mit Namensschildern hing, das kleine Schild mit dem Namen BOUAH zu sehen, das kleine Büro zu betreten und die großen Plakate über Drummologie und ein anderes mit Fotos von goldenen Aschanti-Gewichten zu sehen.

Andrée, die westindische Sekretärin, Arlettes Freundin, war eine braunhäutige Frau von über 40. Sie war herzlich, aber nicht wie Arlette. Sie war weder so lebhaft noch so groß oder weich. Andrée war eher dünn, mit einer Brille über angestrengten großen Augen. Ihr krauses Haar war straff zurückgekämmt und zu einem Knoten gedreht. Sie trug eine leuchtendblaue Strickjacke und einen schweren Faltenrock: das Büro war klimatisiert. Ihr Kleidungsstil — solide französisch, solide westindisch — gab sie als Nichtafrikanerin zu erkennen. Genauso wie das Strickzeug in ihrem Beutel. Die blaue Strickjacke hätte selbstgestrickt sein können. Sie sagte — sie hatte an dem Morgen ersichtlich nichts zu tun im Büro —, sie halte gern ihre Hände beschäftigt. Ihr Französisch war jetzt schwerer für mich zu verstehen als am Telefon. Von Angesicht zu Angesicht redete sie schneller, mit einer höheren Stimme, mit der sie kleine Wortkaskaden hervorsprudelte. Die Hälfte von dem, was sie sagte, bekam ich nicht mit, und mein eigenes schlechtes Französisch wurde schlechter, weil es sich nicht an dem orientieren konnte, was die andere Person sagte.

Ihr Schreibtisch mit dem Strickzeug stand neben dem Fenster. Sie zeigte auf den großen Schreibtisch des abwesenden *patron* an der Wand zum Flur und den bequemen Drehstuhl mit Plastikrücken dahinter, und sie ließ mich spüren, daß in dem kleinen Raum etwas Wichtiges fehlte.

Doch sie hatte die Bücher des *patron.* Sie öffnete ein in braunes Papier gewickeltes Paket und gab mir ein Exemplar eines großformatigen Taschenbuchs, *Introduction à la Drummologie.* Auf dem Umschlag war ein Foto von Mr. Niangoran-Bouah bei einer Trommel- und Gesangszeremonie (mit Mikrofonen) im Freien. Er war ein großer, kräftiger Mann, wie ein Häuptling, in afrikanische Baumwolle gehüllt, und er lauschte mit halbgeschlossenen Augen dem Trommeln. Er nahm Wirklichkeit für mich an. Er wurde mehr als sein Name und sein merkwürdig benanntes Fach; sein Schreibtisch wurde persönlicher. Die kleinen Bronzestücke auf seinem Schreibtisch waren tatsächlich Dinge von großer Schönheit, so wie die Goldgewichte auf dem Plakat an der Wand.

Ein ständig wiederkehrendes Muster auf diesen Gewichten — ein Ideogramm oder eine Maßeinheit — war das Swastika oder etwas, was ihm ähnelte. Ich fragte Andrée, ob die Gewichte vielleicht indischen Ursprungs sein könnten. Ich drückte mich nicht deutlich aus. Sie sagte nur, daß die Gewichte sehr, sehr alt seien. Und genau das stand auch auf dem Plakat: Diese Gegenstände seien alt und afrikanisch, ein Beweis für afrikanische Zivilisation. Den Beweis für afrikanische Zivilisation zu erbringen: das, begann ich herauszuspüren, war das Anliegen des Mannes, dessen Sekretärin Andrée war.

Andrée, die ihre morgendliche Arbeit getan hatte, steckte ihr Strickzeug in die Tasche und schloß das Büro ab. Sie sagte, sie würde mich bis zu einer Stelle begleiten, wo ich ein Taxi bekommen könne. Als wir so zwischen den Studenten durchgingen, sagte sie einfach so aus heiterem Himmel, daß ich jeden Tag eine Nivaquine-Tablette nehmen solle. Das sei der beste Schutz gegen Malaria. Ich hatte daran gedacht, es aber nicht getan. Sie sagte, sie würde mich im Taxi bis zu einer Apotheke begleiten, die sie kenne. Wir fuhren zu der Apotheke am Rand des Universitätsgeländes, und der europäische oder libanesische Apotheker gab, eher an Andrée als an mich gewandt, die Instruktionen über das Nivaquine.

Es war nun beinahe Mittag, Essenszeit. Ich hatte Andrée weit weg von ihrem Büro mitgenommen. Aber es machte ihr nichts. Sie wollte Gesellschaft; und ich war Arlettes Freund. Sie sagte, sie kenne ein Restaurant im Stadtzentrum.

Als wir an den großen Wohnblocks vorbeifuhren und auf die Corniche hinauskamen, zeigte Andrée vage in eine Richtung und sagte: »Dort wohnt meine Mutter. Sie legt Karten.«

Ich tat so, als hätte ich nichts gehört.

»Meine Mutter ist Witwe«, sagte Andrée. »Sie legt Karten. Sie sollten es verstehen. Sie sind Hindu.«

»Hindus lesen Horoskope.«

Sie sagte, und ihre Aussprache, zum ersten Mal klar und deutlich, klang wie im Sprachunterricht: *»Ma ... mère ... lit ... les ... cartes.«* »Meine Mutter legt Karten.«

Ich sagte, während ich zuließ, daß das Taxi uns weiter von dem Ort entfernte, an dem Andrées Mutter die Karten las: »Das ist eine schöne Begabung. Ein schöner Beruf.«

Andrée sagte scharf: »Meine Mutter ist ausgebildete Krankenschwester.«

Ich fragte mich, wie Andrée und ihre Mutter von der Insel Guadeloupe in der entlegenen Karibik in die Elfenbeinküste gekommen waren. Ich sagte: »Wohnen Sie bei Ihrer Mutter?« Ihre Stimme wurde hoch und flötend. Sie sagte nein. So lebten Afrikaner, alle zusammen. Franzosen, und sie meinte Leute wie ihresgleichen, lebten für sich. Ich fragte, wie sie in die Elfenbeinküste gekommen sei. Sie sagte, sie habe in Paris einen Mann von der Elfenbeinküste kennengelernt und ihn geheiratet. Die Ehe sei zerbrochen, als sie in die Elfenbeinküste gezogen seien.

Das Restaurant in der Stadtmitte, zu dem sie das Taxi dirigierte, war ein großes, scheunenähnliches Gebäude. Die Türen standen offen, und draußen standen gemalte Menütafeln. »Es ist sauber«, sagte Andrée, und als wir hineingingen — es war noch nicht überfüllt —, sagte sie noch einmal: »Ist es nicht sauber?« Es war in der Tat in Ordnung, und an einem der Tische aß sogar ein Libanese mit Krawatte, sehr schnell, den Kopf gesenkt, das Jackett über den Stuhl gehängt, wie ein Mann, der einen Geschäftstermin einhalten mußte. Doch der Geruch von geschmortem Fleisch und anderem Essen war, obwohl die Türen offenstanden, so durchdringend, die Luft so verraucht und fettig, daß ich nicht bleiben wollte. Andrée war enttäuscht.

Wir nahmen ein Taxi zum Hotel. Es war das einzige Lokal, das ich kannte. Das Hotel lag in einem feuchteren Teil der Stadt, in einer Geschäftsstraße, die von tropischen Mandelbäumen mit runden Blättern gesäumt war. Es gab dort libanesische Stoffgeschäfte, Schuhputzer und zerlumpte Afrikaner, wahrscheinlich Ausländer, die in Schweißgeruch gehüllt auf dem geborstenen Bürgersteig saßen oder herumstanden. Ein Afrikaner, mit weißer Kappe und moslemischem Gewand, verrichtete sein Mittagsgebet, kniete und beugte sich völlig versunken immer wieder vor.

Das Hotel, das zu einer Kette gehörte, war zweitklassig, eine kalkulierte Mischung aus Schick und Schäbigkeit. Doch Andrée machte es ganz aufgeregt.

Sie sagte: »Teuer«, und ihr Verhalten wurde vornehmer, so daß es besser zu ihrer Vorstellung von dem Gebäude paßte. Sie gab dem Taxifahrer ein Trinkgeld aus eigener Tasche, ein Fünfzigfrancstück. Und sowie wir im Speisesaal saßen — direkt an der Glaswand, mit Blick über die Stadtautobahn unten, die schwarze Bucht, die Schiffe auf der anderen Seite —, wurde sie dem uniformierten einheimischen Kellner gegenüber streng und französisch, stellte präzise Fragen nach dem Menü und nahm sich ausgiebig Zeit.

Dem Kellner gefiel das nicht. Er war europäische Paare gewöhnt, Geschäftsleute (es gab ein paar Japaner), Einzelreisende, Leute, die für kleine Wohltaten an unwahrscheinlichen Orten dankbar waren. Andrée ignorierte das übertriebene Stirnrunzeln des Kellners. Sie wählte; sie bestellte. Ich bat um ein Omelett. Andrée war beschämt. Sie sagte, was sie gewählt habe, sei zu teuer, und sie bestand darauf — der Kellner stand daneben —, etwas anderes zu bestellen. Sie entschied sich für *jambon* mit *frites.*

Sie war mittlerweile sehr fahrig, und sowie der Kellner fort war, begann sie schnell zu reden. Sie sagte, das Leben sei schwer für sie. Sie saß in der Elfenbeinküste in der Falle und hatte keine Mittel, nach Hause zurückzukehren — sie meinte Frankreich, Guadeloupe in der Karibik, das sie vor vielen Jahren verlassen hatte und das nun in jeder Hinsicht zu weit weg war. Sie verdiente an der Universität 90000 Franc im Monat, 150 Pfund; und sie hatte Glück gehabt, vor sechs Jahren die Stelle zu bekommen. Davor hatte sie in einer Grundschule unterrichtet. »Nicht schön«, sagte sie.

Die Ehe mit dem Mann von der Elfenbeinküste, den sie in Paris kennengelernt hatte, wurde, vier Jahre nachdem sie in die Elfenbeinküste gezogen war, geschieden. Die Familie ihres Mannes habe die Ehe zerrüttet, sagte sie. *Françaises,* Französinnen wie sie, die Männer von der Elfenbeinküste heirateten, sollten in Frankreich bleiben, sagte sie. In der Elfenbeinküste zerrütteten die Familien die Ehen.

Der Junge brachte das Essen. Er sah aus, als sei er zufrieden mit sich. Er trug sechs Teller auf beiden Armen, wie um Andrée, die so französisch zu ihm war, französischen Restaurantstil vorzuführen. Sie erwiderte sein Lächeln nicht. Sie beobachtete streng und mißtrauisch, was er tat. Und dann, als sei er durch Andrées Starren dazu verurteilt, den Vorstellungen der *petits français* von der afrikanischen Ungeschicklichkeit zu entsprechen — ließ er einen der sechs Teller fallen. Es war keiner für uns. Als er, besiegt und entmutigt, kam, um das Malheur auf dem Teppich zu beseitigen, aß Andrée geziert ihren *jambon* mit *frites*. Sie ließ ein Stück *jambon* am Tellerrand liegen, während sie das andere in Angriff nahm, und es sah aus, als würde sie das zur Seite gelegte Stück *jambon* nicht anrühren, doch am Ende war alles weg — *frites, jambon,* Kompott.

Sie sprach wieder von ihrem Leben in der Elfenbeinküste. Sie nehme nicht oft ein Taxi, sagte sie; es sei zu teuer. Alles in allem spendierte ich ihr also etwas, und ich beschloß, so spendabel zu sein, wie das Restaurant es zuließ.

Ich fragte, ob sie nicht gerne Käse hätte. Camembert, Gruyère, fragte sie? Ich sagte ja. Sie sagte, sie liebe Camembert. Mochte sie nicht *chèvre?* Doch, aber Camembert war die Delikatesse; und außerdem noch etwas, was teuer war.

Sie rief den Jungen herüber und fragte auf ihre bestimmte Art — wobei sie ihm nach seinem Mißgeschick kein Mitgefühl zeigte und die unterschwellige Hochnäsigkeit, mit der er sich zu wehren versuchte, übersah und damit zunichte machte —, ob er verschiedene Käsesorten habe, eine Auswahl, einen *plateau.* Der Junge bejahte. Er begann zu erklären. Sie unterbrach ihn; sie befahl ihm, das Käsebrett zu bringen. Er erkannte ihre Autorität nun an; und als er das Brett brachte, wurde sie sehr zurückhaltend, wie um seine Unterwerfung zu belohnen. Sie nahm nur zwei kleine Stücke Camembert, obwohl sie für ihren *plateau* viermal soviel hätte nehmen können. Sie sagte, der Camembert sei gut. Er war es nicht wirklich. Ich drängte sie zu einem Nachtisch. Sie gab nach; sie rief den Jungen und ließ ihn den Wagen mit den Desserts bringen. Sie sei nie im Ausland gewesen, sagte sie, als sie sich pedantisch, ohne Eile, an das farblose Stück Apfeltorte machte, das sie gewählt hatte. Sie sei nicht einmal in den Nachbarländern Ghana, Liberia, Guinea gewesen. Sie habe nicht das Geld zum Reisen.

Als die Rechnung kam, machte sie einen zaghaften Versuch zu zahlen, nahm ihr Portemonnaie heraus und öffnete es, als enthalte es ein Geheimnis. Ich zwang sie, das Portemonnaie wegzustecken. Und dann, nach dieser Hotelparodie eines bürgerlichen französischen Mittagessens, überkam sie französischer Charme, der Charme der westindischen Mulatten, und sie sagte, sie würde mich eines Tages gern in meinem Land besuchen.

Wir nahmen ein Taxi zurück. Andrée sagte, sie wolle an der Kirche aussteigen. Doch die Kirche war zumindest in diesem Fall nur ein Merkzeichen. Andrées verwitwete Mutter, die die Karten legte, wohnte in der Nähe der Kirche, und allein, wie es sich für eine Französin gehörte.

Solche Einsamkeit in diesem hellen afrikanischen Licht, das so sehr dem Licht der karibischen Nachmittage glich. Doch wie weit weg mußte die Heimat Andrée vorkommen, der nach Guadeloupe und Paris nur noch die Elfenbeinküste blieb!

Die Stadtautobahn zog sich an der Lagune entlang durch ein halbdiplomatisches Siedlungsviertel bis zum

Forum Golf Hotel, gegenüber dem halbfertigen Golfplatz, wo man ein paar alte Affenbrotbäume mit dicken Stämmen hatte stehenlassen, Erinnerungen an den Tropenwald. Im Garten des Hotels, um den Swimmingpool mit seinen künstlichen Felsen, seinen hohlen Plastikelefanten und seiner Wasserrutsche herum, spielten Kinder und sonnten sich die flachbrüstigen Frauen oben ohne.

An verschiedenen strategischen Stellen saßen afrikanische Wachen in braunen Uniformen. Der weiße Sand, der einen Strand vortäuschen sollte, war künstlich aufgehäuft: Der Sand lag auf einem Betonfundament, das am Wasserrand zwei oder drei Fuß hoch hervorschaute. Gegen diesen Beton schlug die verschmutzte Lagune. Auf dem Schmutzwasser wuchs eine kleine, grüne, kohlähnliche Pflanze, mit einer Wurzel wie ein dünner Bart; und an geschützten Orten, im Windschatten von Booten oder an bestimmten Stellen der Betonwand verdichteten sich diese Wasserpflanzen und bildeten kleine schaukelnde Teppiche aus lebendigem Grün.

In der *Introduction à la Drummologie* sah ich, daß Mr. Niangoran-Bouah Andrée eigens erwähnt hatte: sie war die gewissenhafte *collaboratrice* eines schwierigen und eigensinnigen *patron*. Das ließ ihn interessant klingen. Und als ich nach der Danksagung weiterlas, entdeckte ich, daß Mr. Niangoran-Bouah in der Tat das Wort »Drummologie« erfunden hatte. Andere Worte waren in Erwägung gezogen worden — *tantamologie, tamtalogie, tambourinologie, tambourologie, tambologie, attangbanlogie*. Doch diese Worte waren verworfen worden, weil sie eher die Kunst des Trommelns zu betonen schienen als das Studium der »sprechenden Trommeln«, die Zeugnis von Stammesgeschichte und -tradition ablegten. Die sprechende Trommel ahmte die tatsächlichen Worte alter Gesänge nach und bewahrte sie im Gedächtnis: Diese Gesänge waren Dokumente der afrikanischen Vergangenheit. So wie die Aschanti-Gewichte mit ihren Komponenten von Kunst und Mathematik schenkte die wahre Kenntnis der sprechenden Trommeln Afrika die alte Zivilisation, die nach Ansicht von Europäern und Kolonialisten gar nicht existierte. Das war Mr. Niangoran-Bouahs Anliegen. Das war das Anliegen, dem Andrée, die Frau aus Guadeloupe und Frankreich, diente.

Als wir uns das nächste Mal trafen, sagte ich Arlette, daß ich große Probleme mit Andrées Französisch gehabt hätte. Arlette sagte, das habe sie befürchtet. Andrée sei schwer zu verstehen. Andrée sei ein wenig nervös, *un peu nerveuse*. Aber sie sei phantastisch mit den Händen. Sie stricke und mache Wandstickereien. Ihre Mutter sei eine sehr gute *voyante*. Sie lege die Karten und sage immer interessante Dinge.

Arlette sagte, daß Andrée nach dem Scheitern ihrer ersten Ehe noch einmal in der Elfenbeinküste geheiratet habe. Ihr zweiter Mann war verrückt geworden. Das hatte Andrées Gesundheit mitgenommen, und in Wahrheit war Andrées Mutter, eine ehemalige Krankenschwester, in die Elfenbeinküste gezogen, um nach Andrée zu schauen. Sie wohnten nicht zusammen. Doch sie aßen zusammen: Jeden Tag aß Andrée mit ihrer Mutter zu Mittag und zu Abend.

Erst etwa eine Stunde später — nach dieser Information über Andrée kamen andere Themen zur Sprache — erzählte mir Arlette, daß Andrées zweiter Mann verrückt geworden war, als er ein politischer Gefangener war. Man hatte ihn fürchterlich zusammengeschlagen.

Wir gingen — Terry Shroeder war noch dabei — im Hotel Ivoire spazieren. Das Ivoire war mehr als ein Hotel. Mit seinen Bars, Restaurants, Geschäften, einer kleinen Spielhalle mit Flipperautomaten, Kegelbahn und Eislaufbahn (die man vorübergehend abgetaut und als Fußballfeld hergerichtet hatte) war das Ivoire der extravagante, klimatisierte Vergnügungsplatz von Abidjan. Die Leute kamen für einen Abend, um sich umzuschauen und über die langen Gänge zu spazieren, und die Klimaanlage war so gut, daß viele sich gegen die Kälte warm anzogen.

In der Wärme draußen, entlang der Hoteleinfahrt, machten Prostituierte Jagd auf die eintreffenden Autos. Das erzählte mir Arlette. (Ich hatte es nicht mitbekommen; niemand war unserem Auto nachgelaufen.) Diese Prostituierten waren Mädchen aus dem Dorf. Interessanter — weil sie als Sport und nicht so sehr aus wahrer Not betrieben wurde — war die Studentenprostitution. Die Mädchen von der Universität schliefen nicht mit Jungen von der Universität. Sie schliefen mit Männern in der Regierung, Männern, die wichtige Stellen hatten und einem Mädchen, das auf der Universität war, die passenden Geschenke machen konnten. Den Schulmädchen in Abidjan, den *lycéennes,* blieb es überlassen, mit den armen *étudiants* zu schlafen; und da ein *étudiant* nur sein Stipendium hatte, konnte eine *lycéenne* eine Abmachung mit zwei oder drei *étudiants* gleichzeitig haben, schlief mit jedem von ihnen ein- oder zweimal die Woche und sammelte ihre akkumulierten Geldgeschenke am Ende des Monats ein.

Dieses Verhalten sei akzeptabel, weil Afrikaner an die Unabhängigkeit in Beziehungen glaubten, sagte Arlette. Sie suchten und erwarteten auch keine sexuelle Treue. Untreue galt nicht als stichhaltiger Scheidungsgrund. Die wichtigste Beziehung in einer Ehe war die Beziehung zwischen den Familien. Und deshalb gerieten Frauen aus der Karibik — wie Andrée und Arlette selbst —, die Männer aus der Elfenbeinküste heirateten, in große Schwierigkeiten, wenn sie in die Elfenbeinküste kamen. Die Männer sagten einfach ade.

Antillaises in Paris konnten hinters Licht geführt werden. Sie konnten sich von einem Mann blenden lassen, der sagte, er komme aus einer Häuptlingsfamilie und habe soundso viele Sklaven und Diener — *tant d'esclaves, tant de domestiques* — zu Hause. Frauen aus der Karibik mit ihrer eigenen Vorstellung von Liebe konnten aus der Liebesbeteuerung und sogar aus dem Heiratsantrag eines Afrikaners Dinge heraushören, die der Mann nie im Sinn hatte. Eine Frau aus der Karibik in der Elfenbeinküste war ohne Stamm oder Familie; ihr afrikanischer Ehemann konnte sich ohne Schuldgefühle verabschieden. Wenn ein Bürger der Elfenbeinküste eine ausländische Frau mit nach Hause brachte, wählte seine Familie eine afrikanische Frau für ihn und schickte sie ihm ins Haus. Wurde die afrikanische Frau nicht angenommen, belegte die Familie des Mannes ihn mit einem Fluch. Und der Mann hatte solche Angst vor dem Fluch (und auch vor Gift), daß er in der Regel gehorchte.

Das war Arlettes Geschichte. In Afrika zu leben, sagte sie, bedeute, daß alle Vorstellungen und Werte, die man hege, in Frage gestellt würden. Und es sei gut, setzte sie hinzu, daß dem so sei. Also stellte sich heraus, wie ich schon zuvor bei Arlette beobachtet hatte, daß die scheinbare Kritik an Afrika überhaupt keine Kritik war. Arlette war, nach ihrer eigenen Auffassung, von Afrika neu erzogen und neu geschaffen worden. Ihre Einsamkeit als Expatriierte war eine ganz andere als die Andrées.

5

Gil Sherman, Terry Shroeders Assistent, organisierte meine Fahrt nach Yamoussoukro; und Gil schrieb eines Tages, er habe genau den richtigen Mann gefunden, mich dorthin zu bringen. Der Mann hieß Ibrahim Keita. Er war der Sohn eines politischen Gefährten des Präsidenten aus der Kolonialzeit, und er stand dem Präsidenten nahe. Der Präsident wollte, daß in der Elfenbeinküste Golf gespielt wurde: Ibrahim Keita widmete sich diesem Anliegen. Er war ein begeisterter Spieler und Vorsitzender des Golfverbandes. Er war für den berühmten Golfplatz in Yamoussoukro verantwortlich. Es hieß auch, der Präsident habe ihn mit dem allgemeinen Ausbau von Yamoussoukro betraut. Er war genau der Richtige, mich herumzuführen. In seinem sehr großen und schnellen Mercedes fuhr er regelmäßig nach Yamoussoukro.

Doch als ich Ibrahim Keita bei Gil Sherman traf, schien er nicht zu wissen, daß er mich nach Yamoussoukro bringen solle. Er sagte nichts davon und sprach überhaupt kaum. Seine internationale Umgangssprache war eher Französisch als Englisch. Er war ein großer, gutaussehender Mann von ungefähr 40, athletisch (und an dem Abend ziemlich müde) vom Golf; in Farbe und Aussehen erinnerte er ein wenig an Sidney Poitier. Seine Frau, Eileen, war an dem Abend genauso reserviert. Ibrahim Keita war Moslem; und es ist möglich, daß Eileens Zurückhaltung eine Form moslemisch-afrikanischer Bescheidenheit war. Sie war jedoch im strengen Sinne des Wortes keine Afrikanerin. Sie war in Ghana geboren, aber westindischen Ursprungs, mit dem Familiennamen Busby: Mulatten aus der Englisch sprechenden Mittelschicht von der Insel Barbados.

Ihr Bruder war dabei. Auch er war in Ghana geboren, aber lebte nun in London. Er interessierte sich für Journalismus und afrikanisches Verlagswesen und war auf einer kurzen Geschäftsreise in der Elfenbeinküste. Er war ein attraktiver, bärtiger braunhäutiger Mann in den Dreißigern. Sein Benehmen war das eines

Londoners und mittelständischen Westinders; er war gescheit und gut gelaunt und offen. Mit ihm redete ich die längste Zeit des Abends.

Seine Familiengeschichte war bewegend. 1929 hatte sein Vater, nachdem er sich in England als Arzt qualifiziert hatte, beschlossen, von Barbados nach Afrika zu ziehen und dort zu arbeiten. Er war sicher einer der ersten schwarzen Akademiker aus dem britischen Westindien. In den zwanziger Jahren hatte für jemanden wie ihn jeder persönliche Schritt nach vorn das Gefühl der rassischen Benachteiligung sicher nur noch deutlicher spürbar gemacht. Im britischen Empire war die Sklaverei 1834 abgeschafft worden; doch in den britischen Kolonien in der Karibik — vernachlässigt, wertlos geworden — hatten sich die Einstellungen von Schwarzen wie von Weißen in Rassenfragen kaum geändert. In den zwanziger Jahren mußte sich ein schwarzer Akademiker allein fühlen, selbst in seiner eigenen Gemeinschaft.

Dr. Busby tat, was etliche Schwarze wie er damals in Betracht zogen, aber nur wenige tatsächlich taten: Er beschloß, nach Afrika zurückzugehen, Afrika zu dienen, obwohl Afrika selbst eine Kolonie war. Er ging in die Goldküste — unter britischer Herrschaft, direkt neben der französisch regierten Elfenbeinküste —, und dort arbeitete er bis zu seinem Tod.

Die Goldküste wurde 1957 zum unabhängigen Ghana. Nkrumah herrschte und stürzte. Nun, 25 Jahre nach der Unabhängigkeit, war der Staat Ghana ruiniert. Und Dr. Busbys Kinder lebten nicht mehr im Land.

Ich fragte den jungen Mann, den Sohn des Arztes, was er von den Ereignissen in Ghana halte. Er gab eine Antwort, die keine war. Er sagte, es sei etwas, was das Land durchstehen müsse. Doch 1957 — als die Elfenbeinküste sehr wenig hatte — war Ghana reich, hatte gutausgebildete Menschen und Institutionen. Wie war das verschleudert worden? War es Nkrumahs Schuld — die rassistisch-sozialistische Ideologie, die Megalomanie, die Vergeudung?

Das Unlogische an seiner Antwort überraschte mich. Nkrumah war ein Mann, der seiner Zeit voraus war, sagte der junge Busby. *Voraus?* Busby sagte: »Haben Sie Nkrumahs Bücher gelesen? Sie sollten seine Bücher lesen.« Die Größe des Mannes war also eher in den Worten als in den Taten zu finden? Nkrumah, sagte Busby, hatte eine Vision für den afrikanischen Kontinent. Er war unendlich viel mehr als ein Stammesführer. Diese kontinentale Vision kam in seinen Büchern zum Ausdruck, die revolutionär blieben; und deshalb hatte er nach der Unabhängigkeit so extravagant gebaut — und damit das Land in den Bankrott getrieben. Und Nkrumah hatte mehr für die Würde der schwarzen Menschen überall auf der Welt getan als jeder andere. »Da können Sie jeden schwarzen Amerikaner fragen«, sagte Busby.

Gil Sherman war ein schwarzer Amerikaner. Doch er hörte, vielleicht diplomatisch, nicht hin (er unterhielt sich mit Ibrahim Keita), und ich fragte ihn nicht.

Die Würde des schwarzen Menschen — das Thema wollte ich mit Busby weiter diskutieren. War das nicht mittlerweile eine antiquierte Idee? Afrika war unabhängig, die schwarzen Inseln der Karibik waren unabhängig. Gab es nichts anderes, wofür die Schwarzen nun arbeiten mußten?

Busby sagte: »Alte Ideen stellen sich manchmal als die besten heraus.«

Er war ein redlicher Mann. Er hatte nur die Passion für seine Rasse als inneren Halt. Er blieb dem Anliegen seines Vaters treu; und nach 50 Jahren war dieses Anliegen — obwohl die Welt sich verändert hatte — wie eine Religion geworden. Ganz gleich, welche

Katastrophen es jetzt gab, das schwarze Afrika würde durchkommen. Die Welt, sagte er, würde noch auf Afrika zurückkommen. Analphabetentum würde bald ein Problem von England und anderen westlichen Ländern sein: Die Welt würde noch gute Seiten an den afrikanischen Sitten finden. Er erzählte eine afrikanische Geschichte, die wie eine Fabel klang, von einer bäuerlichen Gemeinschaft und einer Fischergemeinschaft, die einander verachteten, doch durch ein ritualisiertes Abkommen, das beiden die Würde bewahrte, noch zusammenleben konnten. So eine Lösung könnte Afrika der Welt bieten.

Er lebte in England. Als Journalist und Verleger brauchte er England als Basis. Doch diese Tatsache, so bedeutsam sie war, spielte in seiner Sicht der Dinge keine Rolle. Ich fragte ihn, was er für Afrika wünsche. Er sagte, er wünsche Entwicklung. Doch nicht die Entwicklung der Elfenbeinküste: Er wollte eine Entwicklung, die Afrikanern gestattete, ihre Seele zu bewahren. Genauer konnte er sich nicht ausdrücken. Politische Vorbehalte gegen den Kapitalismus verhinderten wahrscheinlich, daß er erkannte, wie getrennt die französischen und afrikanischen Ideen in der Elfenbeinküste voneinander waren; wahrscheinlich wußte er nicht, wie unversehrt und geschlossen die Welt Afrikas noch war. Außerdem hatte sich das Anliegen der Familie bei ihm wohl in eine unerfüllbare religiöse Vorstellung von einem rein afrikanischen Weg verwandelt.

Er sprach Ibrahim Keita an. Es ging um meine Fahrt nach Yamoussoukro. Und während ich mich mit jemand anderem unterhielt, hörte ich Keita (nun von seiner Golf-Erschöpfung wie weggetreten) sagen, daß man, wenn man gewohnt war, eine 707 zu fliegen, nicht einen Passagier in einer Cessna mitnehmen konnte. Das war für mich der erste Hinweis, daß Keita von unserer geplanten Fahrt nach Yamoussoukro wußte. Und die Botschaft, die durchdrang, lautete, daß Keita mich nicht mitnehmen konnte. Es gab ein Problem mit den Reifen des Mercedes, und es kam offenbar nicht in Frage, daß er jemanden in so etwas wie einer Cessna mitnahm.

Das mit den Reifen sei schade, sagte Busby und gab damit indirekt die schlechte Nachricht an mich weiter. Ibrahim sei ein phantastischer Fahrer; in dem Mercedes könne er die 150 Meilen in zwei Stunden schaffen. Doch die Ersatzreifen, die Ibrahim aus Nigeria bekommen hatte, waren nicht gut. Für einen Mercedes dieser Klasse brauchte man Spezialreifen, und Ibrahim mußte sie aus Deutschland kommen lassen.

Sie gingen — Ibrahim Keita, Eileen und ihr Bruder. Gil Sherman sagte, er werde mich selbst nach Yamoussoukro fahren. Und im Lauf des weiteren Abends hörte ich noch mehr über den Mercedes und was für nette Leute die Keitas waren.

Andrée, Arlette, der junge Busby — Afrika hatte sie alle gerufen, und jeder hatte sein eigenes Afrika. Busbys überkommenes Anliegen war rassische Erlösung. Er brauchte seinen mystischen Glauben an Afrika. Doch es war ein privates Anliegen, aus einem anderen Kontinent, einer anderen Vergangenheit, einer anderen Art, zu sehen und zu fühlen. Ein Mann wie Djédjé — mein Führer zu dem geheimnisvoll brennenden Haus bei Kilometerstein 17 — kannte auch heute noch nur die Götter und die Stämme. Was Fragen der Rasse anging, war Djédjé völlig unschuldig.

6

Kilometer 17 lag an der Autostrecke nach Yamoussoukro. Er lag in der sanften, welligen Landschaft hinter dem »volkstümlichen« afrikanischen Viertel Adjamé, hinter dem Industriegebiet. Der Taxifahrer war Djédjé zufolge der Bruder des Dorfhäuptlings, den wir besuchen würden. Und in der halb ländlichen Gegend hinter der eigentlichen Stadt hielten wir bei einem Schnapsladen, um die Flasche Whisky zu kaufen, die wir, wie Djédjé meinte, dem Häuptling geben müßten.

Der Laden war ein einziger, roh zusammengezimmerter Raum. Er war nur mit dem Notwendigsten eingerichtet, geradezu kahl: ein paar Regale, auf jedem ein paar Flaschen je einer Marke (wie Proben) ein Preisschild an jedem Regal. Der Ladeninhaber, ein junger Mann, saß gleichgültig und gelassen an einem Tisch, der bis auf einen flachen ordentlichen Stapel alter Seiten aus dem *Fraternité Matin* leer war. Wir kauften keinen Whisky. Djédjé wählte eine Flasche Gin für 3 100 Franc, zwischen 5 und 6 Pfund. Der Ladeninhaber wickelte die Flasche in eine Seite aus dem *Fraternité Matin,* und Djédjé nahm die Flasche sehr vorsichtig entgegen.

Das Land war sanft und die Erde offenbar ohne Steine. Vereinzelt standen Bäume hoch aufgerichtet wie Skelette — Kokospalmen und andere Palmen und Affenbrotbäume mit dicken Stämmen und kurzen, kräftigen Ästen. Sie ergaben keine durchgehende Vegetationslinie am Horizont; das Auge fand nur diese einzelnen, skelettförmigen, vertikalen Formen.

Wir bogen von der Autostraße in einen roten, nicht gepflasterten Weg, der zu beiden Seiten mit grünem Gebüsch bewachsen war. Es sah aus, als seien wir endlich richtig aufs Land gekommen, doch orangefarbene Abidjan-Taxis holperten unablässig den Weg entlang. Und bald kamen wir an Metallschuppen vorbei, in denen Bananen gelagert wurden. Kilometer 17 war genaugenommen kein Dorf; es war eine Siedlung am Rand von Abidjan. Es gab keine Hütten; es gab nur Betonhäuser. Die Straße, die nun offenbar einem alten Feldweg folgte, verengte sich und schlängelte sich zwischen Abfallhaufen durch. Doch überall waren noch die Taxis.

Wir fuhren durch eine Bananenplantage: die Bäume in Reihen, tiefe Entwässerungsrinnen zwischen den einzelnen Beeten schwarzer Erde, über jedem Bündel unreifer Früchte eine blaue Schutzhülle aus Plastik, das Blau von gemeiner, unnatürlicher Farbe. Auf anderen Grundstücken, wo die Bäume bereits abgeerntet und bis auf die braunen Stümpfe heruntergeschnitten waren, wuchsen neue Schößlinge aus dem weichen Bananenkompost: ein Blick auf die sorgfältige Landwirtschaft, die die Elfenbeinküste reich gemacht hatte.

Das Dorf, in dem wir schließlich landeten, hatte eine breite ungepflasterte Hauptstraße. Die einstöckigen Häuser waren aus Beton, in ausgebleichten staubigen Mittelmeerfarben. Viele Kinder liefen herum und wirbelten Staub auf. Wir hielten in der Hauptstraße. Wir stiegen aus dem Auto, traten in einen schmalen Durchgang zwischen zwei Betonhäusern — plötzlich, nachdem wir halb im Busch gewesen waren, die Atmosphäre eines städtischen Slums — und traten von hinten in einen Raum. Wir befanden uns im Haus des Häuptlings, in seinem Empfangszimmer.

Vor dem Fenster zur Straße stand eine Garnitur klobiger plastikbezogener Polstersessel. Die erbsgrünen Wände, schmierig und glänzend vom Anlehnen und Anfassen, waren offensichtlich aufs Geratewohl mit Fotos in Passepartout-Rahmen behängt. Es gab einen hohen Bücherschrank mit offenen Regalen:

christliche Bücher. Der Häuptling war ein religiöser Mann, kein *pasteur,* sondern ein *évangéliste.*

Er kam aus einem anderen Zimmer, groß, mittleren Alters, mit Goldbrille, einer schweren goldenen Digitalarmbanduhr, Gummisandalen und einem dicken weißen Verband um einen verletzten Knöchel. Er trug ein gemustertes schokoladenbraunes Tuch, das seine Hautfarbe erschlug, wie umgekehrt seine Hautfarbe das Tuch fad und schmutzig aussehen ließ: solche Stoffe hatten die Afrikaner gern.

Djédjé, ernst, verschlossen, trug die in Zeitungspapier gewickelte Flasche Gin. Die Augen des Häuptlings blieben einen Augenblick daran hängen, und dann schaute er sie nicht mehr an; wir ließen uns in den Sesseln am Fenster nieder, und Djédjé stellte die Flasche hinter sich.

Die Leute auf der Straße riefen durch das nach oben aufgeklappte, offene Fenster herein. Von Zeit zu Zeit unterbrach der Häuptling sein Gespräch mit uns und brüllte die Kinder an — plappernde, forschende Gesichter, die zwischen dem aufgeklappten Fenster und dem Fenstersims auftauchten —, sie sollten sich davonscheren.

Leute, Erwachsene, Männer, kamen durch die Hintertür und standen um einen Tisch herum, auf dem Zeitungspapier und verschiedene Gegenstände herumlagen. Einige der Männer, die hereinkamen, gaben dem Häuptling Geld, und er hielt die Geldscheine, scheinbar ohne sie zu beachten, senkrecht in der geschlossenen Faust der linken Hand. Beim Reden gestikulierte er mit der Hand, in der er das Geld hielt. Von Zeit zu Zeit, wenn er die Beine spreizte, um das Tuch zwischen seinen Beinen hinunterzudrücken, ließ er seine dunkelblauen Shorts sehen.

Er war sichtlich erfreut über den Ruhm, der mit der Affäre des brennenden Hauses über das Dorf gekommen war. Doch er sagte, er selbst sei kein Gläubiger. Er wollte damit sagen, er glaube nicht an die Macht der Zauberei, weil er ein Christ und evangelisch sei. (An der Wand über seinem Sessel hing ein Foto, das ihn im Anzug zeigte, wie er ein Diplom oder eine Bescheinigung erhielt, nachdem er evangelisch geworden war.) Im Dorf habe es nie irgendwelche Probleme gegeben, sagte er, keine spirituelle oder magische Offenbarung, kein Anzeichen für den bösen Geist. Doch dann war diese Geschichte auf dem Schulgrundstück losgegangen. Das Haus eines Lehrers, Mr. Akiro, habe Feuer gefangen. Und dies sei eine Manifestation, an der nicht zu zweifeln war.

Natürlich hatte man ihm als Dorfhäuptling die Sache hinterbracht, und er hatte Nachforschungen angestellt. Er entdeckte, daß Mr. Akiro zwei Frauen hatte. Vor nicht allzu langer Zeit hatte Mr. Akiro beiden Frauen Geld gegeben — jeder 40000 Franc, ungefähr 70 Pfund. Doch die zweite Frau meinte, sie habe weniger bekommen als die erste. Das hatte der Häuptling herausgefunden, und in dem Stadium schien der Fall völlig eindeutig zu sein: Die zweite Frau, oder der böse Geist in ihr, hatte die Brände »provoziert«. Die Angelegenheit war unkompliziert, und es gab Möglichkeiten, ihrer Herr zu werden.

In Bingerville, der alten französischen Kolonialsiedlung nicht weit von Abidjan, gab es einen Propheten. Der Prophet war ziemlich bekannt und hatte eine eigene kleine Sekte. Er wurde um Rat gefragt, und er bereitete ein weißes Pulver zu, das er dem Häuptling gab. Dieses Pulver sollte der zweiten, verstimmten Frau auf die Füße gelegt werden; es sollte der magischen Kraft, die der böse Geist ihr verliehen hatte, den Garaus machen.

So geschah es. Die zweite Frau wurde wieder sie selbst. Doch die Feuer in Mr. Akiros Haus hörten nicht auf. Das Problem war außergewöhnlich. Mit der Zeit trieb es alle zur Verzweiflung. Moslemische Marabut und andere Magier wurden geholt, damit sie ihr Glück versuchten. Der gemarterte Mr. Akiro gab viel Geld aus. Opfer wurden dargebracht. Doch nichts änderte sich. Dann bot ein Evangelist von der Sekte der *Himmlischen Christen* seine Dienste an. Diese *Himmlischen Christen* waren eine neue Gruppe aus Ghana; sie waren erst seit drei Jahren in der Elfenbeinküste und darauf bedacht, Eindruck zu schinden. Der Häuptling beschloß, es den Evangelisten von den *Himmlischen Christen* versuchen zu lassen.

Der Evangelist — der eine ganz schön ausgefuchste Vorstellung davon hatte, was ablief — beobachtete das Haus. Er sah, daß nachts ein junges Mädchen, körperlich nicht wahrzunehmen, ungehindert im Haus ein und aus ging. Dieses Mädchen und niemand anders stiftete das Unheil. Am Morgen versammelte der Evangelist von den *Himmlischen Christen* alle jungen Mädchen auf dem Schulhof. Er ging geradewegs zu dem jungen Mädchen, das sich in der Nacht unsichtbar gemacht hatte: Es war die Tochter der zweiten, verstimmten Frau. Sie gestand, und die Geschichte war kaum zu glauben: Die Gabe der Zauberei war ihr von ihrer Mutter übertragen worden, ehe die Macht der Mutter von dem weißen Pulver des Propheten gebrochen worden war.

Der böse Geist bei Kilometer 17 war besonders verschlagen gewesen. Die Übertragung der Fähigkeit des Zauberns hatte alle verblüfft. Und deshalb hatte der Fall auch die Phantasie der Leute dermaßen beschäftigt.

Auch dem Mädchen wurde Pulver auf die Füße gepackt, und es wurde mitsamt seiner Mutter ins Dorf der Mutter zurückgeschickt. Die andere Frau war vorsichtshalber auch gleich in ihr Dorf zurückgeschickt worden. Seitdem, sagte der Häuptling, habe es keinen Ärger mehr gegeben.

Der Häuptling sagte nachdenklich, die Banknoten umklammernd: »Ich will Ihnen sagen, daß es vor dieser Sache hier im Dorf überhaupt keinen Ärger gegeben hat. Aber ich sollte Ihnen auch sagen, daß wir in dieser Gegend tatsächlich ein paar wohlbekannte *génies* haben.« Dschinns, Geister. »Ist Ihnen die ganz scharfe Kurve in der Straße aufgefallen? Bei der Bananenplantage. An dieser Ecke gibt es ein paar *génies*. Sehr kleine Hühner.« Er vollführte mit beiden Händen eine kleine Geste. »Keine Küken, sondern sehr kleine Hühner. Wenn ein Fahrer sie sieht, hat er unweigerlich einen Unfall.«

Ich fragte nach der Frau und der Tochter, die ins Dorf zurückgeschickt worden waren. Würden sie Zauberinnen bleiben? Möglich, sagte der Häuptling. Und Djédjé, die ganze Zeit schon ernster als der Häuptling, sagte, daß im Dorf — weit weg von den guten Propheten und *Himmlischen Christen* — die Macht des weißen Pulvers aufgehoben, *annulé* werden könne. Wie wurden Leute zu Zauberern? Die schreckliche Gabe konnte auf sie übertragen werden, wenn sie noch Kinder waren. Sie konnte auf jeden übertragen werden; es war keine Frage von persönlicher Boshaftigkeit.

Djédjé sagte: »Ohne die Zivilisation wäre jeder ein Zauberer.«

Das war seine Vision vom Chaos, einer Welt ohne Verstand oder Regeln. Ich meinte, das zu verstehen. Doch dann war ich mir nicht sicher, ob ich wußte, was Djédjé mit Zivilisation meinte. Als wir uns zuletzt gesehen hatten, hatte er sich gegen »Entwicklung von oben« ausgesprochen. Er sehnte sich nach den Bräuchen des Dorfes, den Tänzen seiner *éthnie;* er glaubte an Fetische. War Zivilisation die Summe dieser alten wahren Dinge: eine organisierte Gesellschaft, die die Götter korrekt anbetete und Zugang zu der Magie hatte, die sie vor willkürlichem Übel schützte? Oder sagte Djédjé etwas Einfacheres? Wiederholte er in Anwesenheit des Häuptlings, eines Regierungsfunktionärs, die Argumente der Regierung für »Entwicklung«?

Es war Zeit, daß der Häuptling seine Flasche Gin bekam. Er nahm die in Zeitungspapier gewickelte Flasche und packte sie beiläufig halb aus, um das Etikett zu prüfen. Sein verdrießliches, sorgenvolles Gesicht sah einen Augenblick lang zufrieden aus; und dann murrte er eine Weile, einfach Konversation treibend, als wolle er uns für unser Geschenk etwas Besonderes bieten, über die Schwierigkeit, Arbeitskräfte für seine Felder zu bekommen. Die Leute arbeiteten lieber für Weiße, für Ausländer von den großen Firmen, die natürlich mehr zahlen konnten.

Auf dem Tisch am anderen Ende des Zimmers lag die Ausgabe des *Fraternité Matin* mit der Geschichte von dem brennenden Haus. Djédjé bat um die Zeitung; der Häuptling reichte sie ihm gnädig. Und als wir im Taxi zu dem Haus selbst weiterfuhren — der Häuptling hatte unseren Besuch angekündigt, und einer der jungen Männer, die ins Zimmer gekommen waren, begleitete uns —, las Djédjé die Zeitungsgeschichte, wobei er unablässig das Papier befingerte, als sei die Schrift erhaben.

Er schüttelte den Kopf. Er stieß ein kurzes, abgeklärtes Lachen aus. Er sagte: »Die *Himmlischen Christen* machen viel Reklame mit ihrem Erfolg.«

Das Haus des Lehrers stand in einer Gruppe kleiner niedriger Betonhäuser, alle ockerfarben und direkt auf den Boden aufgesetzt. Die Siedlung — die trotz ihrer Berühmtheit ganz gewöhnlich wirkte — war noch ein lebendiger Ort. Doch im Herzen ihres mittäglichen

Lebens war etwas Geheimnisvolles. Die Tür zum Haus des Schulmeisters stand auf; das vordere Zimmer war offensichtlich leer. Vor der offenen Tür stand, fest in die Erde gerammt, ein ungefähr drei Fuß hohes Holzkreuz mit dem Metallkruzifix der *Himmlischen Christen.*

Jedes Haus in der Siedlung hatte an der Rückseite seinen eigenen Kochschuppen. Die weiche rote Erde zwischen den Schuppen und Häusern war gefegt und zeigte Rechenspuren. Zwischen Steinen glimmten Holzfeuer unter Aluminiumtöpfen. Ein Mädchen fegte mit einem Besen aus den Rippen langer Kokoswedel nassen, eklig aussehenden Abfall zusammen. Ein paar Fuß entfernt zerstieß eine Frau in einer kleinen Schüssel auf dem Boden Auberginen mit dem Mörser; gleich daneben lag ein ordentlicher Kackhaufen von einem Kind.

Kleine Kinder gab es überall. Einige rollten sich auf einer rotgemusterten Grasmatte. Djédjé, der unseren offiziellen Führer übersetzte, sagte mir, es seien die Kinder des Lehrers. Doch der Führer irrte sich, oder Djédjé hatte ihn falsch verstanden. Das Kind des Lehrers war ein trübsinniger kleiner Junge, der allein und still wie ein kleiner alter Mann neben einem Kochfeuer saß. Tränen hatten Spuren auf seinem staubigen Gesicht hinterlassen; neue Tränen standen ihm in den Augen. Zauberei war kein Spaß; sie war als Katastrophe über die Familie hereingebrochen. Der Junge wurde nun, da die Frauen des Lehrers in ihre Dörfer zurückgeschickt worden waren, von der Schwester des Lehrers versorgt. Die Schwester, die neben ihrem Feuer hockte, trug ein grünes afrikanisches Kleid. Erst als sie aufstand, sah ich, daß sie selbst noch sehr jung war.

Hinter den Kochschuppen stieg das Gelände steil an. Es war mit Bananenstauden und anderen Bäumen bepflanzt. Wie Abfall verstreut lagen dort ein paar angebrannte Dinge aus dem Haus des Lehrers, angesengte Kleidungsstücke, angesengte Möbelstücke. Für mich eine Enttäuschung — ich hatte Beweise für größere Feuerausbrüche erwartet. Doch diese angesengten Kleinigkeiten wurden, auch wenn man sie als bösartige Objekte weggeworfen hatte, noch zur Schau gestellt. Das Geheimnis war noch neu, seine Reliquien (bereits legendär) waren noch zugänglich.

In einem Kochschuppen am Ende der Reihe ermunterte eine Gruppe von Frauen und Mädchen — um ein wenig von der Aufmerksamkeit des Besuchers auf sich zu ziehen — ein kleines Kind zu tanzen. Sie sangen, klatschten und lachten, und sie blickten immer wieder vom Kind zu uns. Und das Kleine, das gerade erst laufen konnte, wiegte sich für wenige Augenblicke in einem langsamen, niedlichen, stampfenden Tanz: die Füße lebendig, die Beine lebendig, das Kindergesicht trauernd und ausdruckslos. Die Frauen und Mädchen lachten. Das kleine Kind machte noch einen kleinen Tanz. Er wurde für uns veranstaltet, doch erwiderten die Frauen unser Abschiedswinken nicht.

Wir fuhren durch die Gegend. Der Busch, oder was wie Busch ausgesehen hatte, barg Überraschungen. Rings um die Siedlung mit dem Haus des Lehrers (und dem Kreuz) lagen die Gebäude irgendeines Forschungsinstituts. Es waren viele Europäer zu sehen. Ich äußerte mich überrascht. Der Mann, der uns als offizieller Führer begleitete (er war der Sohn eines früheren Häuptlings), nahm mir meine Überraschung übel. Er wies mich streng zurecht, wie einen Ausländer und Idioten; und er legte seine schlechte Laune nicht mehr ab. Wir setzten ihn an der Hauptstraße, der Autostraße nach Yamoussoukro, ab. Sein dunkles afrikanisches Gewand verwandelte ihn rasch in eine schwarze Silhouette, als er stampfend und schwankend die Straße zur Siedlung auf der anderen Seite überquerte und sogleich in der Menge verschwand.

7

Die Geschichte mit Djédjé nahm ein schlechtes Ende. Es war meine Schuld. Ich gab ihm zuviel Geld. Er hatte gesagt, daß er 2000 Franc für Trinkgelder brauchte. Ich hatte nicht begriffen, daß dies — weniger als 4 Pfund — sein eigenes bescheidenes Honorar war. Ich gab ihm die Summe und dazu 6000 Franc, 10 Pfund, als sein Honorar. Die Augen traten ihm hervor. Mit der ersten heftigen oder uneleganten Geste, die ich ihn hatte machen sehen, schnappte er die Banknoten, die ich ihm hinhielt. Und dann, leicht vornübergebeugt, als verharre er in der zupackenden Bewegung, zitterte er ein, zwei Sekunden lang vor Erregung.

Am nächsten Tag rief er frühmorgens an. Er sagte, er wolle am Nachmittag kommen, um mich zu einem berühmten *féticheur* in Bingerville zu bringen.

Er kam. Als ich zu ihm in die Hotelhalle hinunterging, sagte er, er habe am Morgen vergessen, mir zu sagen, daß das Honorar des *féticheur* für eine *expérience* 15000 Franc betrage. Ich sagte, ich wolle keine *expérience;* ich wolle mich bloß mit dem *féticheur* unterhalten. Djédjé sagte, es sei eine große *expérience.* Der *féticheur* würde sich mit einem Messer in die Hand schneiden und die Wunde sofort wieder verheilen lassen.

Djédjé sagte: »Für 15000 Franc gibt er Ihnen drei *expériences.*«

»Wieviel kostet eine?«

»Vielleicht sind 5000 genug.«

Wir gingen auf den Vorplatz des Hotels. Diesmal hatte er kein Taxi besorgt; ich meinte, er hätte es getan.

Er forderte mich auf, in einem der Hoteltaxis Platz zu nehmen. Er blieb draußen mit dem Fahrer stehen, und sie begannen ein Palaver. Das dauerte eine Weile. Djédjés Benehmen änderte sich. Er gab sich nicht mehr würdevoll. Sein Körper entspannte sich; er lehnte sich in unterschiedlichen Posen gegen das Taxi und lachte und plauderte wie einer der Müßiggänger an der Straßenecke. Ich schaute aus dem Fenster, um die Dinge etwas zu beschleunigen. Lachend und lässig, als kenne er mich sehr gut, bat Djédjé mich zu warten.

Schließlich stiegen er und der Fahrer ein, und wir fuhren los. Der Fahrer stellte keine Taxi-Uhr an. Das hieß für mich, daß das Fahrgeld nach Bingerville ausgehandelt worden war. Aber dem war nicht so, denn nach ein oder zwei Meilen kam der Fahrer auf das Thema zu sprechen. Er sagte zu mir: »Sie werden kein Problem haben, ein Taxi aus Bingerville zurück zu bekommen.« Ich fragte Djédjé, welches Fahrgeld sie für die Fahrt ausgemacht hatten. Djédjé sagte, der Taxifahrer habe 10000 Franc gefordert, und er habe 1000 geboten. Ich ging davon aus, daß ein Preis irgendwo in der Mitte erwartet wurde.

Ich sagte: »Würden wir denn ein Taxi zurück bekommen?«

Djédjé sagte: »In Bingerville sind Taxis schwer zu bekommen.«

Er begann, über die Macht des *féticheur* zu reden. Es gab einen noch berühmteren als den, den wir besuchen würden, doch der hatte einen astronomischen Preis gefordert. Dieser besondere *féticheur* konnte sich unsichtbar machen und durch eine geschlossene Tür gehen. Es würde eine gute *expérience* für mich sein, doch sie sei das Geld nicht wert.

Der Taxifahrer unterbrach uns und redete eine ganze Weile in einer afrikanischen Sprache.

Ich fragte: »Was sagt er?«

Djédjé sagte: »Er will 15 000 Franc.«

»Aber das ist doch absurd.«

»Das habe ich ja auch gesagt. Ich habe ihm 5 000 für die Fahrt hin und 5 000 für die Fahrt zurück angeboten.«

»Sie haben sich also auf die 10 000 eingelassen?«

»Ja.«

Das war sehr viel, aber es kam nicht in Frage, aus dem Taxi auszusteigen. Es war mitten am Nachmittag, sehr heiß, und wir waren schon so weit aus Abidjan hinausgefahren, daß ich kein anderes Taxi mehr gesehen hatte. Ich sagte: »Sagen Sie ihm, daß das aber eine Stunde Warten einschließt.«

Das schien endlich geregelt.

Die Landstraße nach Bingerville führte durch sanfte buschbewachsene Abhänge: eine weite Sicht, gegen den Horizont, dunstig in der Hitze.

Djédjé redete über Fetische. Sie könnten sehr teuer sein, sagte er. Europäer wollten oft Fetische haben. Mir fiel ein, daß ich in Djédjés Augen wie ein Europäer war. Ich sagte, ich wolle keinen Fetisch; ich wolle nur mit dem *féticheur* reden.

»Ja, ja«, sagte Djédjé, der kein Wort glaubte. »Manche Europäer, auch ein paar Afrikaner, bezahlen bis zu 100 000 Franc für einen Fetisch.«

Der Taxifahrer sagte: »Hören Sie, wegen meines Fahrgelds —«

Ich sagte: »Das ist geregelt.«

Und Djédjé machte mit der Handfläche nach oben eine Geste, die den Fahrer zum Schweigen brachte.

Bingerville kam in Sicht, verstreute ockerfarbene Betonhäuser auf flachen Hügeln: wie Grand-Bassam eine frühe französische Siedlung der Elfenbeinküste: minderwertige Kolonialarchitektur, Beton und Wellblech, an der Grenze des Imperiums.

Djédjé hatte gesagt, er habe mit dem *féticheur* alles abgesprochen. Jetzt stellte sich heraus, daß er nicht einmal wußte, wo der *féticheur* wohnte.

Wir bogen in eine ungepflasterte Straße ein. Sie wurde bald zum Feldweg. Wir fragten einen dicklichen jungen Mann, der ein orangefarbenes T-Shirt mit dem Aufdruck *Bingerville* trug, nach dem Weg. Er war sehr gutmütig. Er war gerne bereit, Fremden den Weg zum einheimischen *féticheur* zu weisen.

Wir fuhren zurück zur Landstraße. Und Djédjé erzählte, um seinen Fehler zu vertuschen, von einem besonders mächtigen Fetisch, den der *féticheur* bei der letzten Wahl für einen Abgeordneten der Nationalversammlung angefertigt hatte. Der Fetisch verwandelte Stimmen, die dem Gegenkandidaten des Abgeordneten gegeben wurden, in Stimmen für den betreffenden Abgeordneten. Der Abgeordnete gewann mit großem Vorsprung, und der Gegenkandidat des Abgeordneten wurde verrückt, weil ihn die Frage quälte, was aus all den Stimmen geworden war, die ihm versprochen worden waren.

Wir verfuhren uns zum zweiten Mal. Diesmal hielten wir bei einer Gruppe Schüler in Uniform an, und wieder mußten wir — oder Djédjé, der aus dem Fenster rief — fragen, wo das Haus des *féticheur* war. Und wieder schien niemand von unserer Frage überrascht. Ein Mann — den wir anhielten, als er eilig vorbeiging — sagte uns nicht nur, wo sich das Haus befand, sondern bot sich auch als Führer an (als wollte er in Wirklichkeit nicht anderswohin gehen). Er stieg neben dem Fahrer ein und wurde auf der Stelle sehr fröhlich, genoß die Erwartung einer wenn auch nur kurzen Fahrt.

Die Abfahrt, die wir nehmen mußten, war nicht ausgeschildert. Ein Feldweg führte über Brachland und an einem zerrupften Schirm aus Bäumen und Büschen vorbei zu einem Dorf: Plötzlich war Leben, wo man von der Straße aus nur Busch gesehen hatte. Im Dorf selbst schien es überhaupt keine Straße zu geben. Wir fuhren geradewegs auf Häuser zu, und dann schlug das Auto Haken um sie herum. Ein staubiger Hof ging in einen weiteren staubigen, abfallübersäten Hof über, der Hinterhof des einen war der Vorderhof des anderen: Kochfeuer, Holzstapel, Kochgeräte auf schwarzer gestampfter Erde, Kinder, Männer und Frauen in unterschiedlichster Kleidung: das entspannte nachmittägliche Leben des Dorfes.

Wir waren bloß ein oder zwei Minuten von der vorzüglichen Landstraße mit ihren logischen geraden Linien und leicht geschwungenen Kurven entfernt. Doch wir waren bereits in einer älteren und verschlungeneren Welt, einer Version von einer Waldsiedlung. Wir fuhren weiterhin zwischen Häusern hindurch. Es sah weiterhin aus, als würden wir nicht um die Ecken kommen und anhalten müssen. Aber wir hielten nicht an.

Djédjé, der immer angespannter wurde, je tiefer wir ins Dorf hineinkamen, sagte plötzlich: »Sie haben Geld gewechselt? Geben Sie mir ein paar Tausendfrancscheine. Es wäre besser, die Tausendfrancscheine.«

Mein Geld steckte in einer Hosentasche. Ich saß und konnte die Scheine nicht einzeln herausziehen. Ich zog heraus, was die Bank im Hotel mir gegeben hatte: ein Bündel von zehn neuen Tausendfrancscheinen.

Djédjé sagte: »Das sind 10000, nicht? Geben Sie mir 10000.«

Dabei hatte er mir gesagt, 5000 reichten für den *féticheur* für eine *expérience*.

Je tiefer wir in das Dorf hineinfuhren, das sich unendlich hinzuziehen schien, desto unwohler fühlte ich mich. Und ich traute mittlerweile Djédjé und dem Taxifahrer, die sich an keine Vereinbarung gehalten hatten, so wenig, daß ich beschloß, die Fahrt abzubrechen.

Ich sagte zum Fahrer: »Fahren Sie zurück nach Abidjan. Fahren Sie zum Hotel zurück.«

Das dramatische Herumkurven zwischen den Häusern hatte ihm Spaß gemacht. Nun drehte er elegant, eine Menge Staub aufwirbelnd, in irgendeinem Hof um, und wir schlängelten uns wieder durch das Dorf zu dem Brachland und der Asphaltstraße durch. Wir rumpelten auf die Straße hinunter.

In dem Moment rief Djédjé: »Halt!«

Der Fahrer trat auf die Bremse. Djédjé beugte sich vornüber, einmal, zweimal. Er sagte: »Ich habe ein schlechtes Gewissen deswegen.« Er begann auf seinem Platz hin und her zu schaukeln. Er sagte noch einmal: »Ich habe ein schlechtes Gewissen deswegen.«

Der Fahrer sah zwischen mir und Djédjé hin und her. Das Dorf und der *féticheur,* oder Abidjan und das Hotel?

Ich sagte: »Zum Hotel.«

Wir ließen unseren Passagier — der nun froh war, aus dem Auto zu kommen — aussteigen und fuhren zur Landstraße weiter. Wir fuhren ungefähr eine Meile: der Busch, die schwarze Landstraße, der gleißend heiße Nachmittag.

Djédjé sagte in einem leidenschaftlichen Gefühlsausbruch: »Alles, was der *féticheur* tut, geht auf meine Rechnung. Auf meine Rechnung.«

Kein Wort war an den Fahrer gerichtet. Doch er fuhr rechts an den Straßenrand.

Djédjé sagte: »Wegen Ihnen fühle ich mich ganz schlecht. Wegen Ihnen fühle ich mich ganz schlecht.« Seine Augen wurden ganz rot; der Schweiß stand ihm auf der Stirn. Wieder schaukelte er hin und her. Ich dachte, er würde einen Anfall bekommen.

Er sagte: »Sehen Sie, wie ich schwitze. Sie glauben, ich würde Sie betrügen. Wegen Ihnen fühle ich mich schlecht. Alles, was ich getan habe, habe ich für Sie getan. Ich habe Sie nur um das Geld gebeten, um Sie zu beschützen. Wenn der *féticheur* gesehen hätte, wie ein Europäer all diese Scheine aus der Tasche zieht, hätte er viel mehr Geld verlangt. Deshalb habe ich Sie um die 10000 Franc in Tausendfrancscheinen gebeten.«

Der Taxifahrer, lässig wie immer, sagte zu Djédjé: »Das ändert nichts an meinem Fahrpreis, verstehen Sie. Er muß meine Rechnung zahlen.«

Ich sagte: »Zum Hotel.«

Wir fuhren schweigend zurück, bis Djédjé sagte: »Morgen. Kommen Sie morgen in die Stadt. Ich bringe Sie zu einem *féticheur* in der Stadt. Er würde nichts Besonderes für Sie tun. Er wird Ihnen etwas zeigen. Sie werden es kostenlos sehen.«

Das gleiche sagte er noch einmal, als er mir ins Hotelfoyer folgte.

Ich fühlte mich töricht, ausgelaugt, traurig. Ich empfand Afrika als große Melancholie — diese teure Landstraße mit ihren Geraden und Kurven; dieses Dorf mit seinem uralten Waldelend und seinem *féticheur;* Djédjés Glaube, seine übertriebenen Gefühle, seine Persönlichkeitsveränderungen.

Ohne Zivilisation, hatte Djédjé am Tag zuvor gesagt, würde jeder ein Zauberer sein.

8

Schwarz zu sein war nicht das gleiche wie ein Afrikaner zu sein oder in die Gemeinschaft der Afrikaner aufgenommen zu werden. Das hatten viele westindische Frauen entdeckt, die Afrikaner geheiratet hatten. Das erzählte mir jedenfalls Janet. Westindische Frauen, ganz gleich, welcher Herkunft, waren penible Hausfrauen; sie fanden Afrikaner schmutzig. Und dann gab es noch das Problem mit den afrikanischen Familien. Janet hatte ähnliche Geschichten gehört, wie Arlette sie erzählt hatte: Die afrikanische Familie wählte eine afrikanische Frau für den Mann, schickte sie ins Haus und drohte mit einem Fluch, falls sie zurückgewiesen würde.

Für eine weiße Frau sei es leichter, einen Afrikaner zu heiraten, meinte Janet. Die weiße Frau wußte, daß sie eine exotische Ehe einging; das war Teil der Attraktion. Die Westinderin mit ihren eigenen ethnischen Vorstellungen suchte in Afrika nach einer doppelten Sicherheit.

Janet war selbst schwarz. Sie war in England aufgewachsen, wo ihre guyanische Familie sich niedergelassen hatte. Sie war mit großer Schönheit gesegnet (groß, schlank, langhalsig), und sie hatte die Sicherheit, die Schönheit verleiht. Sie machte sich keine Gedanken über »Zugehörigkeit«. Von den politischen Gefahren im unabhängigen Guyana zum Glück weit entfernt, bezeichnete sie sich selbst als jemand »aus England«. Sie war mit ihrem englischen Mann Philip in die Elfenbeinküste gekommen. Philip hatte den größten Teil seines Berufslebens in Afrika verbracht, und er sagte gerne, daß in ihrer gemischten Ehe Janet der englische Partner sei und er der afrikanische.

Beim Abendessen in einem einfachen, aber sehr bekannten Strandrestaurant (Philip und Janet gingen leidenschaftlich gern ins Restaurant) und später beim Kaffee in ihrer Wohnung im Zentrum von Abidjan (die schwarzen Lackmöbel in dem großen Wohnzimmer kamen aus London, von Habitat) erzählte mir Philip, wie er nach Afrika gekommen war.

Gleich nach der Schule, in Schottland, »entdeckte« er das Auto. Autos wurden seine Obsession; er wollte Rennfahrer werden. Recht schnell merkte er aber, daß er mit dem Fahren kein Geld verdiente. Deshalb bewarb er sich für das Lehrerausbildungsprogramm einer britischen Regierungsbehörde für Entwicklungshilfe. Die Auszubildenden wurden nach Ostafrika geschickt, und Ostafrika faszinierte Philip, nicht nur wegen der Sonne und des bequemen Lebens, sondern auch, weil dort die große Autorallye stattfand, die East African Safari.

In Philips Jahrgang gab es 40 Auszubildende. Sie ließen sich in vier Gruppen unterteilen. Ungefähr zehn oder zwölf wollten nach Afrika gehen, um die Afrikaner zum Christentum zu bekehren. Einige wenige, aus sehr reichen Familien, trieb die Vorstellung von Wohltätigkeit. Dann gab es die, die nach Afrika gingen, um sich aus persönlichen Problemen, komplizierten emotionalen Beziehungen zu befreien. Die vierte und größte Gruppe ging wegen der Sonne und des bequemen Lebens. Zu dieser Gruppe gehörte Philip. Und die Gruppe hielt durch; die meisten anderen scheiterten im ersten Jahr und gaben Afrika auf.

Doch das Uganda, in das Philip ging, war bald nicht wiederzuerkennen. Idi Amin, der frühere Armeefeldwebel, übernahm die Macht. Eines Tages aß Philip in einem kleinen, von Engländern geführten Restaurant in Kampala zu Mittag, und Amin kam herein, einfach so, ohne großen Pomp. Das erregte großes Aufsehen; und Amin vergrößerte die allgemeine Aufregung noch, indem er die Rechnung für alle im Restaurant zahlte. Philip sagte: »Ich kann also sagen, daß Amin mich zum Essen eingeladen hat.« Ein andermal erschien Amin, wieder ohne Vorwarnung, bei einem Rugbyspiel, an dem ein wichtiges Team aus Uganda teilnahm. Er stand hinten in seinem Landrover, sah zu und brüllte: »Vorwärts, Uganda!« Danach spendierte er der ganzen Mannschaft Bier. So war er am Anfang: der Soldat, mit eindrucksvollen Gesten, ungeheuer beliebt bei den im Land lebenden Ausländern und ganz anders als die Stammespolitiker, die er ersetzt hatte. Dann hatte er mehr auf Stammespolitik gesetzt als jeder andere und Uganda in Blut ertränkt.

Ich hatte 1966, zum Zeitpunkt eines früheren Putsches, ein paar Monate in Uganda verbracht. Auf eine Frage von mir erwiderte Philip: »Viele der jungen Leute, die Sie kannten, sind sicher umgebracht worden.«

Das war das Afrika, in dem Philip gearbeitet hatte. Die Ereignisse hatten ihn weitergetragen. Er war von Vertrag zu Vertrag gezogen, von Land zu Land. Er sprach ruhig über Uganda; er hatte sich diese Ruhe antrainiert. Er versuchte immer noch, zu einer großzügigen Haltung zu gelangen. Und jetzt, spürte ich, traf ihn Janets eigene Entfremdung von Afrika.

Afrikanische Länder hielten, ungeachtet aller politischen Schrecken, wirklich sehr viel von Bildung, sagte Philip. Das machte alles, was er getan hatte, zu etwas Sinnvollem. In England, sagte er, werde Bildung nicht mehr geschätzt. Einmal, als er zwischen zwei Projekten in London war, hatte er an einer Gesamtschule unterrichtet. Die Unbelesenheit und Gleichgültigkeit der Schüler hatten ihn schockiert; ein Junge hatte, geblendet von einem Vertrag mit einem Fußballverein, die Schule ohne jeglichen Abschluß verlassen. Trotzdem mochte Philip England. Es blieb ein gutes Land, nicht unbedingt, um dort zu arbeiten, aber doch, um von dort aus zu arbeiten. Er und Janet verhandelten gerade über den Kauf eines Hauses in London: Er hatte die Fotos dabei.

Er war ein Expatriierter geworden, ein Mann, der nicht in seinem Land lebte, ein Mann, der sich zwischen zwei Kontinenten bewegte: Das eine Land wurde immer erträglich gemacht durch die Aussicht, in ein anderes weiterzuziehen.

Die Geschichte mit Djédjé — mit dem er mich bekannt gemacht hatte — überraschte Philip nicht. Er hatte von Anfang an befürchtet, Djédjé könnte »wild« werden. Und Philips Aufgabe — in der überstaatlichen afrikanischen Organisation, für die er arbeitete — bestand damals gerade darin, mit hohen afrikanischen Staatsvertretern zurechtzukommen, die »wild« wurden, aber in astronomischen Maßstäben, und schnurstracks nach Abidjan kamen, um Millionen zu fordern. Es gab eine Möglichkeit, mit dieser Wildheit fertig zu werden, ohne die Betroffenen zu beleidigen, sagte Philip. Man stellte Fragen und immer mehr Fragen; man wurde technisch. Der Staatsvertreter konnte schließlich nicht mehr antworten und beruhigte sich.

Die Wohnung, in der wir saßen, lag hoch oben in einem Hochhaus. Der tropische Regen der Elfenbeinküste hatte zwischen dem Beton und dem Metallrahmen des Wohnzimmerfensters einen Spalt gefunden und Flecken an der Wand hinterlassen. Das wurmte Janet. Sie sagte: »Nichts wird instand gehalten.« Und ich meinte, ich sähe in der fleckigen Wand den Ursprung für etwas, was Philip gesagt hatte, als er mir zum ersten Mal die Sehenswürdigkeiten Abidjans gezeigt hatte. Er hatte gesagt: »Afrika sickert durch.« Damals hatte ich ihn noch nicht gekannt. Ich hatte ihn als Mann mit Engagement für Afrika gesehen, und ich hatte den Kommentar für eine positive Aussage gehalten: daß Afrika die Brutalität der industriellen Zivilisation humaner und erträglicher mache. Doch er hatte nur gemeint, was Janet sagte: daß nichts instand gehalten wurde.

Das hatte noch eine andere Seite. In Afrika, sagte Philip, gerieten die in Schwierigkeiten, die sich mehr um Afrika sorgten als die Afrikaner oder auf andere Weise darum sorgten. War es in der Elfenbeinküste wirklich eine gute Sache, instand zu halten, was einem geschenkt worden war? Hatte das Modell etwas Unwiderrufliches?

Er war wegen der Sonne und des guten Lebens nach Afrika gekommen. Nun war Afrika zum Ausgangspunkt für tiefere Betrachtungen geworden. Er machte sich mehr Gedanken, als er es getan hätte, wäre er in England geblieben; er war besser unterrichtet und toleranter. Und einfach dadurch, daß er in Afrika war, war er nun — wie andere Expatriierte, die ich kennenlernte — besonders gewissenhaft in seiner Arbeit. Er war ein guter Mensch geworden.

Doch besonders in Afrika mußten Menschen wissen, warum sie etwas taten. Und in Afrika konnte diese Frage — wie ich nach meinem Gespräch mit Busby gespürt hatte — immer nur in der Schwebe bleiben.

9

Am Morgen rief mich aus dem Hotelfoyer ein Mann namens Ebony an. Er habe von Busby gehört, daß sich ein Schriftsteller in Abidjan aufhalte, und er sei gekommen, um diesen Schriftsteller kennenzulernen. Er, Ebony, sei selbst Dichter.

Ich ging hinunter, um ihn mir anzuschauen. Er war ein fröhlicher junger Mann von königlicher Erscheinung, mit dem Gesicht einer Bronzeskulptur aus Benin, und er war königlich gekleidet, mit einem bunt gemusterten Käppchen und einer prächtigen afrikanischen Tunika. Er sagte, Käppchen und Tunika kämen aus Volta. Seine Familie beschäftigte Arbeiter aus Volta, und schon als Kind habe er ihre Kleidung gern gemocht.

Er sei Journalist gewesen, sagte er, aber er habe das aufgegeben, denn in der Elfenbeinküste sei Journalismus wie Rauchen: Es könne der Gesundheit schaden. Der Scherz gefiel ihm; er machte ihn zweimal. Doch äußerte er sich nur vage über die journalistische Arbeit, die er getan hatte. Er sagte, nun sei er Regierungsangestellter, im Umweltministerium. Er habe eine Studie geschrieben, was man für den Umweltschutz in der Elfenbeinküste tun könne. Doch auch nach zwölf Monaten habe er nichts von seiner Studie gehört. Deshalb gehe er jetzt einfach ins Büro und schreibe ab und zu Gedichte.

Er sagte: »Ich habe eine Theorie über afrikanische Regierungsverwaltungen. Doch sie ist schwierig, und es würde zu lange dauern, sie Ihnen auseinanderzusetzen.«

Er hatte mich besuchen wollen — und das Hotel lag ein gutes Stück außerhalb der Stadt —, weil er gern Gesellschaft hatte; weil er sein Englisch üben wollte; und weil er als Dichter und Intellektueller seine Ideen ausprobieren wollte.

Ich bot Kaffee an. Er bot mir Kolanuß an, das afrikanische Zeichen der Freundschaft. Ich knabberte an meiner schmutzigen purpurhäutigen Nuß: bitter. Er kaute seine mit Genuß, spuckte Stückchen der durchgekauten Schale kurz und entschlossen nach links und rechts und nahm dann, als er fertig gekaut hatte, den Rest der Schale mit den Fingern aus dem Mund und plazierte ihn in den Aschenbecher.

Er fragte, warum ich in die Elfenbeinküste gekommen sei. Ich sagte, weil sie erfolgreich und französisch sei.

Er sagte: »Mein Vorfahre war Charlemagne nicht.«

Ich hatte das Gefühl, das sei schon einmal gesagt worden, und nicht nur von Ebony. Er verfiel auf eine andere Idee. »Die Franzosen betreiben Länder wie Sauställe. Sie glauben, die einzige Bestimmung der Menschen sei, zu essen, zur Toilette zu gehen und zu schlafen.« So schufen die französischen Kolonialisten den Bourgeois. Bourgeois? »Der Bourgeois will Frieden, Ordnung. Der Bourgeois fügt sich in jedes politische System, wenn er nur Frieden hat. Im Gegensatz dazu schufen die britischen Kolonialisten Unternehmer.« Unternehmer? »Unternehmer wollen die Dinge ändern.« Unternehmer seien Revolutionäre.

Antithese, Synthese: Die Schönheit des Gedankens statt seiner Stichhaltigkeit: Ich meinte seine französische Ausbildung darin zu entdecken. Ich begann, seine Vorstellungen vom Bourgeois und Unternehmer zu erörtern, doch er ermunterte mich nicht. Er sagte leichthin, es sei nur eine Idee.

Dann nahm er sich eine neue Kolanuß vor — er hatte eine Handvoll in der Tasche seiner Tunika — und sagte: »Afrikaner leben in Frieden mit der Natur. Europäer wollen die Natur erobern oder beherrschen.«

Das war mir vertraut. Ähnliches hatte ich von jungen moslemischen Fundamentalisten in Malaysia gehört: ökologische westliche Romantik, die wie ein bestätigendes Funksignal aus entlegenen stillgelegten Welten zurückgeworfen wurde. Doch auch das war eine Idee, bei der Ebony sich nicht aufhalten wollte.

Ebony sagte: »Weiße habe ich zum ersten Mal mit 14 oder 15 gesehen, als ich zur Schule ging. Damals begegnete ich zum ersten Mal der Vorstellung von rassischer Überlegenheit. Afrikanischen Kindern bringt man bei, Älteren nicht in die Augen zu schauen. Das ist ungehörig. Die französischen Lehrer in der Schule legten das als Zeichen afrikanischer Heuchelei aus.«

Was war die Pointe dieser Geschichte?

Ebony sagte: »Deshalb hielt ich meine französischen Lehrer für unterlegen.«

Ich hatte das Gefühl, daß diese Geschichte über Rassen mit ihrer triumphierenden Wendung schon einmal einen mitfühlenden ausländischen Zuhörer gefunden hatte. Und es stellte sich heraus, daß es eine skandinavische Journalistin gab, die bei Ebony groß angekommen war. Sie lebte jetzt in Spanien, und Ebony forderte mich ernsthaft auf — zwei- oder dreimal —, sie aufzusuchen und ihr seine Grüße zu übermitteln.

Ebony sagte: »Wissen Sie, was mein Vater sagte, als er mich auf die Schule schickte? Er sagte: ›Denk immer daran. Ich schicke dich nicht auf die Schule, damit du ein Weißer oder ein Franzose wirst. Ich schicke dich, damit du in die neue Welt eintrittst, das ist alles . . .‹«

Ich hatte das Gefühl, daß Ebony genau das in seinen eigenen Augen getan hatte. Er hatte den Übergang leichter geschafft als Djédjé. Ebony sagte, er habe kein Geld, kein Auto. Das Gehalt, das er von der Regierung bekam, war geringer als die Miete, die er zahlte. Er war mit dem Fahrrad ins Hotel gekommen. Aber ich hatte das Gefühl, daß er entspannt, ein ganzer Mann war. Er wußte, wo er war, wie er dorthin gekommen war, und er mochte das Neue, das er sah. Hinter seinen konfusen Ideen war nicht wirklich Angst. Auf jeden Fall war er weniger ängstlich, als ein romantischer oder mitfühlender Außenstehender es ihm gewünscht hätte. Vorstellungen von Afrika, Worte, Dichtung, Begegnungen mit Ausländern — all das gehörte zu seiner Freude am Leben, zu seiner französisch inspirierten Rolle als Intellektueller, zu der neuen Welt, in die er glücklich eingetreten war.

Er fuhr auf seinem Fahrrad davon, und ich nahm später ein Taxi zu einem Strandrestaurant am anderen Ende der Stadt, hinter dem Industrie- und Hafengebiet. Normalerweise waren das Mittagessen und der französische Stil des Lokals das Fahrgeld und die Fahrt durch Verkehr und Menschenmassen in der Mittagshitze wert. Doch heute war dem nicht so.

Es war mehr als eine Frage eines schlechten Tages. Die Kellner, tags zuvor makellos, waren nachlässig, nicht bei der Sache. Es gab lange Verzögerungen, Fehler; manche Portionen waren absurd klein; die Rechnung stimmte nicht, als sie endlich kam. Irgend jemand war nicht da, vielleicht der französische oder europäische Geschäftsführer. Und mit ihm war mehr als nur der gute Service verschwunden: Die ganze Vorstellung vom Restaurant war weg. Eine ausgetüftelte Organisation war zusammengebrochen. Die Kellner — aus der Elfenbeinküste: es waren lukrative Arbeitsstellen — schienen von einem auf den anderen Tag vergessen zu haben, warum sie taten, was sie taten. Und auch ihre Gesichter schienen verwandelt. Trotz ihrer geblümten Tunikas waren sie jetzt keine Kellner mehr. Gesichter und Benehmen strahlten verschiedene Grade von Stammesautorität aus. Ich sah sie als bedeutsame Männer im Dorf: Hexendoktoren, Kräuterkundige, Männer, die vielleicht Masken aufsetzten und rituelle Tänze vollführten. Das wahre Leben war dort draußen, in den Geheimnissen des Dorfes. Das Restaurant mit seinem falschen, zufälligen Ritual war die Scharade: Ich war nahe daran, es so zu sehen.

Ebony war von seinem Vater gesagt worden: »Ich schicke dich nicht auf die Schule, damit du ein Weißer wirst. Ich schicke dich, damit du in die neue Welt eintrittst.«

Die neue Welt existierte in den Köpfen anderer Männer. Wenn man diese Männer entfernte, würden ihre Ideen — die schließlich nicht unwiderruflich waren — verschwinden. Fertigkeiten waren erlernbar. Was zerbrechlich blieb — jedenfalls für Männer, deren vollständiges, reales Leben in einem anderen Geistesreich lag —, war der Glaube an die neue Welt.

In dieser verstörten Stimmung fuhr ich schließlich, an dem Feiertag zur Unabhängigkeit der Elfenbeinküste, mit Gil Sherman nach Yamoussoukro, dem Dorf der Vorfahren des Präsidenten.

10

Die Straße führte durch sanftes grünes Land und dann durch Urwald, wo die unersetzlichen Harthölzer wuchsen, die die Wirtschaft in Gang gebracht hatten. (Mächtige Stämme, jeweils nur zwei oder drei oder vier, mit Ketten auf schweren LKWs befestigt; mächtige Holzstöße auf den Verladeplätzen — wo die Hafenarbeiter auch gleich in einer quirligen Siedlung wohnten — an einer öligen schwarzen Bucht in Abidjan; dann wurden die Stämme wieder zusammengekettet und einzeln oder paarweise in die Laderäume oder auf die leergefegten Decks von Schiffen mit ausländischen, ausgefallenen Namen gehievt.) Das Land war organisiert; es war ein Land bei der Arbeit; und das Geld hatte sich auch nach unten hin verteilt. Die Menschen in Busch und Urwald waren zu Geld gekommen, und ihre Dörfer wurden jetzt in Beton gebaut. In einer kleinen Stadt, wo wir Rast machten, gab es sogar die Parodie eines modernen Hotels.

Nach 150 Meilen — gleichmäßig von Meilensteinen angezeigt — kamen wir nach Yamoussoukro. Die Straße führte bergan. Oben war sie ganz plötzlich wie eine Landebahn in gerodeter Wildnis. Laternenpfosten säumten beiderseits die breite Straße. In der Ferne war der zwölfstöckige Turm des Hôtel Président, der zu einer Seite hoch über sich zwei oktagonale Betonscheiben emporhob (zwischen denen sich das Restaurant befand), wie ein riesiges Sandwich mit abgeschnittenen Ecken. Darauf hielten wir zu: Die Anlage war von Gartenarchitekten gestaltet, ein Park, ein weißer Marmoreingang, ein Foyer in rotem und schokoladenfarbenem Marmor, Spiegel zwischen den abgekanteten Winkeln der Marmorpfeiler. Die Polstersessel in einem giftigen Blau und Grün, nicht gerade bequem.

Das Zimmer, das mir zugeteilt wurde, war opulent. Die Badezimmereinrichtung war überwältigend. Es war sehr kalt: die Klimaanlage arbeitete heftig. Ich stellte sie ab, doch solange ich dort war, verlor der Raum seine Kälte nicht. Das große Fenster, aus sehr dickem Glas, war versiegelt. Es blickte hinaus auf den riesigen Swimmingpool, um den auf einer großen gepflasterten Fläche Liegestühle in weitem Kreis aufgestellt waren.

Dahinter und hinter den Gebäuden des älteren Hôtel Président (Yamoussoukro war immer weiter gewachsen) lag eine Parklandschaft: Park, aus dem afrikanischen Busch geschaffen. Es war der berühmte Golfplatz, der von Gartenarchitekten gestaltet und bepflanzt worden war: ein ausländisches Auge hatte die malerischen Möglichkeiten in dem erkannt, was für einen Afrikaner nur Busch gewesen wäre. Der Dunst in der Ferne sah — für mich — wie der Hitzeschleier an den Ufern des Kongo aus. Doch Yamoussoukro war kühler als die Küste, und dies war der Dunst des Harmattan, des kühlen sandführenden Windes, der zu dieser Zeit von der Sahara heranwehte.

Er war eine großartige Schöpfung, der Golfplatz, auf seine Weise vollkommen. Er stellte eine ungeheure Arbeitsleistung dar. Doch er war nur eine Szenerie: mit einem Blick war alles erfaßt. Und bald reichte es nicht mehr. Pracht in diesem Maßstab, in dieser Umgebung und nach einer Fahrt von 150 Meilen machte nur Lust auf mehr: Der Besucher begann sich in den Ehrgeiz und die Phantasie des Schöpfers hineinzuversetzen. Da war eine Hauptstraße, sehr breit; da war ein Markt; da waren Arbeitersiedlungen. So etwas wie eine richtige Stadt ergänzte die Schöpfung des Präsidenten. Doch der Besucher, der alles, was geschaffen war, immer schnell als selbstverständlich hinnahm, blieb von den Baulücken, der verunstalteten Erde, den staubigen Bauflächen irritiert. Und wenn man nicht Golf spielen wollte, gab es nichts zu tun.

Da waren noch die Krokodile des Präsidenten. Sie sollten um fünf Uhr gefüttert werden. Der Präsidentenpalast war ein gutes Stück weit weg, am Ende einer der breiten Avenuen. Gil Shermans Auto war unabdingbar. In dem eingeebneten Land, dem Gleißen und der Leere des Nachmittags schien alles stark vergrößert. Die Palastmauer war endlos. Neben ihr lag ein See. In seiner Mitte führte ein Damm mit einem Eisengeländer, gesäumt von jungen Kokospalmen, zu einem Palasttor, das von Soldaten der Präsidentenwache in maronenfarbenen Tuniken bewacht wurde. Die Autos der Besucher — zum größten Teil Weiße — parkten auf dem Damm.

Im See waren zu jeder Seite die Krokodile. Das erste sahen wir, als wir ausstiegen: kaum wahrnehmbar in dem schlammigen Wasser, ein bloßes Hervorquellen von Augen, bis ein stachliger Rücken zu erkennen war. Wir stießen einen Ausruf aus. Ein Afrikaner, wahrscheinlich (aus seiner müßigen, lässigen Haltung zu schließen) ein Beamter, sagte: *»Il est petit.«* Ein kleines. Dann sahen wir Augen und stachlige Rücken überall an der Wasseroberfläche — die Stacheln glichen den Stacheln auf der Rinde des Affenbrotbaums.

Auf einer Seite des Damms war eine steingepflasterte Böschung, die schräg zum Wasser abfiel. Auf dieser Böschung lag eine Reihe Krokodile, kleine, absolut still, mit glänzenden und offenbar nichts sehenden Augen, das Maul aufgerissen, wobei der Unterkiefer jedes Krokodils sich nur als große Höhlung zeigte, merkwürdig einfach geformt, merkwürdig sauber und trocken aussehend, gelblichrosa und bleich. Fliegen flogen in diese offenen Mäuler hinein und wieder heraus. Auf der anderen Seite des Damms gab es keine gepflasterte Böschung, nur ein Sandufer, auf dem die Schwänze der Krokodile ihre Spuren hinterlassen hatten. Weiße Federn, wie von einem Huhn, waren im Sand verstreut. Auf dem Ufer lagen Krokodile. Sie hatten die Farbe des Sandes und waren aus der Ferne nicht zu sehen.

Der Wärter stand schon bereit. Er war in einem grauen Landrover gekommen, der auf dem Damm geparkt war. Er war ersichtlich ein ganz besonderer Mann. Er war sehr groß, sehr dünn. Er trug ein Käppchen und ein geblümtes Gewand. Er hatte einen Beamten bei sich, einen Mann von außergewöhnlicher Größe in einem grauen kurzärmeligen Safarianzug. In einer Hand hielt der Wärter ein dünnes, langes Messer, in der anderen eine Büchse oder einen Eimer mit Fleischstücken. Herz oder Lunge, erzählte Gil Sherman mir: blaßrosa, mit Stückchen von tierischen »Röhren«.

Der Wärter machte ein klapperndes Geräusch an dem Eisengeländer. Dann warf er das Fleisch. Die Krokodile auf der gepflasterten Böschung waren unbeholfen, langsam. Sie mußten ihre langen Schnauzen gegen die flachen Pflastersteine drücken — dabei zeigten sie die blaßgelbe Unterseite ihrer Körper —, um das Fleisch aufzuheben. An das Fleisch, das ihnen auf den Rücken oder in die Lücken zwischen den Pflastersteinen gefallen war, kamen sie nicht heran. Auch schienen sie nicht immer zu wissen, wo das Fleisch hingefallen war.

Während der Wärter das Fleisch warf, lockte der Beamte im grauen Anzug die Krokodile und rief sie zärtlich, sprach mit ihnen wie mit Kindern. *»Avalez, avalez.«* Freßt, freßt.

Später gab es auf der anderen Seite des Damms ein weiteres Ritual. Dort waren die älteren, größeren Krokodile, gelb, mit gekrümmten Schnauzen, schweren Bäuchen und Zähnen, die, wenn sie zusammengebissen waren, an eine lange, gezackte, unregelmäßig genähte Wunde denken ließen.

Der große Wärter hielt jetzt ein schwarzes Huhn an den Flügeln. Langsam schwenkte er das Huhn auf und ab. Das verängstigte Gekreisch des Huhns erstarb. Das Huhn verlor die Kontrolle über seinen Hals, der nun schlaff herunterhing. Zwei alte Krokodile warteten, als seien sie an das Ritual gewöhnt, dicht nebeneinander auf dem Sand. Noch mehr Fleisch wurde hingeworfen und verschlungen, außer wenn es den Krokodilen auf den Rücken gefallen war. Schildkröten tauchten im Wasser auf und schwammen ans Ufer für ihr Fleisch. Ein junges Krokodil, das seine Ration bekommen hatte, schwamm schnell zu einer kleinen Sandbank im See, um sein Fleisch ungestört zu fressen oder zu verdauen. Dann wurde das Huhn den beiden alten Krokodilen zugeworfen. Die offenen Kiefer schlossen sich. Die Menge schnappte nach Luft. Doch der Wärter hatte nicht gerade geworfen; und die Krokodile hatten sich nicht gerührt. Das benommene Huhn flatterte mit den Flügeln; es erholte sich ein wenig von seiner Benommenheit; es lief zum Ende der Sandböschung, dicht am Damm.

Der große Wärter in dem geblümten Gewand ließ das Huhn nicht entkommen. Er sprang über das Geländer auf die Böschung und ging — das lange dünne Messer war seine einzige Verteidigungswaffe — ohne Eile an den Krokodilen vorbei auf das Huhn zu. Das Huhn lief nicht weg. Der Wärter schnappte es und kletterte über das Geländer wieder auf die Straße. Und erneut begleitete der graugekleidete Beamte das rituelle Schwenken des Huhns an den Flügeln mit Lockrufen für die beiden wartenden Krokodile. Erneut wurde der Vogel geworfen. Erneut schlossen sich die Kiefer;

erneut entkam das Huhn. Doch nun hatten die glucksenden Rufe ein noch größeres und älteres Krokodil als die anderen beiden aus dem Wasser auf den Sand gelockt. Seine Schnauze war vorn eingedrückt. Seine Zähne sahen fleckig und alt und abgenutzt aus. Der schlaffe Hals des Huhns wurde auf das Eisengeländer gelegt; der Wärter stieß mit dem Messer zu. Ich sah nicht hin.

Ein Ruf aus der Menge machte mir klar, daß das Huhn geworfen worden war. Und als ich mich umdrehte, sah ich nur noch einen fedrigen Klumpen im scheinbar grinsenden Schlund eines Krokodils, nicht des ältesten; seine runden, unsehenden Augen schienen vor Vergnügen zu glitzern, schwarze Federn ragten zu beiden Seiten des Kiefers heraus. Ein kurzes Zuschnappen, dann war alles weg, bis auf einen Brei im Unterkiefer. Die Zeremonie war vorüber. Der Wärter mit dem Käppchen und dem hübschen Gewand nahm seine Büchse und ging, ohne zu lächeln, zum Landrover zurück.

Eine öffentliche Zurschaustellung von Königswürde vor der langen undurchbrochenen Mauer des Präsidentenpalastes. Hinter dieser Mauer waren Bäume, und irgendwo zwischen diesen Bäumen war das Dorf der Vorfahren des Präsidenten mit dem alten Palaverbaum. Dieses Gelände, das nun als geheiligt galt, vielleicht Schauplatz privaterer Rituale war, stand der Öffentlichkeit nicht offen. Ibrahim Keita, der Golfspieler, der Protegé des Präsidenten, der Mann, der angeblich vom Präsidenten mit der Entwicklung von Yamoussoukro beauftragt war, Ibrahim hatte das Dorf hinter der Palastmauer gesehen. Doch Ibrahims westindische Frau nicht.

Ibrahim hätte mich durch Yamoussoukro führen sollen. Doch es war ihm nicht möglich gewesen. Er hatte jedoch etwas Freundliches und Unerwartetes getan: Er hatte als Vertreter seinen älteren Bruder geschickt, der Gil Sherman und mir alles zeigen sollte. Der Bruder kam am Morgen ins Hôtel Président. Der Bruder war Arzt, kleiner als Ibrahim, zarter, mit grauen Haaren, Brille und der zuversichtlichen Art mancher schwarzer westindischer Akademiker aus alteingesessenen Familien.

Die Familie Keita kam aus dem Nachbarstaat Guinea; in der Elfenbeinküste waren sie so etwas wie Flüchtlinge. Und die Geschichte, die der Arzt an dem Morgen im marmornen Foyer des Hôtel Président erzählte, handelte von seiner Flucht aus Guinea 1964. Ein verstohlener Wink von jemandem, eine falsche Mitteilung an einen Beamten, eine frühmorgendliche Fahrt über die Grenze: Dr. Keita staunte immer noch über seine Flucht, war immer noch von dem Terror Guineas schockiert, wo Leute wie er, Akademiker, gebildete Menschen, Männer der *cheferie,* im Jahre 1964 »wie Vieh« abgeholt und umgebracht, in Zellen eingeschlossen wurden, wo man sie ohne Essen oder Wasser sterben ließ: die berühmte »schwarze Diät« Guineas.

Direkt hinter der Grenze, in einem Klima wie diesem, unter Menschen wie denen, die man hier sah, gab es diese Art afrikanischer Königswürde. Das machte Yamoussoukro, die durch die Krokodile symbolisierte Häuptlings- oder Königswürde, noch erstaunlicher. Und als ich an dem Morgen mit Dr. Keita herumfuhr, fiel es mir schwer, nicht vom Ehrgeiz des Präsidenten angerührt zu sein, von seinem Wunsch, gemäß den höchsten Standards, die er kannte, zu bauen und zu schaffen.

In seiner Erhabenheit war etwas Religiöses. So wie in manchen Gesellschaften der Bauer sein Allerbestes für seinen Gott zurückhält, so diente hier das Streben nach materieller Pracht dem göttlichen Geist, der die

Königswürde schützte. Yamoussoukro war wie die Pyramiden oder Angkor Wat. Doch diese Monumente, die dem Nachleben des Herrschers galten, hatten keinen Zweck, der über sich selbst hinauswies. Yamoussoukro hingegen sollte eine mit Leben erfüllte Metropole sein. Sie sollte eine Wohltat des Herrschers für sein Volk, für ein Volk des westafrikanischen Urwalds, sein und es dadurch erhöhen, und genauso wie das Ritual mit den Krokodilen war sie zugleich Beweis für sein Recht zu herrschen wie für die Gerechtigkeit seiner Herrschaft.

Ein gutes Stück die breite, leere Avenue hinunter gelangten wir zu einer Universität oder einem Zentrum für höhere Schulbildung. Eine freistehende, rein dekorative Arkade umlief das Gebäude in gleicher Höhe. Die Arkade war mit braunem Mosaik verkleidet. Breite Gehwege verbanden die vier Komplexe des Hauptgebäudes. Es gab ein Schwimmbecken von olympischem Ausmaß (das bereits Anzeichen von Vernachlässigung zeigte). Es gab Wohnheime für Studenten, Häuser für den Lehrkörper. Und nur ein kleines Stückchen weiter die Straße hinunter befand sich noch ein weiterer Schulkomplex.

Wie viele Studenten besuchten die Universität? Jemand sagte 600; jemand anders sagte 60.

Die Metropole Yamoussoukro harrte noch ihrer vollen Ausnutzung. Doch sie war von Ausländern geschaffen worden. Sie war importiert und bezahlt worden; und moderne Gebäude wie die Universität waren nicht einfach Denkmäler, die überdauern würden; sie waren wie Maschinen, dem Verfall unterworfen. Die neue Welt existierte in den Köpfen anderer. Die Fertigkeiten konnten erlernt werden, doch der Glaube an die neue Welt war zerbrechlich. Wenn der Präsident ging und die Ausländer weggingen (wie manche das wünschten), würde der Glaube dann überleben? Oder würden die Afrikaner von einer anderen Vorstellung von Realität eingeholt werden?

Auf den Sklavenplantagen der Karibik existierten Afrikaner in zwei Welten. Da war einmal die Welt des Tages; das war die weiße Welt. Dann gab es die Welt der Nacht; das war die afrikanische Welt, die Welt der Geister und Magie und der wahren Götter. Und in dieser Welt wurden zerlumpte Menschen, tagsüber gedemütigt, in ihren eigenen und in den Augen ihrer Gefährten in Könige verwandelt, in Zauberer, Kräuterkundige, in Menschen, die mit den wahren Mächten der Erde in Verbindung standen und mit allumfassender Macht ausgestattet waren. Von einem König der Nacht, tagsüber ein Sklave, konnte nachts verlangt werden, sich nicht zu überanstrengen; er wurde von seinen Gefährten in einer Sänfte herumgetragen. (Diese spezielle Tatsache über einen Sklavenkönig kam bei der Untersuchung einer Sklaven»revolte« von 1805 in Trinidad heraus.) Für den Außenstehenden, für den Sklavenbesitzer, konnte die afrikanische Nachtwelt wie eine Scheinwelt aussehen, eine Kinderwelt, ein Karneval. Doch für den Afrikaner — wie sehr er sie auch bei Tageslicht zu verspotten vorgab — war es die wahre Welt: Sie verwandelte Weiße in Phantome und das Plantagenleben in eine Illusion.

Etwas von dieser Doppelrealität gab es auch in Yamoussoukro. Die Metropole, die Wohltat des Herrschers für sein Volk, gehörte zur Welt des Tages, der Welt der Tat und der Entwicklung. Das Ritual mit den Krokodilen — das von einer Macht zeugte, die dem Präsidenten von der Erde selbst verliehen wurde — war Teil der Nacht, die unablässig die Realität des Tages zunichte machte. Eine Idee arbeitete gegen die andere. So gab es trotz der großen Kosten, der mühseligen Arbeit, des Ehrgeizes in dem modernen Pharaonentraum einen inneren Widerspruch.

Die Krokodile — ich hatte nichts von ihnen gehört, bis ich in die Elfenbeinküste gekommen war. Und nun, da ich sie gesehen hatte, hörte ich immerzu von ihnen. Alles, was ich hörte, machte das religiöse Geheimnis nur größer. Ich hörte von einem Wachmann des Palastes, der auf der sandigen Böschung am Rande des Damms umgekommen war. Ein Krokodil hatte seine Eier in den Sand gelegt. Der Wachmann wußte es nicht. Er ging an der Stelle vorbei. Das Krokodil stürzte sich auf ihn, packte ihn und zog ihn ins Wasser. Dann gab es noch eine Geschichte von einem Mann, einem Dorfbewohner, der über das Eisengeländer in den See gefallen und von einem Krokodil zerfleischt worden war, genauso wie das schwarze Huhn. War es ein Unfall gewesen? Oder war der Mann gestoßen worden, ein erzwungenes Opfer? Das war die eine Sicht. Die andere war, daß der Mann sich freiwillig zum Opfer gebracht hatte, daß er (vielleicht durch eine Drohung) zu dem überredet worden war, was er getan hatte, um sein Dorf vor irgendeinem Übel zu retten.

So wurden die Krokodile — bei Tageslicht von einer Menge mit Kameras beobachtet — mehr als eine Touristenattraktion. Sie kamen mit der Magie und Macht in Berührung, die ihnen zugedacht war, obwohl der Schauplatz so inszeniert war: die laternengesäumte breite Straße, der künstliche See (zweifellos von modernen Baggern gegraben), das Eisengeländer, die Präsidentenwache mit Gewehren. Der Wärter in dem langen Gewand und der Beamte im grauen Anzug waren, als ich sie mir ins Gedächtnis zurückrief, besonders irritierend. Der Beamte hatte gelächelt und die Krokodile glucksend gelockt, als kenne er sie gut, als seien sie auf seiner Seite.

Und der Symbolismus blieb unbegreifbar und beunruhigend. Enthielt das Fütterungsritual einen Spurenrest der uralten ägyptischen Erdanbetung, die durch den

Sudan und quer durch Schwarzafrika bis hierher gewandert war? Auf einer berühmten Papyrusrolle aus dem alten Ägypten sieht man eine Frau in einem einfachen weißen Gewand, mit offenem Haar, gebückt vor dem Krokodil, beide auf der horizontalen Linie, die die Erde darstellt, und die horizontale Linie auf der Wellenlinie, die in der ägyptischen Kunst Wasser darstellt. Oder war die Symbolik einfacher? Ein Krokodil war das stärkste Geschöpf im Wasser; es wurde überall gefürchtet; es lebte lange; es schlief mit offenen Augen. Und was war die Bedeutung des Huhns? War es ein Feind? Oder stand es für Reinkarnation, wie manche sagten: für neues Leben, das dem Krokodil, Emblem der Macht des Herrschers, täglich geschenkt wurde? Vielleicht waren die Begriffe nicht wirklich übersetzbar.

Außerhalb der Stadt stießen wir auf eine Art Ordnung, eine andere Art Macht: die landwirtschaftlichen Güter des Präsidenten. Sie erstreckten sich über Meilen: Auf die Unordnung des dunklen tropischen Waldes folgten geebnete, sonnenbeschienene Felder, auf denen in Reihen Mangos, Avocados und Ananas wuchsen. Wie war der Präsident an dies ganze Land gekommen? Hatte er brachliegendes Land, auf das kein Anspruch erhoben wurde, in Privatland verwandelt? Oder gehörte ihm als Häuptling das gesamte Land seines Stammes? Niemand an dem Morgen schien meine Frage zu verstehen, und die Antwort war auch nicht mehr wichtig. Vor zwei Jahren hatte der Präsident seine Güter dem Staat geschenkt. Wie Yamoussoukro selbst war das ein Geschenk, ein Modell für die Zukunft und Teil des religiösen Opfers des Herrschers.

Doppelt religiös war die große Moschee von Yamoussoukro. Sie war zugleich eine Geste für die Moslems in der Bevölkerung und die Opfergabe des Herrschers für eine andere Erscheinungsweise der Gottheit. Die Moschee hatte einen viereckigen Turm, ganz ohne feiner gearbeitete Details. Man sagte mir, sie sei im nordafrikanischen Stil gehalten. Nordafrika war die Quelle alles Islamischen in diesem Teil Afrikas. Nordafrika, Frankreich: der afrikanische Herrscher, der es auf materielle Pracht anlegte, mußte sie außerhalb Schwarzafrikas suchen. Das gehörte zum Pathos von Yamoussoukro. Die Moschee, abseits einer breiten, unbelebten Straße gelegen, befand sich in einem großen kahlen Hof, der Sonne und dem Harmattan ausgesetzt. Wie viele andere Gebäude in Yamoussoukro schien sie — vielleicht irrte ich mich — noch ihre volle Inbesitznahme zu erwarten. Sie hatte die Atmosphäre eines leeren Gehäuses; man konnte sie, in dem kahlen unfreundlichen Hof, als Ruine sehen. Doch sie war groß, und sie gehörte zu den Sehenswürdigkeiten.

Wir nahmen im Golfclub ein spätes Mittagessen. Ibrahim Keita und ein Bankier der Elfenbeinküste waren unsere Gastgeber. Ibrahim war nach seinem Tag auf dem Golfplatz erschöpft und sprach wenig. Die Architektur war im luxuriösen und verspielten internationalen Stil gehalten. Die Speisekarte war französisch, zu ehrgeizig, um wirklich gut zu sein; die Kellner trugen Uniform. Yamoussoukro hätte nur ein Spielplatz, ein Touristenort sein können. Doch wir, die wir da waren, durchlebten den Ehrgeiz des Präsidenten für das Dorf seiner Vorfahren. Wir waren, ob es uns gefiel oder nicht, in seiner religiösen Umarmung gefangen. In einem anderen Teil der Metropole würden in etwa einer Stunde wieder die Krokodile gefüttert.

Auf der Straße zurück nach Abidjan waren viele Autos: Leute kehrten aus Dörfern, die ihnen so heilig waren wie Yamoussoukro dem Präsidenten, in die andere Welt zurück. Es war das Ende des Feiertags, des 22. Jahrestags der Unabhängigkeit, überall gefeiert mit weißen, grünen und safranfarbenen Flaggen und

Farbporträts des sehr kleinen, wohltätigen Mannes, der die ganze Zeit über geherrscht hatte.

11

In Abidjan lernte ich einen Europäer mittleren Alters kennen, der sein Leben lang in Afrika gearbeitet hatte und seit vielen Jahren in der Elfenbeinküste lebte. Er arbeitete im Landesinnern. Seine Arbeit war schwer, unintellektuell. Er hatte kaum gesellschaftlichen Umgang; und im Gegensatz zu den anderen Expatriierten, die ich kennenlernte, sprach er ohne jede Verklärtheit über Afrika. Er sagte: »Alles, was Sie hier in Abidjan sehen, ist Augenwischerei. Sollten die Europäer weggehen, würde sich alles auflösen.«

Afrikaner, sagte er, seien immer noch von Magie beherrscht. Wenn im Landesinnern ein Häuptling oder ein wichtiger Mann eines Ortes starb, würden die Diener des Mannes und seine Frauen mit ihm begraben. Wenn die Diener zum Zeitpunkt des Todes weggelaufen waren, würden Köpfe gekauft. Das erkläre das regelmäßige Verschwinden von Kindern, wie es in der Zeitung auf der Seite mit Todesanzeigen gemeldet wurde. Auf dieser Seite würden bestimmte Todesarten verschlüsselt dargestellt. Bei Vergiftung hieß es, der Tod sei »nach kurzer Krankheit«, *après une courte maladie,* eingetreten. Bei einem Kind, das vermißt gemeldet wurde, nahm man an, daß es geopfert worden war. Im Landesinnern konnte man für diese Beerdigungen oder andere Opfer zur Zeit einen Kopf für 10000 Franc, weniger als 20 Pfund, kaufen. Vor nicht allzu langer Zeit war in der Gegend, wo dieser Europäer arbeitete, eine bedeutende Lokalgröße gestorben. Köpfe wurden gebraucht — der Mann war sehr bedeutend; und es brach eine so allgemeine Panik aus, daß in der Fabrik, die der Europäer leitete, drei Wochen lang kein Arbeiter zur

Nachtschicht erschien. Bei gewissen Begrüßungszeremonien mußte ein Häuptling oder ein bedeutender Mann seine Füße in Blut waschen lassen. Gewöhnlich war es das Blut eines Huhns oder eines anderen Tieres. Doch um einem Häuptling die höchste Ehre zu erweisen, sollten seine Füße in Menschenblut gewaschen werden, dem Blut einer geopferten Person, eines Kindes. Danach konnte das Kind aufgegessen werden.

Ich glaubte, was dieser Mann sagte. Er lebte gern in Afrika; er hatte nirgendwo anders gearbeitet; er konnte nirgendwo anders arbeiten. Er war so direkt, weil er die afrikanischen Sitten akzeptierte. Es ging ihm nicht darum, Afrika schlechtzumachen. Doch zu dem Akzeptieren gehörte, daß er zu dem Kontinent und seinem Volk eine korrekte Distanz einhielt. Und für ihn machte das vielleicht den Reiz des Expatriiertenlebens aus: das geschärfte Gefühl für die eigene Identität, das Afrika einem gab.

Von dieser Art Expatriierten erzählte mir kurz danach auch ein junger amerikanischer Rechtsanwalt. Er arbeitete für eine internationale Kanzlei mit Standort in der Elfenbeinküste. Geschäfte führten ihn manchmal nach Zaire, dem früheren Belgisch-Kongo. Der Boom von 1971/72 in Zaire sei längst Vergangenheit, sagte der Rechtsanwalt; doch es gebe nun mehr Expatriierte denn je im Land — Inder, Griechen, Libanesen. Es waren Leute, die dem Lebensstil dort unwiderruflich verfallen waren. Sie lebten gern am Rand Afrikas, sozusagen am äußersten Endpunkt ihrer eigenen Zivilisation. Sie wußten, wie man im Lande zurechtkam; auch den Gedanken, daß sie wußten, wie man zurechtkam, wußten sie zu schätzen. Manchen ging es gut; manche nahmen ein schlechtes Ende; die meisten lebten einfach vor sich hin.

Vor kurzem war der Rechtsanwalt in Zaire gewesen, um ein Inventar der Vermögenswerte eines verstorbenen älteren Amerikaners zu machen. Der Amerikaner war in den dreißiger Jahren in das alte Belgisch-Kongo gegangen, und er war immer dort geblieben, während der Kolonialherrschaft, während des Zweiten Weltkriegs, der kongolesischen Unabhängigkeit, der Bürgerkriege. Seine letzten Jahre hatte er in einem Einzimmerappartement in Kinshasa verbracht. Sein Vermögen belief sich auf eine Million Dollar, doch er hatte nur wenig persönlichen Besitz hinterlassen: zwei Anzüge, vier Hosen, einige Paar Schuhe. Er hatte nichts Großes oder Abenteuerliches unternommen. Seine Geschäfte waren einfach, klein gewesen, meistens ging es um Immobilien. Das Geld, das er verdient hatte, hatte er nie genutzt. Es lag in Aktien auf der Bank, ohne Zinsen zu bringen. Er war im Kongo geblieben, weil er dem Leben dort verfallen war.

Der junge amerikanische Rechtsanwalt versuchte nicht zu definieren, was den Zauber dieses Lebens ausmachte. Doch ich vermutete, es war ungefähr dieses: in Afrika zu sein, ein Nichtafrikaner unter Afrikanern zu sein. Unbequemlichkeit und Gefahr würden dieses Gefühl von der eigenen Persönlichkeit verstärken, das tägliche Gefühl von dem persönlichen Drama, das ein Mensch, der sicher zu Hause lebt, wahrscheinlich nie kennenlernen würde. Afrika lockte die Menschen aus verschiedenen Gründen an. Jeder, der hinging und blieb, hatte sein eigenes Afrika.

Und dann — nach Yamoussoukro und den Krokodilen und dem, was ich über die Köpfe gehört (und geglaubt) hatte — schlief ich schlecht. Ich träumte, ich war auf einem Dach oder einer Brücke. Das Baumaterial, Glas oder durchsichtiges Plastik, hatte begonnen, sich aufzulösen: Es schien an den Rändern zu schmelzen. Ich fragte, ob die Brücke ausgebessert würde. Die Antwort lautete nein. Was gebaut war, war gebaut; das Dach oder die Brücke, auf der ich mich befand, würde zerbröckeln. Aber war sie sicher? Konnte ich hinübergehen? Die Antwort lautete ja. Die Brücke war sicher, ich konnte hinübergehen. Und das war in dem Traum das Wichtigste, denn ich würde den Weg nicht noch einmal zurückgehen.

Die Gebäude von Abidjan, im Morgendunst der Lagune gesehen, erschienen unheimlich und drohend: Beweis für die Macht eines Herrschers, eine Schöpfung aus Magie, trotz der Festigkeit des Betons und des Stahls gefährlich und vergänglich wie die Brücke in meinem Traum.

12

Andrée, Arlettes Freundin, die auch aus Westindien kam, rief aus der Universität an. Andrée ließ ausrichten, daß ihr *patron* George Niangoran-Bouah, der Trommelsprachen-Experte, aus den Vereinigten Staaten zurückgekehrt war. Dorthin fuhr er manchmal, an Universitäten, die Kurse in »Black Studies« anboten.

Als ich in das kleine Büro im Institut für Ethnosoziologie kam, fand ich einen großen und sehr schwarzen Mann vor, der den großen Drehstuhl hinter dem großen Schreibtisch ausfüllte. Ohne ihn, nur mit Andrée und ihrem Strickzeug, hatte das Büro verwaist ausgesehen. Er hatte den Körperbau eines Häuptlings, schweres Fleisch auf der Brust, Fettfalten auf dem Bauch; und das hellgraue kurzärmelige Sporthemd kaschierte seinen Umfang nicht. Sein Französisch war klar und präzise, obwohl er mit Akzent sprach. Sein Benehmen, dozierend, war das des französischen Akademikers. Seit 20 Jahren veröffentlichte er soziologische Schriften. Die Notiz, die ich über ihn bekommen hatte, besagte, daß er 55 sei; doch er sah zehn Jahre jünger aus.

Er stand unter Zeitdruck — er hätte in einem Seminar sein sollen. Doch er umriß die Ideen, die seinen Trommelsprachen-Studien zugrunde lagen. Die ersten europäischen Reisenden in Westafrika sprachen keine afrikanischen Sprachen. Obwohl sie also viel beobachteten, bekamen sie auch vieles nicht mit. Sie irrten sich, was die sprechenden Trommeln anging. Die Trommeln luden nicht Leute zu besonderen Festlichkeiten ein oder trommelten Botschaften durch den Busch wie: »Ein Weißer ist im Anmarsch.« Trommeln waren in Westafrika viel wichtiger als das. Für Afrikaner stand nicht das Wort am Anfang, sondern die Trommel. Afrikaner sagten: »Am Anfang war die Trommel.« Das Trommeln und der Gesang, der es begleitete, waren besondere Fähigkeiten, die über Generationen weitergegeben wurden. Die Trommel ahmte die menschliche Sprache nach; ein ausgebildeter Sänger konnte in einer bestimmten Trommelpassage ein Gedicht, eine Anrufung, ein Stück Stammesgeschichte, eine Geschichte von Sieg oder Niederlage neu entdecken.

Trommeln waren heilige Gegenstände, Symbole des Königs, des Stammes, des Staates. Und Mr. Niangoran-Bouah öffnete sein Buch und zeigte mir Fotos von berühmten Stammestrommeln, um seine These zu belegen. Eine Trommel war mit Kieferknochen behängt, eine andere mit *cervelles,* den in Häute gewickelten Gehirnen von Feinden. So wichtig waren also Trommeln für den Stamm. Ein anderes Foto zeigte die große Königstrommel des Baoulé-Volkes, die Kwakla-Trommel, benetzt mit dem Blut vieler Opfer. Manche Trommeln waren so heilig, daß sie nicht auf dem Boden stehen durften. Es gab ein jüngeres Foto — von jemandem vom Institut für Ethnosoziologie aufgenommen — von einer Trommel- und Gesangszeremonie, bei der die große Trommel auf dem Kopf eines

Sklaven ruhte — das sagte jedenfalls Mr. Niangoran-Bouah.

Der Mann, der angeblich ein Sklave war, war ein muskulöser, verschlagen aussehender Mensch. Vielleicht sah er verschlagen aus wegen der Kamera, in die er aus dem Augenwinkel schaute; vielleicht auch wegen des Gewichts der Trommel und des Lärms der Trommelstöcke direkt über seinem Kopf (ein kleiner alter Mann mit glänzenden Augen, der hinter dem Trommelträger stand, drosch mit aller Kraft auf die Trommel ein); vielleicht aber auch, weil die anderen Männer, Älteste und Musiker, ihre afrikanischen Tücher über der linken Schulter trugen, während er, der Trommelträger, seine Brust entblößen und — außer daß er mit der linken Hand die Trommel zu stützen hatte — sein Lendentuch mit der Rechten über der Taille festhalten mußte.

Mr. Niangoran-Bouah fand das Foto äußerst interessant. Ersichtlich genoß er diese Zeremonien, die aus der afrikanischen Vergangenheit überliefert waren. Obwohl er unter Zeitdruck stand, betrachtete er das Foto mit mir in allen Einzelheiten und sagte: »Wenn der Sklave die Trommel fallen läßt, wird er getötet.«

Ich sagte: »Getötet?«

»Ja, natürlich.« Dann schwächte er ab, was er gesagt hatte. »Früher. Heute würden sie wahrscheinlich einen Ochsen oder ein Tier opfern.«

»Gibt es noch Sklaven in den Dörfern?«

Mr. Niangoran-Bouah sagte in seiner dozierenden Art: »Es gibt zweierlei Sklaverei. In matrilinearen Gesellschaften werden Sklaven in den Stamm aufgenommen. Sie schenken dem Stamm Kinder. In patrilinearen Gesellschaften sind Sklaven — Sklaven. Heutzutage gibt es natürlich keine Sklaven mehr. Aber« — und Mr. Niangoran-Bouah lächelte und warf sich in die Brust, und etwas von der pompösen Jovialität des Häuptlings schien bei ihm durch — »ein Mann im Dorf kann seine Vorfahren natürlich nicht verleugnen. Jeder weiß, daß dieser oder jener der Sohn oder Enkel eines Sklaven ist.«

Jemand, ein Kollege oder ein Student, kam ins Büro und sagte, das Seminar warte bereits seit einer halben Stunde. Mr. Niangoran-Bouah erhob sich, gab mir einen Termin in ein paar Tagen — er wollte mir ein paar Tonbandaufnahmen von Trommeln vorspielen — und ging zu seinem Vortrag über irgendeinen Aspekt der afrikanischen Zivilisation.

Zu Abend aß ich in der Brasserie Abidjanaise. Die französische Besitzerin war weich und groß und spitzengekleidet, mit träumerischen Augen, aber herrisch. Sie gab mir das Gefühl, gut achtgeben zu müssen. Die uniformierten Kellner, die ihr und ihren Vorstellungen zu Diensten waren, achteten streng auf das Ritual des Hauses. Die großen Ballongläser waren für Wein, und Wein durfte nur aus ihnen getrunken werden: Ich hatte letzten Endes doch nicht genügend achtgegeben. Später im Forum Golf Hotel die Soirée africaine: Sieben Mädchen mit großen Brüsten tanzten oben ohne zum Wirbel der Trommel in La Cascade, dem Gartenrestaurant am Swimmingpool. Immer gab es in Abidjan beide Arten Feiertags-Afrika, das französische und das afrikanische. Und das afrikanische war wirklicher und verwurzelter, als man annehmen mochte.

Andrée saß an ihrem Schreibtisch neben dem Fenster und strickte. Mit Mr. Niangoran-Bouah in seinem Drehstuhl hatte die Szene beinahe etwas Häusliches. (Der Einfluß der Literatur, der Einfluß der französischen Sprache! Ich sah Andrée als Französin; und flüchtig sah ich sie, obwohl ich wußte, daß das in der Umgebung absurd war, als eine Heldin von Balzac.)

Mr. Niangoran-Bouah trug dasselbe graue Sporthemd. Er hatte ein großes Tonbandgerät auf dem Schreibtisch stehen; er wollte seine Aufzeichnungen vorspielen. Doch ich hatte schon recht viel über die Trommeln gehört, und ich wünschte, daß er statt dessen über Beerdigungsbräuche sprach. Ich dachte, das Thema könne heikel sein, doch Mr. Niangoran-Bouah sprach nur zu gerne über Beerdigungsbräuche. Er war von allen Aspekten des traditionellen afrikanischen Lebens fasziniert, und seine Haltung dazu war rein deskriptiv. Er schien nicht zu meinen, daß man diese afrikanischen Dinge bewerten oder verteidigen müsse.

Wenn ein wichtiger ortsansässiger Pflanzer starb, gerieten seine ausländischen Arbeiter in Panik und liefen davon. Mr. Niangoran-Bouah erzählte das als komische Geschichte. *»Ils se sauvent.«* »Sie machen sich auf und davon.« Und er ließ eine offene Handfläche über die andere wischen, um anzudeuten, wie schnell die Leute fortliefen.

Afrikanische Beerdigungsbräuche, sagte er, glichen denen im alten Ägypten. Die Leute glaubten, daß sie nach dem Tode das Leben fortsetzten, das sie auf Erden geführt hatten. Ein Mann brauchte also seine Frauen und Diener zur Begleitung, wenn er starb. Manche Frauen und Diener sahen das ein und akzeptierten ihr Schicksal. Doch für die, die nicht mit ihrem Herrn beerdigt werden wollten, gab es Zufluchtsdörfer. Mr. Niangoran-Bouah warf eine flüchtige Skizze auf die Rückseite eines Umschlags. Sie zeigte, daß es für jedes Dorf, in den verschiedenen Himmelsrichtungen und leicht zu erreichen, vier feststehende Zufluchtsdörfer gab. Doch Frauen und Diener, die Zuflucht suchten, mußten aufpassen. Sie mußten sich aus dem Staub machen, ehe ihr Mann oder Herr starb. Hatten sie es bis zum Zufluchtsdorf geschafft und den dortigen Häuptling um Schutz ersucht, waren sie sicher. Dennoch konnte man heutzutage nicht jedem vertrauen, und es konnten Mißgeschicke vorkommen. Deshalb hatte die Regierung verfügt, daß Häuptlinge und andere wichtige Männer nur noch in aller Öffentlichkeit beerdigt wurden. Deshalb wurde im Fernsehen und in der Zeitung so viel über Beerdigungen berichtet.

Das Leben in der Geisterwelt sei armselig, sagte Mr. Niangoran-Bouah. Er sprach mit einer gewissen Erregung; ich war überrascht. Er vergaß seine gute Laune, sein dozierendes Verhalten. Die Toten brauchten Geld von den Lebenden. Die Toten hatten keine Kinder, hatten kein Geld, um Kleider zu kaufen, und sie froren — und Mr. Niangoran-Bouah zupfte an seinem grauen Hemd. Die Toten hatten kein Essen und waren hungrig — und der große Mann machte eine Geste, als führe er mit den Fingern Nahrung zum Mund. Weil das Leben in der Geisterwelt so armselig war, konnten Afrikaner nicht wirklich an das christliche Leben nach dem Tode glauben. Für Afrikaner war das gute Leben hier und jetzt, auf Erden. Das Ende dieses Lebens war das Ende alles Guten.

»Afrikanisches Christentum ist also eine afrikanische Religion?«

Mr. Niangoran-Bouah sagte: »Ich bin Christ. Der erste in meiner Familie. Doch ich bin dem afrikanischen animistischen Glauben verbunden, tief verbunden.«

Djédjé, eine insgesamt einfachere Person, hatte ungefähr das gleiche gesagt.

Arlette kam ins Büro. Sie kaute aromatischen Gummi, setzte sich hin und unterhielt sich leise mit Andrée, deren leise, geschäftige Stricknadeln und unterdrückte »Nervosität« ein phantastisch buntes, kleines Kleidungsstück hervorbrachten.

Während Mr. Niangoran-Bouah redete, fragte ich mich in einem Winkel meines Verstandes — so tief war ich nach Yamoussoukro und den Krokodilen und den Köpfen und meinem Traum von der verfallenden Brücke und der allgemeinen Auflösung in Mr. Niangoran-Bouahs Geisterwelt hineingezogen worden —, wieso Arlette wie in einem Roman oder Theaterstück und auf einer anderen Ebene der Realität in diesem Augenblick ins Büro gekommen war. Und dann fiel es mir wieder ein. Arlette und Andrée waren nicht nur aus demselben Land und Freundinnen; Arlette hatte auch meine Treffen mit Andrée und Mr. Niangoran-Bouah arrangiert; und Arlette arbeitete in der Universität.

Aber wenn das Hier und Jetzt das einzige war, was für Afrikaner von Bedeutung war, wie Mr. Niangoran-Bouah sagte, wie paßten dann Magie und Götter und Geister in dieses Weltbild? Entsprang die Vorstellung von den zwei Welten, in denen Afrikaner lebten, nur meiner Phantasie? Oder trat diese doppelte oder Zwillingsrealität nur bei den versprengten Sklaven auf der anderen Seite des Atlantiks auf?

Ich versuchte, eine passende Frage zu formulieren.

Ich sagte: »Ist die europäische Welt für Afrikaner real? Die Stadt, die sie hier in Abidjan gebaut haben — ist sie für Afrikaner real?«

Von dem, was Mr. Niangoran-Bouah sagte, war ich so beeindruckt, daß ich um ein Blatt Papier bat, um seine Worte aufzuschreiben. Sanft, wie jemand, der einer willkommenen häuslichen Pflicht nachkommt, legte Andrée ihr Strickzeug hin und gab mir drei dicke neue Blätter.

Ich schrieb: »Die Welt der Weißen ist real. Aber . . . aber . . . wir schwarzen Afrikaner, wir haben alles, was sie haben« — und Mr. Niangoran-Bouah meinte Flugzeuge, Autos, Raketen, Laser, Satelliten — »wir haben all das in der Welt der Nacht, in der Welt der Finsternis.« *»Le monde des blancs est réel. Mais ... mais ... nous avons, nous autres Africains noirs, nous avons tout cela dans le monde de la nuit, le monde des ténèbres.«*

So daß die Afrikaner heute — wie die Sklaven auf der anderen Seite des Atlantiks vor 200 Jahren — des Nachts in einer anderen Welt lebten.

Arlette, immer noch kauend — aber nun von unserer Unterhaltung gefesselt, seit Andrée ihre Tätigkeit unterbrochen hatte, um mir Papier zu geben —, Arlette sagte mit strahlenden Augen: *»Ils pratiquent la nuit.«* »Sie machen es alles nachts.«

Und in mancher Hinsicht hätten die Afrikaner die Europäer übertroffen, sagte Mr. Niangoran-Bouah. Europäer könnten selbst mit ihren Raketen nur begrenzte Geschwindigkeit erreichen. Dagegen gebe es Afrikaner, die sich in reine Energie verwandeln könnten. So ein Afrikaner konnte beispielsweise sagen: »Laß mich einen Augenblick in Ruhe.« Und wenn er nach einem Augenblick Konzentration oder so wieder zu sich kam, konnte er einem Neuigkeiten von Paris erzählen. Denn in dieser Zeit war er in Paris gewesen und zurückgekommen; und er hatte mit Leuten in Paris gesprochen. Ohne Afrika zu verlassen, konnte ein Mann seinen Sohn in Paris sehen und mit ihm reden. Doch bei diesen Treffen konnte man sich nicht berühren. Der Mann in Afrika konnte seinen Sohn in Paris nicht berühren, weil man seinen körperlichen Standort nur an einer Stelle haben konnte.

»Sie haben Doppelgänger«, sagte Arlette. »Sie schicken ihre Doppelgänger. Deshalb können sie einander nicht berühren.«

»Es gibt heutzutage in den Dörfern Leute«, sagte Mr. Niangoran-Bouah, »die Ihnen jeden Abend Neuigkeiten aus Paris und Rußland erzählen können. Und die bekommen sie mit Sicherheit nicht aus dem Radio.«

Arlette sprach, um diese afrikanische Gabe zu erklären, vom Volk der Dogon im Norden. Sie hatten große Kenntnisse in der Astronomie, besonders über den Siriusstern, und sie standen angeblich in Verbindung mit außerirdischen Geistern.

Für Afrikaner verwandelte sich also die Welt des Nachts total?

Ich verstand Mr. Niangoran-Bouah so, als bejahte er das. »Wir sagen, daß eine Frau des Nachts stärker ist als ein Mann.« *»La femme la nuit est plus redoutable que l'homme.«* »Der kranke Bettler, den Sie den ganzen Tag lang um Almosen auf dem Bürgersteig betteln sehen, ist in Wirklichkeit in der Welt der Nacht ein großer Würdenträger.« *»L'infirme ou le malade mendiant que nous voyons toutes les jours sur le trottoir en train de demander de quoi vivre est en réalité par le monde de la nuit un grand dignitaire.«*

Das elektrische Licht im Büro ging aus.

Leutselig stieß Mr. Niangoran-Bouah einen französischen Ausruf aus. *»Catastrophe!«*

Andrée wurde durch den Stromausfall daran erinnert, daß sie einen Anruf machen mußte. Doch nun, sagte sie, sei es nicht mehr möglich, weil der Strom weg war. Mr. Niangoran-Bouah sagte, daß das Telefon über eine andere Leitung laufe. Also legte Andrée ihr Strickzeug hin und wählte. Doch das Telefon machte Schwierigkeiten, auch wenn es über eine andere Leitung lief.

Mr. Touré, der Direktor des Instituts für Ethnosoziologie, kein großer Mann, der in seinem fast khakifarbenen Safarianzug leicht militärisch aussah, kam mit ein paar Banknoten in der Hand herein. Ohne Umstände gab er die Scheine Mr. Niangoran-Bouah, und Mr. Niangoran-Bouah hielt die Scheine — ähnlich dem Dorfhäuptling bei Kilometer 17 — beim Reden in der Hand.

Ich fragte: »Wann beginnt die Welt der Nacht?«

Mr. Niangoran-Bouah sagte langsam und ernst: »Sobald die Sonne untergeht.«

Arlette sagte, in manchen Vierteln von Abidjan verschiebe das elektrische Licht die Nachtstunden und störe die Kreise der Mächte, die dann auf den Plan traten. Darüber gab es einen freundlichen Wortwechsel zwischen ihr und Mr. Niangoran-Bouah. Ich gewann den Eindruck, daß Mr. Niangoran-Bouah meinte, Elektrizität spiele für die nächtliche Welt keine Rolle.

Er fuhr mit einer Geschichte über Menschen fort, die sich in reine Energie verwandeln konnten. Die finsterste Zeit der Kolonialherrschaft, sagte er, sei im Zweiten Weltkrieg gewesen. Und als leide er immer noch darunter, sagte er es noch einmal, die einzelnen Worte betonend: Es war die finsterste Zeit. Arlette pflichtete ihm bei. Es war eine Zeit der Zwangsarbeit; Leute wurden ergriffen wie zu Zeiten der Sklavenjäger und zur Arbeit auf die französischen Plantagen verschleppt.

Einmal wurde ein alter Mann aufgegriffen. Er war verwirrt; er wußte nicht, was seine Häscher wollten. Sie begannen ihn auszupeitschen. Er sagte: »Warum peitscht ihr mich?« Sie sagten zu ihm: »Wir wollen, daß du diese Last zu diesem Ort im Landesinnern bringst.« Der alte Mann sagte: »Ist das alles, was ihr wollt? Peitscht ihr mich bloß deshalb aus? Damit ich die Last an diesen Ort bringe? Nun, wenn das alles ist, was ihr wollt, dann geht nur voran.« Sie sagten: »Was meinst du?« Er sagte: »Ich meine, was ich sage. Laßt mich hier. Ihr werdet eure Last bekommen.« Schließlich ließen sie den alten Mann allein, weil sie ihn für verrückt hielten, und als sie ihren Zielort erreichten —

»— entdeckten sie, daß er bereits vor ihnen angekommen war«, sagte Arlette und erzählte damit Mr. Niangoran-Bouahs Geschichte für ihn zu Ende, wobei sie mich mit ihren strahlenden Augen anstarrte und im Rhythmus ihrer Worte nickte.

Der alte Mann hatte seinen Doppelgänger mit der Last geschickt. Er hatte sich in reine Energie verwandelt.

Es war eine Geschichte, die von einer Sklavenplantage in der Karibik vor 200 Jahren hätte stammen können. Weiße Männer, Geschöpfe des Tages, waren Phantome mit absurden, illusorischen Zielen. Macht, Magie der Erde, war afrikanisch und überdauerte alles; der Triumph gehörte Afrika. Doch nur Afrikaner wußten das.

Ich fragte Mr. Niangoran-Bouah nach den Krokodilen von Yamoussoukro und der Opferung lebender Hühner. Ich hatte ihn gelehrt, gut gelaunt, mitfühlend, leidenschaftlich, immer offen gesehen. Nun sah ich ihn zum ersten Mal für einen Moment in Verlegenheit. Über das Ritual mit den Krokodilen wollte er nicht reden. Er sagte: »Die Krokodile gehören dem Präsidenten.« Er setzte hinzu: »Er füttert sie.« Dann sagte er: »Der Herrscher von Abessinien hatte auch bestimmte Tiere, die er fütterte.«

Arlette sagte mit funkelnden Augen, der Herrscher von Abessinien habe immer ein kleines Tier bei sich gehabt. Das kleine Tier sei sein Fetisch gewesen.

Mr. Niangoran-Bouah kommentierte das nicht. Er nahm wieder sein akademisches Verhalten an. Er sagte: »In Afrika gibt es drei Symbole für Königswürde. In der Savanne den Panther. Im Wald den Elefanten. Im Wasser das Krokodil. Im Wasser ist das Krokodil das stärkste Geschöpf. Mit einem Schlag des Schwanzes kann es einen Mann töten. Oder« — und Mr. Niangoran-Bouah schlug mit der Handkante auf den Schreibtisch — »diesen Schreibtisch entzweibrechen.«

Das Krokodil war böse, *méchant*. Besonders haßte es den Hund. Es war Selbstmord, zu versuchen, einen See oder Fluß mit Krokodilen in einem Einbaum zu überqueren, wenn man einen Hund bei sich hatte; die Krokodile würden gewiß den Einbaum angreifen und umkippen. Krokodiljäger nahmen einen Hundekadaver als Köder. Das Krokodil konnte nicht in Salzwasser leben. In der Lagune von Abidjan gab es Krokodile, bis ein Durchstich zum Meer gemacht und Salzwasser eingelassen wurde. Nun gab es keine Krokodile mehr in Abidjan, obwohl man noch vor kurzem angeblich welche gesehen hatte.

Die Krokodile der Elfenbeinküste: Je mehr man über sie hörte, desto mehr beschäftigten sie die Phantasie. Und wenn man sich nun Mr. Niangoran-Bouahs Fotos anschaute, fiel es einem leichter zu glauben, daß das Swastika-Muster auf manchen der Aschanti-Goldgewichte sich vielleicht aus der stark vereinfachten Darstellung eines Krokodils entwickelt hatte: ein Geschöpf, das nur aus Beinen und Schnauze und Schwanz bestand, wobei sich die mörderische Schnauze zum mörderischen Schwanz verbog oder krümmte.

Afrikanische Kunst, afrikanische Zivilisation, die Intensität afrikanischer Reaktion: nach der Verwundung, die ihm die Kolonialzeit zugefügt hatte, war das Mr. Niangoran-Bouahs Anliegen. In den Aschanti-Gewichten lag der Anfang des Schreibens und Rechnens. In den Gesängen, die das ritualisierte Trommeln begleiteten, lagen die Anfänge von Geschichte und Philosophie.

Auf dem Schreibtisch stand das große Tonbandgerät. Schließlich spielte er ein paar seiner kostbaren Aufzeichnungen vor: erst das Stammeslied oder die Stammesballade, dann die Trommeln, die den Rhythmus der Worte nachahmten. Es war beeindruckend. Ich begann, den Reichtum des Materials zu verstehen, das er zu seinem Forschungsgegenstand gemacht hatte, und seine Leidenschaft, dieses Material den Afrikanern und der Welt angemessen zu präsentieren.

An diesem Wochenende fuhr er mit 30 seiner Studenten in ein Dorf. Der Häuptling hatte sie zum Yam-Fest eingeladen, *la fête des ignames,* einem Ereignis, das so wichtig war, daß in manchen Dörfern die heiligen Trommeln hervorgeholt und gespielt wurden. In dem Dorf, in das er am Wochenende fuhr, würden Viehopfer dargebracht. Vielleicht fünf oder sechs Tiere. Die Aussicht auf das Wochenende im Landesinnern erregte ihn. Diese alten afrikanischen Rituale waren für ihn wie Speis und Trank. Sie waren Teil seiner Vergangenheit, seiner Religion, seiner Seele. Außerdem war er auch noch Schriftsteller und Gelehrter, und diese Geheimnisse gehörten zu den vielen afrikanischen Dingen, die auf seinen Bleistift, seine Kamera und sein Tonbandgerät warteten.

Aber — 30 Studenten in einem Dorf? Wo würden sie bleiben? Wie würde man ihre Unterbringung arrangieren?

Mr. Niangoran-Bouah sagte: »Oh, es ist ein Hotel da.«

Ich sagte scherzhaft: »Sie verbringen also viel Zeit draußen im Feld?«

Er stieß sein Häuptlingslachen aus: »Die ganze Zeit, die ganze Zeit.« *»Toujours, toujours.«*

Ich ging mit Arlette fort. Sie bewunderte Mr. Niangoran-Bouah und freute sich, daß der Kontakt, den sie angebahnt hatte, so gut verlaufen war.

Ich fragte sie nach den Krokodilen. »Was bedeutet das, Arlette?«

Sie sagte: »Niemand weiß es. Nur der Präsident weiß es.«

Von anderen, Afrikanern und Europäern, hörte ich mehr. Ich hörte, daß es, ehe der Präsident seinen

Palastsee hatte ausheben und die Krokodile hineinsetzen lassen, in Yamoussoukro keine Krokodile gegeben hatte. Ich hörte, daß die Krokodile des Präsidenten von der Schwester des Präsidenten gehalten wurden und daß diese unverheiratet war. Ich hörte, daß die Krokodile auf dem Land gefährlicher waren als im Wasser; dann hörte ich das Gegenteil. Ich hörte, daß die Krokodile von Yamoussoukro den Präsidenten durch eine bestimmte Bewegung ihres Kopfes vor einer Gefahr für den Staat warnten. Und am Ende hatte ich das Gefühl, daß es war, wie Arlette gesagt hatte: Die Krokodile, so sehr gefürchtet, sollten geheimnisvoll sein, als Geheimnis empfunden werden, und nur der Präsident wußte, was sie und das Ritual ihrer Fütterung bedeuteten.

13

Am Samstag, als Mr. Niangoran-Bouah bei dem Yam-Fest war, fuhr Arlette nach Grand-Bassam, der alten aufgegebenen (und teilweise immer noch verlassen daliegenden) kolonialen Hauptstadt. In Grand-Bassam war eine Vernissage — örtliche Maler, schwarze und weiße, und Maler aus Haiti — in einem restaurierten Haus aus der Kolonialzeit, das einem Franzosen gehörte. Das ganze kulturelle Abidjan war da — hauptsächlich Expatriierte, Schwarze und Weiße; und in dieser kulturellen Welt der Expatriierten war Arlette eine bekannte Gestalt. Am Sonntag fuhr Arlette mit einer anderen Gruppe erneut nach Bassam, um am Sonntagsvergnügen der Expatriierten teilzunehmen, im Ozean zu schwimmen und in einem Strandrestaurant Meeresfrüchte zu essen.

Davon kehrte sie erfrischt zurück und nahm mich am Abend zum Aperitif mit ins Haus von Joachim

Bony, *ancien ministre,* einem früheren Minister in der Regierung.

Als Erziehungsminister war Mr. Bony eine Zeitlang Arlettes *patron* gewesen, und sie hegte immer noch einen gewissen Respekt vor ihm. Sie war ungewöhnlich zurückhaltend in seiner Gegenwart und sehr um die Würde des Ereignisses besorgt. Und erst zwei Tage danach erfuhr ich von ihr, daß Mr. Bony wegen eines angeblichen Putschversuchs gegen den Präsidenten fünf Jahre lang ein politischer Gefangener gewesen war, ehe er vom Präsidenten begnadigt wurde.

Mr. Bony wohnte in einer der besseren Wohngegenden von Abidjan: grüne Straßen, große Häuser, große Grundstücke. Ein Tor, eine Auffahrt, ein modernes Betonhaus, viele Fahrzeuge. Er kam heraus, um uns zu begrüßen, ein weltläufiger braunhäutiger Mann Ende 50. Beim Gehen zog er ein Bein nach; ein Fuß war verkrüppelt. Er führte uns ein paar Stufen hinauf, die direkt vom Garten zum Wohnzimmer führten. Die Möbel waren modern, aus Glas und Stahl, alles paßte zueinander. Er schloß die Glastür im Aluminiumrahmen und stellte die leise Klimaanlage an.

Die anderen Gäste waren ein Doktor aus der Elfenbeinküste und seine französische Frau, beide in den Fünfzigern. Sowohl Mr. Bony als auch sein Freund, der Arzt, waren im selben Jahr, 1946, nach Frankreich gegangen. Der Freund war 21 Jahre lang in Frankreich geblieben, in Toulouse. Seine Frau stammte aus Toulouse. Im Vergleich zu Mr. Bonys brauner Farbe war er schwarz, und er war der größere von beiden. Seine Frau sagte, er habe, als er aus Toulouse in die Elfenbeinküste zurückgekommen war, mehr Zeit in Frankreich als in Afrika verbracht. Aber er hatte sich wieder in seine Familie »reintegriert«. Er fuhr jedes Wochenende in das Dorf seiner Vorfahren.

Wie verbrachte er seine Zeit dort? Er sagte, er kümmere sich um das Land seiner Familie. An den Wochenenden, sagte er, werde er zum *planteur*. Auf englisch setzte er scherzend hinzu: »Gentleman farmer.« Hatte er sich von den afrikanischen Dorfsitten und der Religion, die damit einherging, mittlerweile nicht ein wenig distanziert? Er sagte, er sei kein Gläubiger (er meinte der afrikanischen Religion), doch in Augenblicken der Krise — er sprach leicht belustigt — merke er, daß er bereit sei, sich dem alten Glauben wieder zuzuwenden.

Ich fragte Mr. Bony nach den Krokodilen des Präsidenten. (Zu der Zeit kannte ich die Geschichte von Mr. Bonys politischem Schicksal noch nicht.) Er sagte — ohne Scheu, ohne Zögern — das Krokodil sei das Totemtier der Familie des Präsidenten. Sein eigenes Familientotem sei der Panther. Er erklärte: Der Panther sei vorsichtig, und — Mr. Bony machte eine Geste mit den Fingern der rechten Hand — wenn er sprang, sei er sich sicher.

Konnte ein Huhn ein Totem sein? Ja, sagte der Arzt. Konnte eine Familie ihr Totem wechseln? Nein, sagte der Arzt. Nein, sagte Mr. Bony; ein Totem war etwas, was man erbte, etwas, was aus der Vergangenheit kam.

So war Mr. Bonys Art: direkt, sanft, gelassen, ohne Scheu. Und so wie er der erste war, den ich traf, der mir eine unumwundene Erklärung der Krokodile gab, war er auch der erste, der meine Frage nach dem Grundbesitz des Präsidenten in Yamoussoukro verstand. Ein Teil des Landes war sicherlich Staatsland, sagte Mr. Bony; ein Teil war sicher Familienland. Die Vorfahren des Präsidenten waren viel mehr als nur Dorfhäuptlinge. Sie waren *sous-chefs* eines großen afrikanischen Königreiches; man könnte sie als einheimische Vizekönige bezeichnen. In der Kolonialzeit war ihre

Macht beschnitten worden. Doch in den Augen des Volkes hatten sie ihre Autorität bewahrt.

Nachdem der Arzt und seine Frau gegangen waren, sprachen wir über Religion. Religion war fundamental in Afrika, sagte Mr. Bony. Es gab zwei Welten, die Welt der Alltagsrealität und die Welt des Geistes. Diese beiden Welten suchten einander unablässig. *»Ces deux mondes se cherchent.«* Mr. Bony sprach nicht von der Welt des Tages und der Welt der Nacht. Doch im Gespräch mit ihm wurde die Welt des Geistes schnell zur Welt des Übernatürlichen. Das Übernatürliche könne nicht ignoriert werden, sagte er. Er selbst habe ahnungsvolle Träume vom Tod seiner Eltern gehabt.

Europäer waren erfindungsreiche, kreative Menschen. Das mußte man ihnen lassen. Doch weil sie nur eine Seite des menschlichen Wesens betonten oder entwickelten, erschienen sie Afrikanern wie Kinder, und wegen ihrer Talente erschienen sie ihnen manchmal wie *enfants terribles*. Als er in den kommunistischen Ländern Osteuropas gereist war, war es für ihn besonders abstoßend gewesen zu sehen, wie Menschen zu Einheiten reduziert und ausschließlich als ökonomische Wesen behandelt wurden. Deshalb hielten sich Afrikaner, obwohl sie in so vielem von Europäern abhängig waren, für »älter« als Europäer.

Die Zeit für den Aperitif war eigentlich vorüber; und Mr. Bony ließ uns — so zuvorkommend, wie Arlette es von ihm erwartet hatte — in einem seiner Autos durch die von Wachposten bewachten Tore nach Hause fahren. Zwei Tage später hörte ich von seinem politischen Schicksal. Das verlieh dem Mann im nachhinein eine zusätzliche Würde. Und diese Würde machte sein Interesse am Übernatürlichen noch seltsamer.

Das Übernatürliche, von dem Mr. Bony gesprochen hatte, war nicht spezifisch afrikanisch. Doch in Afrika glitt man so schnell, so leicht in andere Reiche. Der *Fraternité Matin,* der den Kampf der Regierung gegen schwarze Magie fortführte (und gleichzeitig zwischen den Zeilen andeutete, daß Zauberei in der Elfenbeinküste der Vergangenheit angehöre), brachte Berichte über Praktiken bei dem Volk der Bété. In Afrika glaubte niemand — laut *Fraternité Matin* —, daß man eines natürlichen Todes stirbt. Immer glaubte man, ein Zauberer sei verantwortlich, und Verdächtigen konnte man schreckliche Prozesse machen, um ihre Unschuld zu beweisen. Sie wurden gezwungen, die Kleider des Toten zu tragen; sie wurden gezwungen, den »Hammel des Todes« zu essen, Hammelfleisch, das mit den Säften eines verwesenden Leichnams getränkt war. Im allgemeinen bekam man bei den Bété von Verdächtigten die Wahrheit heraus, indem man ihnen den Saft des »Gôpô«-Baums in die Augen träufelte: Man glaubte, daß die Augen der Unschuldigen von dem Gôpô nicht angegriffen würden.

Und dann begegnete mir eine Geschichte, mit der ich nicht umgehen konnte. Ein defekter Kühlcontainer im Hafen von Abidjan — Teil einer Fracht aus der Elfenbeinküste nach Nigeria — hatte begonnen, einen ekelhaften Gestank auszuströmen. Der Container wurde geöffnet; man fand darin abgeschnittene Köpfe. Zum Export bestimmte Opferköpfe; Technologie im Dienste alter Riten. Stimmte die Geschichte, oder war sie ein Scherz von afrikanischen Expatriierten? (In einer Geschichte wie dieser könnte der Humor von Afrikanern und Expatriierten zusammenfallen.) Ich konnte es nicht herausbekommen. Als einziges konnte ich herausbekommen, daß Geschichten dieser Art — und all die Geschichten über Vergiften, Beerdigungen, das Verschwinden von Kindern — den meisten Expatriierten bekannt waren. Sie lebten mit diesem Wissen um das afrikanische Afrika. Doch das Afrika, das sie im Herzen bewahrten, das Afrika, das sie dem Besucher präsentierten, war das Afrika ihrer jeweiligen Fachgebiete.

14

Es gab Expatriierte und Expatriierte. Die letzte Gruppe, lauter Frauen, war aus Harlem in New York gekommen. Sie waren nicht alle in Amerika geboren. Ihrem Akzent nach waren manche von den kleineren Inseln der englischsprachigen Karibik in die Vereinigten Staaten ausgewandert. Nach einer Rückreise auf Umwegen nach Afrika: Sie waren gekommen, um ihre eigene Art Christentum zu verbreiten. Sie waren nach Afrika auch als in ihr Mutterland gekommen. Sie waren ungeschlacht, viele von ihnen ungewöhnlich fett, ihre Fettleibigkeit wie eine Form von Selbstschändung, manche mit entsetzlichen Perücken, manche mit Stumpenbeinen in kurzen, weiten, geblümten Kleidern. Sie waren wie Frauen, die eine gemeinsame körperliche Hoffnungslosigkeit zusammengebracht hatte.

Vielleicht hatten sie irgendwo tief im Hinterkopf die Idee, daß sie, weil sie schwarz waren, in Afrika endlich nicht mehr auffallen würden. Doch Afrika war grausam: Die Damen aus Harlem befanden sich unter Menschen mit einem scharfen Blick für Stamm, Status und Körperhaltung. Vielleicht hatten sie sich auch, aus einem entgegengesetzten Impuls heraus, als Amerikanerinnen gesehen, also den Menschen überlegen, die auf dem dunklen Kontinent zurückgeblieben waren. Aber auch hier täuschten sie sich: Die Bewohner der Elfenbeinküste hatten sich, wenn sie nicht überheblich waren, tief in ihrer eigenen Welt eine merkwürdige rassische Unschuld bewahrt. Was auch immer ihre

Motive waren, die Damen aus Harlem waren, nach ihrer Ankunft in der Elfenbeinküste, scheu geworden. Sie schienen das Hotel nie zu verlassen. Manchmal predigten sie auf Kellner ein, wenn sie einen von ihnen allein erwischt hatten; doch im allgemeinen saßen sie zusammen im Foyer und ließen ihre kleinen Traktate auf den Tischen liegen.

Die Damen aus Harlem — erschöpft vom Sitzen, stumm vom Nichtstun und doch von erdrückender Gegenwärtigkeit — saßen im Foyer, als Arlette auf einen Abschiedsdrink vorbeikam. Wir blieben nicht im Foyer. Wir gingen in die Bar.

Arlettes Afrika war so anders als das Afrika, in das die Damen aus Harlem gekommen waren. Kurz nachdem wir uns begegnet waren, hatte sie gesagt, als sie vom Scheitern der Ehen zwischen Männern aus der Elfenbeinküste und Ausländerinnen wie sie selbst redete, in Afrika zu leben und seine Gebräuche zu verstehen heiße, daß alle alten Vorstellungen ins Wanken gerieten. Und das, hatte Arlette hinzugesetzt, sei gut so. Genau über das, was sie in Afrika gelernt hatte, wollte sie bei diesem letzten Besuch sprechen, zuerst in der Bar und später in der Dämmerung der Lagune auf der Terrasse vor der Bar.

Sie sprach von den beiden Welten, der Welt des Tages und der Welt der Nacht, den beiden Vorstellungen von Wirklichkeit, die Afrikaner gegenüber ihren materiellen Umständen so offensichtlich gleichgültig machten. Ich hätte es in der Elfenbeinküste gesehen, sagte sie. Männer von Rang und Stand konnten am Wochenende ohne weiteres in ihre Dörfer zurückkehren, konnten ohne weiteres das Leben in der Hütte wiederaufnehmen, konnten dieses Leben ganz und gar annehmen. Sie hatte Leute aus Ghana, das sich nun im Chaos befand, gefragt: »Vor kurzem wart ihr reich. Nun seid ihr arm, und in eurem Land ist alles auf den

Kopf gestellt. Beunruhigt euch das nicht?« Und sie hatten erwidert: »Gestern ging es uns gut. Heute sind wir arm. So ist es nun einmal. Morgen geht es uns vielleicht wieder gut. Oder vielleicht auch nicht. So ist es nun einmal.« So war es in der äußeren Welt. Die innere Welt, die andere Welt, blieb als geschlossene erhalten. Und genau darauf kam es an.

Ich sagte: »Es würde Ihnen also nichts ausmachen, wenn durch irgendein Unglück die Stadt Abidjan in Schutt und Asche fiele?«

Arlette sagte: »Nein, es würde keine Rolle spielen. Die Menschen würden nach ihrer Art weiterleben.«

Ein paar Franzosen waren aus der Bar auf die Terrasse gekommen, auf der es jetzt nicht mehr warm war, das Licht von einem staubigen Ocker. Sie setzten sich an den Nebentisch. Es waren Geschäftsleute. Sie zogen Papiere und Akten aus ihren Aktentaschen und begannen zu diskutieren. Einer der Männer begann, sich für Arlette zu interessieren. Mit übertriebener Aufmerksamkeit betrachtete er ihre Beine, ihre große, stattliche Figur. Sie saß mit dem Rücken zu ihm, und sie bemerkte es nicht. Sie redete und aß dabei Nüsse und Chips.

In einem der Tagungsräume des Hotels fand irgendeine Geschäftskonferenz statt, bei der viele weiße Männer an Tischen saßen und einem Mann zuhörten, der vor einer Tafel einen Vortrag hielt: Phantome, die Pläne für Dinge machten, die eines Tages zwangsläufig verschwinden mußten. Die Sonne ging in einem Dunstschleier unter: der Harmattan hatte endlich die Küste erreicht. Die Lagune war dunstverhangen; das gegenüberliegende Ufer, im Dunst verloren, war wie eine Szenerie aus der gemäßigten Zone. Neben den Hotels gingen die Arbeiten auf den Baustellen neuer Häuser voran, die halbherzig in dieser rasch wachsenden Gegend errichtet wurden.

Ich sagte: »Arlette, Sie geben mir das Gefühl, daß die Welt nicht stabil ist. Sie geben mir das Gefühl, daß alles, wonach wir uns im Leben richten, auf Sand gebaut ist.«

Sie sagte: »Aber die Welt ist Sand. Das Leben ist Sand.«

Ich hatte das Gefühl, sie sagte, was die Hindus als Doktrin formulieren und in Krisenzeiten als Wahrheit empfinden: daß das Leben eine Illusion sei. Doch das stimmte nicht: Ideen und Vorstellungen haben ihre kulturelle Identität. Und Arlette war durch ihr Interesse an »esoterischen Studien« und afrikanischer Magie zu ihrem Wissen, zu ihrem Gespür für die zwei Welten gekommen. Dieses Wissen kam von ihrer Bewunderung für das afrikanische Stammesleben: das Geschenk der Gnade des Häuptlings, die jährliche Versöhnungszeremonie, die Initiationszeremonien im heiligen Wald, bei denen siebenjährige Jungen drei Monate lang Prüfungen unterworfen waren, die ihnen eine neue Vorstellung von der Welt und ihrem Platz darin vermittelten. Die Vorstellung von Illusion, die der Hindu hat, kommt von der Betrachtung des Nichts. Arlettes Vorstellung von der Welt als Sand kam von ihrem Verständnis und ihrer Bewunderung für eine schön organisierte Gesellschaft.

Sie sprach mit Leidenschaft; sie sprach mit Poesie. Dabei knabberte sie ständig, und ständig schaute der Franzose vom Nebentisch auf ihre Beine.

Sie hatte Hochachtung für den afrikanischen Weisen, den Mann, der als Weiser verehrt wurde. Solch einen Weisen gab es zur Zeit in Abidjan, im afrikanischen Viertel Treichville. Er war sehr berühmt; der Präsident selbst hätte ihm gern seine Ehre erwiesen. Doch der Weise lebte lieber, wo er lebte, im Hof eines einfachen Hauses in Treichville. Er sagte, wenn er in das mittelständische Viertel Cocody zöge, könnten die

Leute, die seine Hilfe brauchten, nicht mehr zu ihm kommen. Sie müßten zu Fuß laufen, weil sie kein Geld für Taxis hatten. Und die Wachhunde von Cocody würden sie anfallen.

Arlette sagte: »Vor einiger Zeit bin ich nach Martinique zurückgefahren, um meine Eltern zu besuchen. Es war schrecklich für mich. Die Leute auf den Antillen sind krank. Ihr Leben ist ein Traum. Ich will Ihnen eine Geschichte erzählen. Das Flugzeug zurück — es war ein Sonderflug — hatte zwei Tage Verspätung. Und das machte mich ganz verrückt. Meine Mutter war beleidigt, weil ich so darauf drängte, von ihr wegzukommen. Ich liebe meine Eltern, doch mein Drang, aus Martinique wegzukommen, war größer als meine Liebe zu meinen Eltern. Es sind engstirnige Menschen dort drüben, von ihrer Geschichte gebrochen. Das Leben ist so groß. Die Welt ist so groß. Doch dort drüben hat ein Mann, wenn er einen kleinen Job in einem Regierungsministerium bekommt, das Gefühl, er habe genug im Leben erreicht. Sie denken, sie sind etwas Besseres als die Afrikaner. Doch ihr Leben ist ein Traum.«

Ich fragte sie nach Yamoussoukro. Warum diese große Stadt bauen, wenn die Welt doch Sand war?

Sie sagte: »Es ist der Versuch des Präsidenten, Afrika in die moderne Welt zu integrieren.«

Und ich dachte, sie wolle sagen, eine Stadt wie Yamoussoukro zu bauen bedeute, daß man das, wofür sie stand, nicht als die einzige Wirklichkeit akzeptierte. Ebony, der Dichter und Beamte, hatte etwas Ähnliches angedeutet. Ebonys Vater hatte zu ihm gesagt: »Ich schicke dich nicht auf die Schule, damit du ein Weißer oder Franzose wirst. Ich schicke dich, damit du in die neue Welt eintrittst, das ist alles.«

Als wir hinausgingen, kamen wir im Foyer an den Damen aus Harlem vorbei.

Arlette sagte: »Wir bekommen so viele Menschen wie diese aus den Vereinigten Staaten. Schwarze, die herkommen, um die Afrikaner zu bekehren. Sie sind wie alle anderen, die herkommen, um das zu tun. Sie bringen ihre eigenen psychischen Leiden nach Afrika. Statt dessen sollten sie kommen, um sich von Afrika bekehren zu lassen. Sie sind verrückt.« *»Ils sont fous.«*

Eine Handvoll Staub

Cheddi Jagan und die Revolution in Guyana

1991

Anfang der dreißiger Jahre machte Evelyn Waugh eine Reise ins Landesinnere von Britisch-Guayana an der Nordostküste Südamerikas. Damals gab es drei Guayanas, das britische, das französische und das holländische, eingekeilt zwischen Venezuela und Brasilien. Britisch-Guayana war das größte. Es umfaßte eine Fläche von 177 200 Quadratkilometern, hatte also ungefähr die Ausdehnung von Großbritannien, aber nur eine halbe Million Einwohner. Ein Großteil der Bevölkerung — hauptsächlich Inder und Afrikaner — lebte an der Atlantikküste, wo die großen Plantagen waren. Im Landesinnern, nur ein paar Meilen von der kolonisierten Küste entfernt, herrschte südamerikanische Wildnis, die bis nach Brasilien reichte: Hartholzwälder, Indianerdörfer,

Flüsse voller Findlinge, Wasserfälle und dahinter die Laterit-Savannen, mit riesigen roten Ameisenhügeln und Palmen, die den Lauf der wenigen seichten Flüsse säumten.

Auf jener Savanne ereilte den betrogenen Helden von Waughs *Eine Handvoll Staub* (1934), als er nach seinen Strapazen in England Vergessen suchte, eine schreckliche Form gesellschaftlicher Auslöschung: Er wurde in der beinahe menschenleeren Savanne vom Oberhaupt eines dominanten anglo-amerindischen Stammes gefangengehalten und gezwungen, ständig und immer wieder die Werke von Charles Dickens laut vorzulesen.

Guayana war schon immer ein Land für Phantasien. Es war El Dorado; es war der Sitz der Sektengemeinde von Jonestown. Doch was Waughs Phantasie bemerkenswert macht, ist, daß zwei Jahre nach Veröffentlichung des Buchs ein junger Mann von der Plantagenküste Guayanas eine Reise antrat, die das Schicksal von Waughs Helden widerspiegeln sollte.

1936, als er 18 war, verließ Cheddi Jagan, Enkelsohn eingewanderter Kontraktarbeiter, die man aus Indien geholt hatte, damit sie auf den Plantagen an der Küste arbeiteten, mit 500 Dollar in der Tasche Britisch-Guayana, um in den Vereinigten Staaten zu studieren. Bis 1943, sieben ganze Jahre, blieb er in den Vereinigten Staaten — in Washington, New York und Chicago. Während des Studiums übernahm er die verschiedensten Tätigkeiten; schließlich wurde er Zahnarzt. Gegen Ende seines Aufenthalts in den Vereinigten Staaten heiratete er eine schöne Amerikanerin. Und er hatte eine marxistische Erleuchtung.

Als Cheddi Jagan 1943 nach Guayana zurückkehrte (seine amerikanische Braut folgte kurze Zeit später, sehr zum Erstaunen der Jagan-Familie), war er ein Mann mit einem fest umrissenen politischen Anliegen. Was immer er über seinen Hintergrund als Hindu oder

Inder oder Guayaner gedacht haben mochte, welche historische oder gesellschaftliche Verwirrung auch immer ihn ergriffen haben mochte, wurde absorbiert von seinen marxistischen Ideen von Mehrwert und weltweitem Klassenkampf. Das reichte als Vision. Und wie eine Spielart der Figur von Waugh regte sich Cheddi Jagan 50 Jahre nicht vom Fleck — ungeachtet des Kriegsendes, des Wiederaufstiegs von Deutschland und Japan, der Auflösung der europäischen Imperien, des Zerfalls von Schwarzafrika, des Kommens und Gehens des kalten Kriegs, des Endes des europäischen Kommunismus, ungeachtet selbst der Unabhängigkeit Guyanas (das danach ohne einleuchtenden historischen oder etymologischen Grund statt mit i mit y geschrieben wurde) —, sondern wartete auf seine Stunde.

Fast von Anfang an hatte er »die unterdrückten Zuckerarbeiter hinter sich stehen« — um einen Ausdruck aus dem Klappentext seiner in der DDR veröffentlichten Autobiographie, *The West on Trial* (1966), zu benutzen. Nach beinahe 50 Jahren sind diese Arbeiter (oder ihre Nachfahren) im wesentlichen noch da. Und vielleicht hat gerade die Reinheit von Cheddi Jagans marxistischer Haltung dazu beigetragen, diese Menschen in ihren alten Rollen erstarren zu lassen.

Er hatte früh Erfolg. 1947 wurde er das jüngste Mitglied des Gesetzgebenden Rats der Kolonie Britisch-Guayana. 1950 gründeten er und andere die People's Progressive Party [PPP], die Fortschrittspartei des Volkes. Das war ein außergewöhnliches Bündnis zwischen den beiden großen ethnischen Gruppen Guayanas — den Afrikanern (wie sie genannt wurden), die von den Sklaven abstammten, und den Indern, die die Afrikaner auf den Plantagen ersetzt hatten. 1953 gelangte diese Partei mit überwältigender Mehrheit an die Macht. Damals sah es so aus, als würde Jagan das erste Oberhaupt des ersten kommunistischen Staats in der neuen Welt werden. (Fidel Castro sollte erst fünf oder sechs Jahre später auf der Bildfläche erscheinen.) Jagan und seine Frau Janet wurden sehr berühmt. Eine Zeitlang waren sie die Bösewichter der britischen Boulevardpresse, die den Journalisten in der Interimszeit zwischen Mossadeq im Iran, der das Öl seines Landes verstaatlichte, und Nasser in Ägypten, der den Suez-Kanal verstaatlichte, ihre heißen Storys lieferten.

Doch Britisch-Guayana war weder der Iran noch Ägypten. Britisch-Guayana war 1953 bloß eine Kolonie. Nach drei Monaten Amtszeit wurde die Jagan-Regierung entlassen, die Verfassung der Kolonie außer Kraft gesetzt und britische Truppen entsandt. Unter diesem Druck spaltete die PPP sich sofort in ihre afrikanischen und indischen Bestandteile. Der afrikanische und indische Bevölkerungsanteil von Guayana war ungefähr gleich groß. Unterhalb der marxistischen Rhetorik auf beiden Seiten kehrte Guayana zu seinen instinktiveren, ethnisch geprägten Gebräuchen zurück.

Die Stimmen der Inder brachten Jagan 1957 und 1961 noch einmal an die Macht. Doch die afrikanische Partei gewann 1964 — mit amerikanischer Hilfe und nach schlimmen Rassenunruhen — die letzten Wahlen vor der Unabhängigkeit. Seitdem wurden Cheddi Jagan und seine indischen Anhänger eine Reihe manipulierter Wahlen hindurch von der Macht ferngehalten, während Guyana bis 1984 so etwas wie einen marxistisch-afrikanischen Weg beschritt und zur »genossenschaftlichen Republik« wurde. In den letzten sechs Jahren hat man sich vom »genossenschaftlichen« Prinzip abgewandt; doch ist Guyana heute so zerrüttet wie jedes beliebige Land in Osteuropa.

Alle wichtigen Industrien — Bauxit, Reis — waren fest in der Hand der afrikanisch kontrollierten Regierung; und die Regierung vergab die vorhandenen oder neu geschaffenen Jobs an ihre Anhänger. So war die kommunistisch gefärbte Tyrannei des Staates zugleich eine rassische Tyrannei; und die Korruption, im Großen und Kleinen, hatte eine zusätzliche rassische Seite. Alles verfiel in diesem Staat; alles begann, Geld zu verlieren. Immer mehr Geld wurde gedruckt; in dem rassistischen Staat wurde die Währung Guyanas, einst von gleichem Wert wie die Währung eines Landes wie Trinidad, beinahe wertlos. Der Import wurde reguliert, für viele Artikel galt ein Einfuhrverbot. Guyaner aller Rassen begannen, sich nach den einfachen und billigen Nahrungsmitteln zu sehnen, mit denen sie aufgewachsen waren — Sardinen aus New Brunswick, Mehl, Räucherheringe und Stockfisch aus Kanada. Zu einer Zeit, da im benachbarten Trinidad (wegen des Ölbooms der siebziger Jahre) Überfluß herrschte, erlebte Guyana bittere Not. Guyaner begannen auszuwandern, legal und illegal, erst Inder, dann andere; sie gingen nach Trinidad und Kanada und in die Vereinigten Staaten. Über ein Drittel der guyanischen Bevölkerung lebt heutzutage im Ausland.

Georgetown, die Hauptstadt, einst eine der schönsten aus Holz erbauten Städte der Welt (die großen Hartholzwälder liegen nur ein paar Meilen landeinwärts), verwitterte und verfiel. Am Ende einer der Hauptstraßen erhebt sich heute über der heruntergekommenen Stadt ein außergewöhnliches, höhnisches Monument der genossenschaftlichen Republik: eine riesige afrikanisch wirkende Figur, offenbar tanzend, mit langen Armen und kabbalistisch aussehenden Emblemen auf den Gliedern. Diese Symbolgestalt des neu erwachenden Afrika steht hier angeblich zu Ehren von Cuffy, dem Anführer einer Sklavenrevolte im Guayana des Jahres 1763; doch es gibt schwarze Bürger, die glauben, daß die Figur — was immer der Bildhauer im Sinn hatte — mit irgendeinem Obi-Kult für Mr. Burnham, den Führer der guyanischen Afrikaner, zu tun hat. Mr. Burnham soll am Ende angeblich seinen Marxismus mit dem Obi-Kult vermischt und einen Obi-Berater gehabt haben.

Im Botanischen Garten von Georgetown — einem der vielen, die von den Briten im 18. und 19. Jahrhundert in verschiedenen Teilen ihres Reiches zu Forschungs- und Lehrzwecken gegründet wurden — steht ein weiteres Denkmal zu Ehren von Mr. Burnhams Herrschaft. Es ist das Mausoleum, das nach Mr. Burnhams Tod 1984 errichtet wurde. Es ist eine spinnenähnliche Konstruktion, mit einem niedrigen Pavillon in der Mitte, umgeben von einer Kolonnade aus Betonträgern, die wie Spinnenbeine aussehen. Es bestand die Absicht, den Begründer der genossenschaftlichen Republik einzubalsamieren und für immer zur Schau zu stellen, wie Lenin; doch irgend etwas lief schief, und der Leichnam verweste, ehe er behandelt werden konnte.

In dieser ganzen Zeit — des Marxismus und der rassischen Tyrannei, des ökonomischen Niedergangs und des Obi-Kults — blieb Cheddi Jagan auf seinem Posten, allzeit bereit, der Inhaber einer reineren marxistischen Lehre, und wartete darauf, gerufen zu werden.

Seine Gefolgschaft kam immer aus den Reihen der Inder, doch fand er sich nie damit ab, bloß ein Rassenführer zu sein. In den schlimmsten Zeiten der Unterdrückung durch die Afrikaner unterstützte er jedes Gesetzesvorhaben, das man als sozialistisch oder marxistisch ansehen konnte. In den Augen mancher stellte er sich damit, gerade aus der Reinheit seiner marxistischen

Vision heraus, sowohl gegen die Interessen seiner Anhänger als auch gegen seinen eigenen politischen Erfolg.

Inzwischen ist er 72. Nun, da der Kommunismus in Europa verschwunden ist und es für die Vereinigten Staaten oder Rußland keine Rolle mehr spielt, was in Guyana passiert, sind die nächsten Wahlen vielleicht frei; und Cheddi Jagan könnte sie am Ende vielleicht gewinnen. Doch jetzt herrschen fürwahr schwere Zeiten: der Zinssatz liegt bei 34 Prozent, der Guyana-Dollar entspricht einem amerikanischen Cent, und harte ausländische Währung kommt kaum ins Land. Das einzige, was eine vernünftige Regierung tun kann, ist, die Verstaatlichungen der letzten 25 Jahre rückgängig zu machen. So daß die Macht, wenn Jagan sie erlangen sollte, wahrscheinlich mit seinem Scheitern oder der Zerstörung seiner Legende enden wird.

Das Hauptquartier von Cheddi Jagans Partei, das Freedom House, ist ein altes weißes Holzhaus in einer basarähnlichen Straße. Dort besuchte ich ihn. Er war grau, Brillenträger, aber voller Energie. Er trug einen kurzärmeligen schieferblauen Safarianzug, der ein wenig Speck um die Taille nicht verbergen konnte. Doch für einen Zweiundsiebzigjährigen war Jagan bemerkenswert gut in Form; und ich spürte, daß das für ihn als Politiker wichtig war.

Er sagte, er sei nie krank gewesen: seit 1966 hatte er sich jedes Jahr in einem der »sozialistischen Länder« gründlich untersuchen lassen. Die mittlerweile veralteten Worte kamen ihm ohne Zögern über die Lippen, so daß man in dem kleinen Zimmer hier oben im Freedom House, mit den Sesseln und den Kaffeetassen und all den Papieren und dem Blick durch die offene Tür ins Büro auf einen gerahmten Schwarzweißdruck von Marx, Engels, Lenin, den Eindruck gewann, daß sich hier, ganz gleich, was draußen passiert war, nichts geändert habe.

Ich wollte wissen, wie er es seit 1964 ausgehalten, auf welche inneren Ressourcen er zurückgegriffen, wieso er nicht wie viele seiner Anhänger aufgegeben hatte. Er schien die Frage nicht zu verstehen. Statt dessen sprach er von der Vergangenheit, von den Anfängen seiner Bewegung und den großen Jahren von 1948 bis 1964. Er sprach mit seiner alten Vitalität und auf seine akademische, in öffentlichen Auftritten erprobte Weise, hakte einzelne Punkte an seinen langen Fingern ab und brachte ganze Sätze voller Fakten und Namen und Anspielungen zustande.

Er faßte die 26 Jahre seit 1964 zusammen. Dann sagte er, eher auf eine eigene Frage antwortend als auf eine, die ich gestellt hatte, die Leute hätten ihn oft gefragt, warum er sich nicht auf den »bewaffneten Kampf« eingelassen habe. Er forderte jemanden im Vorzimmer auf, ihm ein paar Unterlagen zu bringen. Als sie gebracht wurden, nahm er eine, die sich mit dem Defizit im Staatshaushalt Guyanas befaßte. Das Blatt, verschmiert und doppelseitig bedruckt, war auf einer antiquierten Vervielfältigungsmaschine abgezogen und roch beißend und fettig. Die Diagramme, nicht leicht zu lesen, bewiesen, daß das Defizit Guyanas von 4,2 Millionen Guyana-Dollar 1965 auf 1 309 Millionen 1988 angestiegen war. Worauf er hinauswollte — und es war fast so, als gehöre es zu einer alten politischen Strategie —, war, daß es besser sei, wenn die Regierung durch ihr eigenes horrendes Defizit unterhöhlt werde als durch einen bewaffneten Kampf, »den wir unweigerlich verloren hätten«.

Hier steckte seine Frau den Kopf durch die Tür. 30 Jahre waren vergangen, seit ich sie zuletzt gesehen hatte. Ich hatte sie als Frau von großer Schönheit in Erinnerung. 30 Jahre, sozusagen auf einmal aufgetragen, ließen mich sie kaum wiedererkennen. Erst sah ich nur die helle Farbe ihres üppigen Haars und die Farben ihrer Kleider, dunkelbraun und schwarz, fremdländische Farben in der Umgebung, nicht die Farben Guyanas oder der Karibik. Im Gesicht war sie schmaler, weiter unten rundlicher und schwammiger, sie trug eine weite Hose, und ihre Haut war faltiger. Doch allmählich paßten ihre Augen, ihre hohe Stimme (auch nach beinahe 50 Jahren in Guyana noch amerikanisch) und ihr nervöses Lachen zu der jüngeren Person, die ich in Erinnerung hatte.

Sie sprach von ihren zwei Kindern und fünf Enkelkindern. Ihr Sohn, jetzt 40, lebte in Chicago, wo sein Vater studiert hatte. Ihre Tochter lebte in Kanada.

1961 hatte Janet Jagan in Guayana den Ruf einer ausländischen weißen Revolutionärin gehabt. Nun hieß es, sie habe sich zurückgezogen. Ein alter politischer Feind sagte: »Sie ist matronenhaft geworden, aber sagen Sie ihr nicht, daß ich das gesagt habe.«

Guayana war das erste Land, in das ich als Schriftsteller reiste. Die Reise war Teil eines Projekts über europäische Kolonien in der Karibik und Südamerika. Ich war 28. Ich beherrschte die Kunst des Reisens noch nicht und sollte schnell herausfinden, daß eine Reise, bei aller Aufregung über neue Landschaften und das Unterwegssein an sich, sich nicht notwendigerweise in einer druckreifen Schilderung niederschlug.

Als politischer Beobachter war ich unsicher und befangen. Ich dachte, bei dieser Art Schreiben müßte ich die Leute auf Treu und Glauben hinnehmen. Meine Zweifel, die ich als Romanautor hatte, schob ich beiseite, weil sie meiner Meinung nach zu einem anderen Genre gehörten. Deshalb schrieb ich in meinem Buch über die afrikanische oder schwarze Bewegung der späten fünfziger Jahre romantischer, als ich in

Wahrheit fühlte. Ich gestattete mir, sie zu sehen, wie sie mir präsentiert wurde, als eine Art Befreiung. Ich unterdrückte meine Ängste wegen ihrer Leichtfertigkeit und Sentimentalität und des Elements von Boshaftigkeit, das darin steckte.

Und obwohl ich, als Cheddi Jagan Premierminister der Kolonie war und Janet Jagan seine Gesundheitsministerin, einige Zeit mit den Jagans verbrachte, offiziell und privat, in Georgetown und verschiedenen anderen Orten des Landes, gestattete ich mir nie zu glauben, daß ihr Marxismus mehr sei als ein Sozialismus nach Art der britischen Labour-Partei. Burnham war 1961 Führer der Opposition. Er war witzig und durchtrieben, sehr schwarz, mit glatter Haut, bereits von schwerer Statur, wenn auch noch mit dem Benehmen eines aufgeweckten Stipendiaten. Sein Charakter ließ sich von seinem Gesicht und seinem Körperbau ablesen; doch gestattete ich mir nie, mich auf mein Gefühl einzulassen, daß Burnham ein Hedonist und gefährlich, gekränkt und verwöhnt zugleich, voller Rachsucht sei. Und nie dachte ich — da ich bis zu einem gewissen Grad den Hintergrund von Burnham wie auch Jagan teilte —, daß diese beiden Marxisten gemeinsam tatsächlich die Gesellschaft umstürzen würden.

Ich sah, was ich meinte sehen zu müssen, ich sah, was zu sehen mir angenehm war. Darin war ich den Menschen von Guayana gleich.

Martin Carter war ein Dichter des erwachenden Guayana Anfang der fünfziger Jahre. Für ihn entsprang ein Großteil der Verwirrung in Guayana dem falschen Gebrauch oder falschen Verständnis von Sprache. Einem Wort wie »Sozialismus« fehlte in Guayana die Geschichte, die unterschiedlichen Bedeutungen, die ihm Leute wie Owen und Bernhard Shaw und William Morris gegeben hatten. In Guayana hatte jeder seine eigene Vorstellung vom Sozialismus, je nach den Büchern, die er gelesen hatte; in dieser Hinsicht verstanden die Menschen einander nicht immer. Nicht jeder hielt Sozialismus für ein Wirtschaftssystem. »Ein Sozialist wurde einfach ein guter Mensch, ein netter Mensch. Bei der durchschnittlichen Bevölkerung war das lange die Vorstellung vom Sozialismus. Heute ist das anders, weil alles, was schiefgelaufen ist, mit dem Sozialismus in Verbindung gebracht wird.«

Und Martin Carter erzählte folgende Geschichte: »Pandit Misir, ein Brahmane vom Westufer des Demerara, war Mitglied von Cheddis Partei. Das war in einem Ort namens Vreed-en-Hoop — der zufällig einmal John Gladstone gehört hatte, dem Vater von William Ewart Gladstone, dem britischen Premierminister. Cheddi hatte dort Broschüren verteilt, die die britische kommunistische Partei nicht nur an ihre Freunde in Georgetown, sondern überall in der Dritten Welt verschickte. Unter den Broschüren war eine mit dem Titel *Die kapitalistische Gesellschaft.* Das war vor den Wahlen von '53.

Cheddi rief zu einer öffentlichen Versammlung am Westufer auf, bei der Pandit Misir als Vorsitzender fungierte. Es war eine riesige Menschenmenge da. Und der Pandit — er war zwischen 35 und 45, sah aber viel älter aus — war in Hochform, weil so viele Menschen und Cheddi Jagan da waren.

Er erklärte der Menge, daß er, bevor er Cheddi einführte, gerne selbst etwas erzählen würde, und dann erklärte er: *›Die ham da was, das heiß kapitalistische Gesellschaft. Das is wie mit der Vogelrebe. Wenns die Hand auf dich lech, lässes nich mehr los.‹* Vogelrebe meint etwas Klebriges, was entsteht, wenn Vögel eine bestimmte Frucht gefressen haben und dann ihren Schnabel an Bäumen reinigen. Vogelrebe ist natürlich die

Frucht einer Pflanze, die alle Leute an der Küste gut kennen.

Das war alles, was Pandit Misir sagte, und die Menge tobte vor Begeisterung, weil sie begriff: Der Pandit wollte ihnen klarmachen, daß die kapitalistische Gesellschaft sie unterdrückte. Es bedeutete, daß die gesamte Plantagenerfahrung in den zwei Worten ›kapitalistische Gesellschaft‹ zusammengefaßt war. Pandit Misir selbst wußte es nicht besser. Er war ein schlanker, großer Mann. Ein leidenschaftlicher Mann, und was er über die Vogelrebe sagte, machte viel mehr klar, als Cheddis Abhandlung über die Theorie des Mehrwerts bei Karl Marx.«

So daß — nach dieser Analyse — irgendwo zwischen dem Pidgin-Englisch von Pandit Misir und den vagen Standardsätzen der marxistischen Analyse die Wirklichkeit von Guayana verzerrt wurde oder verlorenging. Und damit wurde wohl die schreckliche Farce der genossenschaftlichen Republik vorbereitet.

Ein Genosse Cheddi Jagans Ende der vierziger Jahre war Sydney King, ein afrikanischer Dorfschullehrer. Mitte der Fünfziger löste er sich von der Partei Jagans. Irgendwann später machte er eine afrikanische Transformation durch. »Während die Inder sich ihrer Zivilisation rühmten, empfanden die Afrikaner hier ein Gefühl von Selbstmitleid.« Und im Rahmen einer »Bewegung für afrikanische Namen«, die er in Gang zu bringen versuchte, gab Sydney King sich den Namen Eusi Kwayana.

Über Cheddi Jagan sagte er: »Ich glaube, er hatte ein kulturelles Problem. Wäre er, wenn auch nur in seiner Jugend, ein gläubiger Hindu gewesen, hätte er ein brauchbareres, ein menschlicheres Bezugssystem gehabt. Doch weil er den Imperialismus und alle seine Werke zusammen mit dessen Kultur zurückgewiesen hatte, verband er sich mit einer anderen Metropole, der Sowjetunion. Die verstand er so, wie sie sich darstellte. Deshalb mußte er für sich alles, was er tat, in der Kultur dieses anderen Zentrums erklären. Wenn er das schaffte, fühlte er sich bestätigt.

Als Burnham nach 1971 begann, den Sozialismus einzuführen, zeigten sich Menschen beider ethnischen Gruppen entsetzt und sagten, sie wollten nichts davon hören. Für Jagan spielte das keine Rolle. Er ließ damals offiziell verlautbaren, ganz Guayana habe für den Sozialismus gestimmt — ein Teil für ihn, ein Teil für Burnham. Dabei war die Politik hier immer ethnisch bestimmt.«

Zur Zeit der Rassenunruhen 1964 verbündete Eusi Kwayana sich mit Burnham. Doch dann löste er sich auch von Burnham.

»Burnham führte tatsächlich Sklavenarbeit ein. Auf der Plantage Hope, einer Kokosnußplantage an der Ostküste, führte er Zwangsarbeit ein. Und alles, was man dafür bekam, war das Recht, Mangelwaren zu erwerben. Sie wurden nicht einmal im Tausch für die Arbeit abgegeben, wie das zur Zeit der Sklaverei üblich war: Man mußte die Sachen *kaufen*. An seinem freien Tag schuftete man für nichts. Auf der Plantage Hope spielte er sich als Herr über das Volk auf, ritt zu Pferde, trank und bewirtete seine persönlichen Freunde. 1977 schickte er Sekretärinnen, Büroangestellte, Akademiker als Streikbrecher auf die Zuckerrohrfelder. Sie hatten keinen Erfolg. Sie brachten die ganze Landwirtschaft durcheinander. Sie hatten keine Ahnung.«

Ich sagte: »Und doch liebten die Schwarzen ihn.«

»Liebten ihn? Das war Mitte der siebziger Jahre vorbei. Als er 1950 aus England zurückkam, bewunderten ihn alle Guayaner wegen seiner angeblichen Gelehrtheit und Redekunst — die mir hohl vorkam. Ich kannte sogar Indo-Guayaner, die ihn gerne reden hörten. Er war eigentlich der Held der mittelständischen Afrikaner. Das war, lange ehe er von den ländlichen Afrikanern akzeptiert wurde — die mochten keine Rechtsanwälte.

1971 kam heraus, daß seine Regierung korrupt war. Jeder wußte, daß der Sozialismus der Regierung ein Schwindel war. Manche Leute sehen in Burnham den Beweis dafür, daß Sozialismus nichts anderes bedeutete als Herrscher, die ihr Volk schikanierten und sich die Taschen füllten. Und das Ganze kam aus Osteuropa.

Als Burnham starb, hieß es, sein Vermögen betrage eine Million Guyana-Dollar. Damals stand der Guyana-Dollar 4,30 zum US-Dollar. Das machte die Bevölkerung sprachlos. Die Leute sagten, daß diese Million Dollar das Geld war, das Burnham bar in der Tasche hatte, als er starb. Sein Tod war eine einzige Erleichterung, ein Straßenkarneval. In Brooklyn feierte man Partys. Und hier gab es zwei Feiertage, an denen die Lokale nicht öffnen durften, weil die Festivitäten sonst zu offensichtlich gewesen wären.

Am Tag nach der Beerdigung spazierte ich durch Georgetown, und alle wußten, daß der Leichnam in der Nacht zuvor von Soldaten geholt worden war. Man hatte Einbalsamierer eingeflogen und präparierte seine Leiche in einem Bestattungsinstitut in der Stadt. Ich glaube, die Einbalsamierer kamen aus Moskau — jedenfalls stand es so in der Zeitung. Die Bevölkerung spuckte auf die ganze Idee, Burnhams Leiche einzubalsamieren. Eine Afrikanerin sagte zu mir: ›Er ist tot, er muß in die Erde.‹ Und in der Presse stand, man wolle ihn einbalsamieren, um ihn auf ewig zu erhalten und im Mausoleum für immer zur Schau zu stellen. Die Leiche blieb dann ein Jahr lang verschwunden — ein Jahr voller Gerüchte, Gerüchte über den Leichnam. Manche schwören, er sei nie einbalsamiert worden, er sei bereits zu verwest gewesen, um einbalsamiert zu werden, und es sei eine Wachsfigur zurückgebracht worden. Aus England, einem berühmten Studio — wie heißt es noch mal?«

»Madame Tussaud?«

»Man sagt, es sei Madame Tussauds Werk. Nicht Burnhams Leiche. Man bezeichnet ihn als den Mann, der zweimal begraben wurde.«

Der äußeren Erscheinung nach sah Eusi Kwayana nicht so aus, wie ich ihn mir bei seinem afrikanischen Namen und seiner wechselvollen unruhigen politischen Geschichte vorgestellt hatte. Er war seit über 40 Jahren Vegetarier, und er war dünn, wirkte asketisch, zerbrechlich. Seine langen Finger machten elegante Bewegungen. Rein äußerlich glich er eher einer religiösen Figur aus der byzantinischen Kunst: langes Gesicht, hohe gewölbte Stirn mit zwei zur Seite abstehenden Büscheln graubraunen Haars, scharfe spitze Nase und tiefe Falten, die von der Nase zum Kinn führten und es scharf hervortreten ließen. Sein Hals war lang und welk, eine dünne Falte neben der anderen.

Ich fragte ihn, ob er seine afrikanische Transformation nun für endgültig halte oder ob er immer noch darüber nachdenke. Er lachte und kicherte dann. »Ich denke immer noch darüber nach.« Und scheu hob er einen Arm, um zu zeigen, daß seine kurzärmelige »afrikanische« Tunika, die er nun gewohnheitsmäßig trug, auch ihre praktische Seite hatte: sie hatte einen ordentlich gesäumten Luftschlitz unter dem Arm.

Cheddi Jagans Vater und Mutter waren beide 1901 als sehr kleine Kinder aus Indien nach Guayana gekommen, mit demselben Segelschiff, der *Elbe*. Beide fingen sehr jung mit der Arbeit auf den Plantagen an. Cheddi Jagans Vater fing an, als er noch keine zehn war; mit 14 war er richtiger Zuckerrohrschneider; mit 30 wurde er »Treiber« oder Vorarbeiter einer Kolonne und verdiente zehn Schilling die Woche, ungefähr 2,50 US-Dollar.

Damals war Cheddi elf. Drei Jahre später schickte ihn sein Vater aufs Queen's College in die Hauptstadt Georgetown; noch einmal drei Jahre später schickte er ihn zum Studium in die Vereinigten Staaten, mit 500 Dollar. Das Geld hatte er beim Glücksspiel gewonnen. Als Vorarbeiter hatte Cheddis Vater mit den Plantagenaufsehern zu tun. Sie waren meistens Schotten; und sie waren notorische Trinker und Spieler.

Cheddi war das älteste von elf Kindern. Eine der nichtpolitischen Verpflichtungen, die er nach seiner Rückkehr nach Guayana 1943 einging, bestand darin, für seine Brüder und Schwestern zu sorgen. Er ließ ihnen allen eine Ausbildung zukommen. Von den elf Jagan-Kindern wurden drei Akademiker, zwei Krankenschwestern und einer Frisör.

Martin Carter erinnerte sich an Cheddi Jagans Vater als »großen Mann mit schwarzem, stachligem Schnurrbart. Ich erinnere mich lebhaft an den Schnurrbart. Und seine Größe — er war sehr groß, wirklich sehr groß. Seine Mutter war sanft, beinahe geisterhaft, sehr dünn. Wenn ich sie in den späten vierziger Jahren traf, hatte ich immer den Eindruck, daß sie ihr ganzes Leben damit verbracht hatte, Kinder am Leben — buchstäblich am Leben — zu erhalten. Ihr Haus an der Küste war sehr einfach. Die Küche war hinter dem Haus und hatte zum Kochen einen Lehmofen — wir nennen so etwas ›Kuhmaul‹. Sie war nicht mit dem Haupthaus verbunden.«

Über Cheddi Jagans Anfänge sagte Martin Carter: »Wenn man von der Plantagenküste kam, die früher Wilde Küste genannt wurde, waren die bloßen Möglichkeiten der Erfahrung zuviel für einen jungen Mann mit diesem Hintergrund, als daß er damit leicht fertig werden konnte, besonders damals. Wir waren damals noch weiter als heute von den sogenannten großstädtischen Zentren entfernt. Können Sie sich vorstellen« — Martin Carter suchte ein Wort —, »wie *verloren* ein junger Mann damals war, der aus einer Umgebung ohne literarische Kultur stammte. Das ließ ihn in Haltungen erstarren, die dauerhaft blieben. Diese Erstarrung beeinträchtigte ihn persönlich. Gleichzeitig machte sie ihm sehr nachdrücklich klar, aus was für einer Gesellschaft und Gemeinschaft er kam.«

Von dieser frühen Zeit, besonders seiner Zeit in Amerika, wollte ich etwas hören, als ich Cheddi Jagan das nächste Mal traf. Er holte mich am Sonntag nachmittag vom Hotel ab, und wir fuhren zu seinem Haus. Es war das Haus, das er gebaut hatte, nachdem er 1964 das Amt als Premierminister verloren hatte. Es war ein einfaches, modernes zweigeschossiges Haus, typisch für Georgetown, mit einem festen Zaun und einem Wachhund.

Wir saßen oben. Die Nachmittagsbrise wehte durch die offenen Türen zu beiden Seiten. Hinter dem schmiedeeisernen Geländer des Balkons war der Garten sehr grün, mit Mangobäumen, Kokospalmen und Bananenstauden.

1936 schien sehr lange her. Wie hatte wohl das Weltbild seiner Eltern damals ausgesehen, vor dem Hintergrund der Plantage und der halbvergessenen indischen Sitten und Gebräuche? Was waren wohl Cheddis Erwartungen gewesen, als er in die Vereinigten Staaten und nach Washington fuhr, um zu einer Zeit der Depression und Intoleranz an einer schwarzen Universität, Howard, zu studieren? Das Schiff legte in Boston an. Machte ihn der Name der berühmten Stadt aufgeregt?

Er konnte es nicht sagen. Es war, wie Martin Carter gesagt hatte: Cheddi hatte keine literarische Kultur gehabt, nichts, was ihm geholfen hätte, zu sehen und zu verstehen und die Dinge einzuordnen. Er hatte einfach alles genommen, wie es kam.

Er hatte arbeiten müssen, während er in Howard studierte; nach zwei Jahren hatte er ein Stipendium für die Northwestern University in Chicago gewonnen. Er hatte viele Geschichten aus seiner amerikanischen Zeit parat; und Janet — an diesem freien Nachmittag in schwarzer Hose und geblümter Bluse, das Haar dicht und golden — lieferte ihm die Stichworte für diese Geschichten. In Washington hatte er in einer Pfandleihe gearbeitet, die von Schwarzen aufgesucht wurde. Dort hatte er als Schneider gearbeitet (die Fertigkeit hatte er in Guayana nebenbei erworben) und 25 Cent die Stunde für das Ausbessern nicht abgeholter Kleider verdient, die dann zum Verkauf angeboten wurden. In Chicago hatte er nachts als Fahrstuhlführer gearbeitet.

Er sagte: »Den Westindern ging es immer besser als den amerikanischen Schwarzen, weil sie aus besseren Verhältnissen kamen, deshalb begegnete man ihnen mit einigen Ressentiments. Doch davon abgesehen wurden alle als Schwarze behandelt. Inder waren gesellschaftlich besser angesehen. In Washington gab es Kinos, die Schwarze nicht betreten durften, aber ich durfte hingehen. Ich ging aber nie, weil ich mich nicht anders als die Schwarzen fühlte. Ich hatte das gleiche Gefühl des Eingeengtseins, das gleiche Gefühl von Unterlegenheit. Ich ging immer in das ärmere Kino, wo es eine buchstäbliche Trennwand zwischen Weiß und Schwarz gab. Auf der einen Seite Schwarz, auf der anderen Seite Weiß. Ich setzte mich immer zu den Schwarzen.«

Gegen Ende seiner Studienzeit fand man bei einer Routineuntersuchung an der Northwestern University einen Schatten auf der Lunge bei ihm, und er wurde ins Sanatorium geschickt. »Damals gab es keine Medikamente gegen Tuberkulose. Die Behandlung bestand einfach darin, an der frischen Luft zu sitzen. Das Sanatorium bestand aus kleinen Hütten, und die Wände waren zu zwei Dritteln aus Maschendraht. Im Sanatorium mußte man ganz langsam gehen, alles ganz gemächlich tun. Ich hatte damals so gut wie kein Geld, und die Betreiberin des Sanatoriums gab mir einen Preisnachlaß.«

Nach sechs Monaten verschwand der Schatten, und man fragte sich, ob es überhaupt eine Infektion gewesen war. Vielleicht hatte er sich nach dem Streß von sechs Jahren in Amerika einfach zurückziehen und ausruhen und zu sich kommen müssen.

Janet machte Tee und servierte ihn zusammen mit Keksen, »cookies« — das Wort war ungewöhnlich für Guyana und wirkte in diesem Haus wie ein Überbleibsel einer fernen Kultur.

Beim Tee sprach sie davon, was ich vor beinahe 30 Jahren über sie geschrieben hatte.

»Die Leute erinnerten sich meistens an zwei Details. Sie werden es nicht glauben. Das erste war, daß ich mir die Zehennägel lackierte.«

Ich hatte das vergessen, die Tatsache an sich vergessen und vergessen, daß ich es geschrieben hatte.

»Ich weiß nicht, warum das solches Interesse erregt haben sollte«, sagte sie. »Damals lackierten alle sich die Zehennägel.«

»Alle«, sagte Cheddi.

Die Zehennägel hatten mir sicher Eindruck gemacht: die schöne Frau, das erotische Detail.

Sie sagte: »Ich habe mir das Buch erst neulich angeschaut. Das andere, was Sie darin erwähnen und worüber die Leute redeten — ich habe auch das nachgesehen —, war das Buch, das ich las.«

Das hatte ich genauso vergessen.

»Colette. *Renée Nérée. Das Schicksal einer Frau.*«

Das hatte sicher ebenfalls Eindruck gemacht: die prahlerischen und seichten erotischen Eitelkeiten von Colette in einer so entlegenen Gegend: an den schlammigen Flüssen Guayanas, mit den alten Dampfschiffen. Und dann riefen beide Details, tief in einem Winkel meiner Erinnerung, nicht so sehr eine Vorstellung wie einen flüchtigen Eindruck hervor, von einem Ausflug ins Landesinnere mit ihr, als sie Gesundheitsministerin war.

Sie sagte: »Ich habe es neulich unter meinen Büchern gesucht. Ich glaube, ich habe es nicht mehr.«

Das Haus mit seinen Büchern und Familienbildern strahlte Ruhe aus. Als ich darüber nachsann, über die Kinder der Jagans, die im Ausland lebten, und über die Reise, die 1936 begonnen hatte, fragte ich mich, laut ob man nicht sagen könne, daß Cheddi Jagan auf eine genuin persönliche Weise erfolgreich gewesen sei.

Janet ließ einen ungläubigen Ton hören.

Doch Cheddi sagte: »Ja, im Sinne dessen, was wir erreichen konnten, und im Sinne der Anerkennung. Selbst meine Feinde erkennen unsere politische Integrität an.«

Janet sagte: »Viel von seiner Zufriedenheit kommt vom Schreiben. Er schreibt gern. Er hält gern Vorträge. Cheddi ist ein Optimist.« Sie erzählte eine Geschichte von einer Bootsfahrt in Trinidad. Der Außenbordmotor war ausgefallen; die Strömung trieb ihr Boot auf Felsen und Klippen zu. Sie hatte die Hoffnung aufgegeben, doch Cheddi hatte einen klaren Kopf behalten, am Motor gearbeitet, und er hatte ihn wieder in Gang gebracht.

Er sagte: »Vielleicht ist es ein Virus im Blut, ein politischer Virus. Und Janet hat mich auf dem moralisch richtigen Weg gehalten — politisch.«

Sie sagte: »Es ist nett, wenn einem mal auf die Schulter geklopft wird.«

Er sagte: »Sie gehörte zur ersten Generation amerikanischer Rebellen.« Sie gab einen fragenden Ton von sich, und er erklärte: »Die zweite Generation kam mit Vietnam.«

Sie sagte, sie erinnere sich, daß sie sich auf der Universität immer Mühe gegeben habe, zu Schwarzen und Chinesen freundlich zu sein. »Da war so ein Drang in mir, auf diese Gruppen zuzugehen.«

Ihre Beziehung mit Cheddi hatte in ihrer Familie für Ärger gesorgt.

Sie sagte, und es klang traurig: »Cheddi hat meinen Vater nie kennengelernt.«

Ich fragte sie: »Hatten Sie das Gefühl, daß Sie mutig waren oder prinzipienfest?«

»Ich war bloß jung.«

Ihre Mutter kam einmal nach Guayana zu Besuch. Sie lernte Cheddi kennen, und eines Tages erklärte sie Janet, daß sie ihn möge. »Natürlich«, sagte Janet, als sie von der späteren Haltung ihrer Mutter Cheddi gegenüber sprach, »half es, daß er *Premierminister* war.« Sie sprach das Wort amerikanisch aus. Mit ihrem Bruder war es immer etwas leichter. »Aber eins will ich Ihnen sagen. Das Foto, das mein Bruder von mir aufgestellt hat, zeigt mich mit Prinzessin Margaret.« Und sie stieß ihr nervöses, halbunterdrücktes Lachen aus.

Bis dahin hatte ich das Gefühl gehabt, daß ihre Stellung in der Welt für sie nicht wirklich von Bedeutung war. Jetzt dachte ich, daß sie möglicherweise weniger gelassen war als Cheddi, daß sie leicht melancholisch war, weil die lange Hingabe und der Kampf, das Aushalten des Elends im Land, nicht mit dem Erfolg gekrönt worden waren, wie ihn altmodische Moral und Märchen eigentlich vorsahen, sondern die

Geschichte schlecht ausgegangen war, sich ihr Anliegen endgültig aufgelöst hatte. Aber ich hatte nicht das Gefühl, daß ich in der Sache nachhaken könnte.

In seiner Autobiographie widmet Cheddi Jagan den ersten 25 Jahren seines Lebens bis zu seiner Rückkehr nach Guayana aus den Vereinigten Staaten zwei Kapitel, 25 Seiten. Die Einzelheiten sind deutlich; alles wird redlich dargelegt, ohne falsche Hervorhebungen; die Darstellung ist schnell. Doch die Darstellung ist auch dicht; der Leser kann nicht alles im Kopf behalten; er kann (ebensowenig wie der Verfasser) alle Beziehungen herstellen. Die ersten Kapitel gleichen den ersten Kapiteln von Gandhis Autobiographie, besonders denen, die sich mit Gandhis Studentenzeit in London befassen; und die Ähnlichkeit hängt damit zusammen, daß beide Männer, mit ihrem von Indien und dem Hinduismus geprägten Hintergrund (und nur 50 Jahre auseinander), auf jeweils eigene Art und Weise mit einer Erfahrung zurechtkommen, die sie unter den gegebenen Umständen bei weitem nicht verstanden. Beide Männer schreiben so anschaulich von ihrer Anfangszeit, daß man ihre Worte immer wieder studieren kann.

In Jagans Buch gibt es beispielsweise einen merkwürdigen Abschnitt über die Schwierigkeit, seine »Identität« zu finden, als er nach Guayana zurückging. »Es gab keine politische Partei [. . .] Eine Weile spielte ich Kricket, und kurz danach verfiel ich dem Bridge-Spiel. Ich verbrachte Stunden beim Bridge und las alles, was zu dem Thema veröffentlicht war. Aber es war keineswegs befriedigend [. . .] Ich wollte mich mit der realen harten Welt um mich herum identifizieren.«

Ich redete darüber mit Martin Carter. Er kannte das Buch, aber das Bridge-Motiv — der Suche nach Identifikation so merkwürdig gegenübergestellt — war ihm entgangen. Er meinte, Bridge sei Cheddi Jagan damals sicher zupaß gekommen, habe ihm den Abend ausgefüllt und die Illusion eines gesellschaftlichen Lebens gegeben.

Doch als ich Cheddi Jagan das nächste Mal sah, im Freedom House, und ihn direkt danach fragte, sagte er, er habe eine politische Identifikation gesucht, und dies sei 1943 schwierig für ihn gewesen, weil er selbst komplizierter geworden sei als die Kolonie. Zur Erfahrung der Plantage hatte er seine Kenntnis von Gandhi und Nehru und dem indischen Freiheitskampf hinzugewonnen; und dazu kamen noch seine amerikanische Radikalisierung, seine Anschauungen über den Unabhängigkeitskrieg, über Roosevelt (der die indische Unabhängigkeit unterstützte) und den New Deal. Das Bridge-Spiel, mit dem er in Guayana begonnen hatte, war »Entspannung«; er spielte mit Hingabe, weil das nun einmal seine Art war. »Was immer ich tue, tue ich mit ganzer Kraft.« (Und tatsächlich fand ich, als ich mir die Autobiographie später noch einmal anschaute, daß er — wie sein Vater in Guayana — in Chicago einmal ernsthaft versucht hatte, Geld beim Wetten zu gewinnen, und sogar Bücher mit Titeln wie *Wie man beim Pferderennen gewinnt* gelesen hatte.)

Er sagte: »In einem waren Janet und ich immer verschieden. Am Ende des Tages kann sie alles fallen lassen und einen Roman lesen. Ich nehme meine Arbeit mit nach Hause.«

Obwohl er sich in den Vereinigten Staaten radikalisiert hatte, begann er erst nach seiner Rückkehr nach Guayana marxistische Literatur zu lesen. »Janet brachte mir, als sie 1943 hierherkam, die Bücher der *Little Lenin Library* mit — kleine Traktate, Broschüren. Das war das erste Mal, daß ich marxistische Literatur las. Und dann begann ich — wie mit den Bridge-

Büchern —, wie verrückt marxistische Bücher zu lesen. Nach der *Little-Lenin*-Reihe las ich *Das Kapital.* Und das half mir, die Entwicklung der Gesellschaft völlig zu verstehen. Bis dahin waren all die verschiedenen Kämpfe — die Inder, die Schwarzen, das amerikanische Volk — Erfahrungen gewesen, die nichts miteinander zu tun hatten. Erst durch die Lektüre der marxistischen Literatur konnte ich sie vollständig in Beziehung zu sozio-ökonomischen Systemen setzen. Die Frauenfrage zum Beispiel wird in Engels' Buch *Der Ursprung der Familie* behandelt. Die marxistische Theorie des Mehrwerts brachte mich zu einem völlig neuen Verständnis des Kampfes der Arbeiterklasse — ich verstand nicht nur, daß sie ausgebeutet wurden, sondern wie sie ausgebeutet wurden.

Es war aufregend für mich, eine intellektuelle Aufregung, denn da öffnete sich mir eine ganze neue Welt, ein völliges Verständnis der Welt, das alle meine vorherigen Erfahrungen in Amerika zu einem Bild zusammenfügte. Diskriminierung — wenn man das System nicht als Ganzes sieht, sieht man nur die Diskriminierung.«

Diese neue Sicht der Dinge betraf auch seine indische Vergangenheit. »Die kulturellen Gebräuche Indiens, an die ich als Kind gewöhnt war — davon war ich in Amerika vollkommen abgeschnitten. Deshalb war ich zu jener Zeit in kulturellen Fragen eher wie Nehru. Als ich in Amerika studierte, waren Gandhi und Nehru Vorbilder für mein Leben. Gandhi war ein *Kämpfer.* Nehru auch. Diese Dinge haben mich geprägt.«

Vielleicht war Jagan auch, mehr, als er wußte oder zugeben konnte, von der Kastengesellschaft der Hindus geprägt. In seiner Autobiographie ist es festgehalten. Als er als fünfzehnjähriger Schüler nach Georgetown kam, wohnte er bei verschiedenen Hindu-Familien.

Er konnte nicht viel zahlen. Die erste Familie behandelte ihn wie einen Dienstboten; sie verlangten, daß er auf den Markt ging, das Auto wusch und — obwohl Schüler am Queen's College — das Futter für die Ziegen schnitt. Die Familie, zu der er danach kam, war noch schlimmer. Sie gehörten zur Kshatriya- oder Krieger-Kaste, direkt unter den Brahmanen. Eine der Töchter hatte einen Brahmanen geheiratet, und die Familie legte großen Wert darauf, dieser Verbindung gerecht zu werden. Sie wollten nicht, daß Cheddi auf einem Bett in ihrem Haus schlief; sie zwangen ihn, auf dem Fußboden zu schlafen, weil die Jagans zur Kurmi-Kaste gehörten, einer Bauern-Kaste.

Cheddi Jagan meint in seinem Buch, daß er über Kastenprobleme nur von seiner Mutter gehört habe. Doch eigentlich sind die Kurmis als Kaste hoch interessant. Die Handbücher, die die Briten im vorigen und auch noch in diesem Jahrhundert für verschiedene indische Regionen zusammenstellten, sprechen nicht nur vom landwirtschaftlichen Geschick und Fleiß der Kurmis, sondern auch von ihrer Selbstbehauptungskraft als Kaste. In manchen Regionen bestehen die Kurmis darauf, daß sie keine niedrige Kaste sind. Sie sagen, daß sie von den Rajputen abstammen und Kshatriyas sind. Nun unterstreicht alles, was über Cheddi Jagans Vater gesagt wurde, seine körperliche Erscheinung; und das Foto, das ich an jenem Morgen im Freedom House von ihm sah, zeigte einen Mann mit einem stolzen Rajputen-Schnurrbart — dem Schnurrbart, der solchen Eindruck auf Martin Carter gemacht hatte.

Ein Inder und Kurmi in Guayana zu sein hieß, bereits vor der Herausforderung der Vereinigten Staaten, doppelt »unterdrückt« zu sein. Dieser Unterdrückung setzte die marxistische Erleuchtung ein Ende, machte sie allgemeingültig und abstrakt. Und man könnte sagen, daß Cheddi Jagan als Sohn seines Vaters für solch eine Erleuchtung reif war.

»Diese Entdeckung des Klassenkampfs und einer in Klassen unterteilten Gesellschaft — all das kam durch meine marxistische Lektüre. Meine Herkunft gab mir einen Klassenstandpunkt. Für mich war die Klassenfrage grundlegend.«

Janet lernte er Ende 1942 oder Anfang 1943 kennen. »Kurz nachdem ich aus dem Sanatorium entlassen war. Ich lernte sie auf der Party einer gemeinsamen Freundin kennen. Ihre Familie war in der Depression verarmt, hatte sich dann aber schnell wieder erholt und gehörte zum Mittelstand. An der Wayne University identifizierte sie sich mit Minderheiten. Nicht nur, daß sie umwerfend schön war, wir hatten auch das gleiche Interesse, ein Interesse an den Benachteiligten. Wir verstanden uns auf Anhieb. Sie gab ihr Studium auf und begann eine Ausbildung als Krankenschwester, weil sie im Krieg dienen wollte. Und da lernten wir uns kennen — sie war Krankenschwesternschülerin.«

Janet nahm die Geschichte ein wenig später wieder auf, nachdem Cheddi das Büro wegen einer Versammlung verlassen hatte. Wir saßen in dem kleinen Vorzimmer von Cheddis Büro, dem mit den tiefen bequemen Sesseln. Sie sprach langsam, nachdenklich.

»Meine beste Freundin — Helen, mit der ich in Chicago aufgewachsen war — gab eine Abschiedsparty, und Cheddi war da. Er ging damals mit einer von Helens Schwestern. Er sah natürlich sehr gut aus. Da war nichts Politisches im Spiel. Es war einfach eine Liebesgeschichte.«

Ich fragte sie nach ihren ersten Eindrücken von Guayana.

»Es war schon ein ziemlicher Kulturschock. Es war Krieg. Ich kam mit einem Wasserflugzeug. Wir landeten auf dem Demerara und fuhren sofort nach

Port Mourant. Es war ein Schock. Sie wußten nicht, was zum Teufel sie mit mir anfangen sollten. Eigentlich gehörte ich zu den Frauen, doch sie setzten mich in einen Sessel im Wohnzimmer zu den Männern. Die Frauen saßen in der Küche auf dem Fußboden. Ich dachte, sie würden etwas gegen mich haben. Ich dachte, sie hätten es lieber gehabt, wenn Cheddi ein indisches Mädchen mit gesellschaftlichem Ansehen geheiratet hätte. Ich dachte, sie würden den Hochzeitstrubel und alles vermissen.

Ich erzähle Ihnen eine komische Geschichte. Wir wollten Indrani — Cheddis ältester Schwester — eine gute Schulausbildung zukommen lassen. Also ging ich zu Bishop's (der führenden Mädchenschule in Georgetown) und sprach mit der Direktorin — sie war Engländerin, weiß — und sagte ihr, ich wolle meine Schwägerin aus Berbice anmelden. Sie sagte ja, in Ordnung — wenn sie die entsprechenden Voraussetzungen erfülle. Und als ich dann mit Indrani kam, war die Direktorin schockiert. Sie hatte erwartet, daß meine Schwägerin weiß war, und sie sagte nein. Indrani wurde also nicht aufgenommen. Sie kam auf die Central High School und ging schließlich nach England und lernte Krankenpflege. Es gibt jetzt ungefähr sechs Zahnärzte und -ärztinnen in der Jagan-Familie und drei Optikerinnen. Das ist ein guter Beruf für Frauen; damit kommen sie gut zurecht.«

Ich dachte an das Leben, das sie 1943 begonnen hatte, und fragte sie: »Haben Sie alles genossen?«

»Nicht alles.« Sie ließ ihr nervöses, jung klingendes Lachen hören. »Manches war sehr schmerzlich. So viele entsetzliche Dinge sind geschehen, daß ich Vergeßlichkeit für eine Art zu überleben halte. In den sechziger Jahren war es schrecklich. Es gab eine Zeit, in der ich nicht ausgehen konnte, nicht ins Kino, nicht in ein Restaurant gehen konnte, nichts in der Öffentlichkeit tun konnte. Ich war der Sündenbock. Ich habe nicht Cheddis Naturell, ich sehe eher alles ein bißchen düster.

Aber ich glaube, es war ein aufregendes Leben. Es war interessant. In einer anderen Kultur zu leben. Sie haben eine Menge dumme Geschichten über mich erfunden — daß ich Inderinnen nachäffte, Saris trüge, lauter dummes Zeugs. Ich habe nicht versucht, etwas zu sein, was ich nicht bin. Viele Leute versuchten zu behaupten, mein politisches Leben erfordere, daß ich Inderin sei. Ich vermute, über Fremde in einem Land gibt es immer alle möglichen Mythen und Karikaturen.

Am meisten Spaß macht es mir, für Zeitungen zu arbeiten. Den repräsentativen Teil der Politik mag ich nicht. Ich habe mich zu einer Journalistin entwickelt. Eine Frau in der Politik zu sein ist nicht so einfach.«

Ich wollte mehr über ihren Hintergrund in den Vereinigten Staaten wissen.

»Vor kurzem sind mein Bruder und ich in Missouri herumgereist. Von väterlicher Seite lebt unsere Familie seit Anfang des letzten Jahrhunderts in den USA. Wir haben uns die Gräber in Moberly, Missouri, angeschaut. Es gab kaum eine jüdische Gemeinde dort, und auf dem Friedhof war nur ein winzig kleiner Abschnitt mit Steinen, die die jüdischen Gräber dort kennzeichneten — sie gehörten fast alle zu meiner Familie. Meine Großeltern mütterlicherseits sind erst in diesem Jahrhundert aus Ungarn und Rumänien eingewandert. Die Welt besteht also aus Leuten, die ein- oder ausgewandert sind.«

Es war, als spreche sie nicht nur von der Auswanderung ihrer Vorfahren in die Vereinigten Staaten, sondern auch von der der Inder nach Guayana, von Cheddis Großmüttern, die 1901 als Kinder mit dem Segelschiff *Elbe* aus Indien kamen; von Cheddis Reise in die Vereinigten Staaten 1936 und seiner Reise mit ihr zurück 1943; der Ansiedlung — halb eine Wiederansiedlung — ihrer Kinder in den Vereinigten Staaten und Kanada; und der Abwanderung all jener Menschen Guyanas seit 1970, denen sie die Revolution zu bringen gehofft hatten — Menschen, die nun ihr Schicksal in die eigene Hand genommen hatten.

»Heavy Manners« in Grenada

1984

Siebzehn Tage nach der amerikanischen Invasion und drei, vier Tage nachdem der Flughafen wieder für Zivilmaschinen geöffnet war, flog ich nach Grenada. Die richtigen Kämpfe hatten schon lange vorher aufgehört. Die rund 700 Kubaner auf der Insel waren zusammengetrieben und mit ihren 42 Toten heimgeflogen worden. Die PRA, die 1200 Mann starke People's Revolutionary Army, die Armee der grenadinischen Revolution, hatte sich aufgelöst. Die Haupttruppe hatte sich ergeben; die versprengten Reste wurden aufgespürt.

Die Angehörigen der amerikanischen Psy-Ops — der Psychological Operations, einer Abteilung des Special Warfare Centre, das wiederum zum Special Operations Command gehörte — die Psy-Ops waren (wie ihr Colonel zwei Tage später sagen sollte) schon zu »zivilen Angelegenheiten übergegangen«. Sie stellten jetzt Plakate her. Eins dieser Plakate, mehr schlecht als recht in fünf verschiedenen Schrifttypen und schwarzweiß gedruckt, war wie aus einem Western. Ehemalige PRA-Mitglieder, eure korrupten Führer haben sich ergeben, sie wissen, Widerstand ist ZWECKLOS ...

Auf dem Flughafen dröhnten finster schwarze Helikopter. Überall wimmelte es von bewaffneten Marines in schweren Kampfanzügen, Lastwagen und Jeeps in Tarnfarben, manche mit Maschinengewehren, Zelten und Tarnnetzen. Ein Witzbold hatte durch das Logo der kubanischen Fluggesellschaft über dem Flughafeneingang eine schiefe schwarze Linie gezogen und darunter geschrieben: 82. Luftlandedivision.

Nach den Einwanderungsformalitäten Grenadas gab es — in dieser rechtlich unklaren Situation — eine Kontrolle durch US-Marines, die bereits eine gedruckte Namensliste vorliegen hatten. Beim Zoll ein paar Schritte weiter stand dann wieder ein Zivilbeamter — der hochgewachsene schwarze grenadinische Zollbeamte trug ein Hemd vom hellsten Blau, zart bedruckt mit dem Namen Gucci.

Ein paar hundert Meter vom Flughafen entfernt sah es aus, als würde eine Szene fürs Fernsehen nachgedreht: Am Rand der regennassen Straße führten mit Gewehren bewaffnete Marines fünf oder sechs Schwarze, bis auf die Unterhosen entkleidet, in weit auseinandergezogener Reihe ab. Einer der Männer hatte Haare im Rastafari-Look. »Dreadlocks«, Nacktheit und überhaupt wildes Aussehen gehörten zum Rastafari-Stil; doch als Gefangener sah dieser Mann jetzt besonders heruntergekommen aus. Die Männer wurden verdächtigt, der PRA anzugehören. Sie waren mit größter Wahrscheinlichkeit von Grenadiern verpfiffen worden: beinahe allen Grenadiern waren die Revolution und die Revolutionäre Armee mittlerweile verhaßt. Die Gefangenen — im juristischen Sinn waren sie nur »in Schutzhaft genommen« — wurden zum Flughafen geführt. Von dort würde einer der schwarzen Helikopter sie über die waldigen Hügel der Insel zum Hauptlager der Amerikaner an der Südwestküste bringen. Dort hatte man ein Internierungszentrum errichtet, wo verdächtige Personen verhört und überprüft wurden. Amerikanische Korrespondenten hatten auf der Jagd nach ihren täglichen oder zweimal täglichen Geschichten dieses Lager gerade entdeckt. Oder vielmehr »diese Einrichtung«, wie es in den Pressekonferenzen hieß.

Die Straße über die Hügel war schmal und gewunden, mit vielen unübersichtlichen Kurven. Mindestens zwei der großen kubanischen Laster, die die Amerikaner übernommen hatten, waren verunglückt. Farne und die großen Wedel der wilden Banane wuchsen in überbordenden Büscheln aus den Vulkanfelsen. Der rote Weihnachtsstern, die Weihnachtsblume dieser Gegend, blühte ebenso wie der gewöhnliche Hibiskus, und das Flammende Herz, ein Unkraut, hatte ganze Schleppen von rosa Blüten über Hecken und Strommasten gelegt.

Die Häuser waren klein, auf Stelzen oder niedrigen Betonpfeilern errichtet, mit steilen Wellblechdächern. Die älteren Häuser waren aus Holz, und manche waren im französisch-karibischen Stil gehalten, mit holzgeschnitzten Giebeln und Lünetten und Jalousien. Was um die Häuser herum wie Busch aussah, war in Wirklichkeit bestelltes Land: Kakao, dessen violette Samenkapseln direkt aus den schwarzen Stämmen und Ästen der kleinen Bäume wuchsen; Grapefruit, Avocado und Mango; die Brotfrucht mit den großen Blättern und die tropische Kastanie; Süßkartoffel und

Bananen, Muskatnuß. Es gab keine großen Plantagen. Dies war eine karibische Agrarlandschaft mit Kleinbetrieben.

In vereinzelten Häusern entlang der Straße und in Jeeps und Lastwagen auf Lehmwegen, die von der Straße abzweigten, waren Marines, die sich ausruhten, aber dabei wachsam blieben. An einer Kreuzung gab es eine Straßensperre.

Lennox, der Taxifahrer, sagte: »Ich hab mich schon gewundert. Ich hab gehört, dasse heut alle anhaltn und durchsuchn.« Er sprach gelassen; er hatte gelernt, mit großen Ereignissen zu leben.

Der Marine winkte uns nicht durch. Er ging halb in die Hocke und hieb mit der linken Faust gegen unser Auto. Theater. Und es sah aus, als würden sämtliche Kinder des kleinen Dorfes herumstehen und zusehen. Einer der Marines war schwarz, einer war Chinese, einer sah hispanisch aus. Während Gepäck und Wagen durchsucht wurden, stellte man uns Fragen. Ein Transistorradio am Straßenrand wurde sehr laut aufgedreht, bis ein Marine einen Jungen aufforderte, es leiser zu stellen.

Und erst als wir wieder losgefahren waren, konnte ich mir die irritierende Erfahrung zusammenreimen und begriff, daß der kleine Junge das Radio angemacht hatte, daß auf die Musik sehr schnell gesprochene spanische Sätze folgten und daß es meine Reaktion auf die spanische Sprache war, die den hispanisch aussehenden Marine interessierte, der so banale, zusammenhanglose Fragen gestellt hatte. Psy-Ops, spezielle psychologische Kriegsführung. All diese Durchsuchungsaktionen waren gut eingeübt. Die Amerikaner suchten in Grenada noch nach Kubanern.

Die Straße führte nun durch das nasse, farn- und waldbestandene Naturschutzgebiet zur Westküste abwärts. Auf Mauern und Zäunen tauchten Embleme der Revolution auf — eine rote Scheibe auf weißem Feld. In der Hauptstadt, St. George's, wurden die Plakattafeln der Revolution zahlreicher. Sie waren unbeschädigt. Manche Parolen bezogen sich auf die »Produktion«. In der bäuerlichen Umgebung schien das ein sehr großes Wort, ein fremdes Wort zu sein. Seine proklamierte Bedeutung konnte es nie gehabt haben; es mußte immer für die Macht der Herrschenden gestanden haben.

In Grenada — 344 Quadratkilometer, 110000 Einwohner — war die Revolution genauso künstlich aufgepfropft, genauso theatralisch und überdimensioniert, wie die amerikanische Militärpräsenz, die sie auf den Plan gerufen hatte.

Die meisten Grenadier waren froh, als im März 1979 die New Jewel Movement durch einen Putsch an die Macht kam. Die Insel war schon zu lange von Eric Gairy regiert worden. Gairy, ein Mann einfacher Herkunft, hatte 1951 einen großen Streik organisiert. Weil er als Erlöser der schwarzen Armen begonnen hatte, erlangte er schnell politische Macht und hielt an ihr fest. Mit der Macht kam der flotte Stil. Er hatte Geld; er war elegant; er trug weiße Anzüge; es hieß, sogar weiße Frauen seien ihm verfallen. Die armen Landbewohner in den kleinen Häusern von Grenada hatten Verständnis. Sie hatten das Gefühl, daß Gairys Triumphe die Triumphe eines Schwarzen und deshalb auch ihre eigenen waren, und sie liebten ihn; immer wieder wählten sie ihn ins Amt. Es war Gairy, der Grenada in die Unabhängigkeit führte.

Doch mit den Jahren entwickelte sich Gairy — wie etliche Volksführer seines Schlags auf anderen kleinen Karibikinseln — zu einem gefürchteten und ziemlich exzentrischen schwarzen Hirtenkönig. Auf internationalen Versammlungen sprach er über Ufos; zu Hause unterhielt er eine große Spezialtruppe, die mit der Opposition fertig wurde. In der postkolonialen Karibik wurde Gairy eine immer peinlichere Erscheinung, die Kinder der Leute, denen er einst Hoffnung gegeben hatte, begannen, ihn zu hassen.

Die New Jewel Movement, 1972 gegründet, repräsentierte die erste gebildete Generation in Grenada. Ihr Führer war ein gutaussehender junger Mann, der seine Ausbildung in England abgeschlossen hatte. Daß diese Bewegung der Jungen und Gebildeten Gairy stürzte, machte sie doppelt beliebt. Und die New Jewel Movement benutzte diese Beliebtheit, um Grenada — ohne jemals eine Wahl abzuhalten — die Revolution zu schenken. Es war eine ganz und gar sozialistische Revolution. Kuba wurde Grenadas Verbündeter; der Imperialismus wurde Grenadas Feind.

Die Parolenschreiber der Partei nannten die Revolution die »Revo« oder »de revo«.

> Is only now I seeing how dis revo good for de poor
> an ah dam sorry it didn't come before.
> (Erst jetzt sehe ich, daß diese Revolution gut für die Armen ist, verdammt schade, daß sie nicht früher gekommen ist.)

Die Sprache des Volkes, die phonetische Schreibweise — die Partei benutzte das, um die schwerer verständlichen Teile ihrer Doktrin und Praxis durchzusetzen: um die vielen Kundgebungen und Solidaritätsmärsche volksnäher erscheinen zu lassen und den ganzen importierten Apparat der sozialistischen Herrschaft und Bevormundung — das Organisationskomitee der Partei, das Politbüro, das Zentralkomitee, die vielen »Massen«organisationen, die Armee und die Miliz — mehr nach Karneval und Grenada und schwarz aussehen zu lassen, »de revo«.

Der Apparat war absurd. Doch die Macht war real. Und während der viereinhalb Jahre ihrer Herrschaft sorgte die Partei in Grenada für »heavy manners«, eiserne Zucht. Die Worte, Straßenslang aus Jamaika, wurden von der Revolution in ihren ernsthaft-scherzhaften Wortschatz übernommen. »Zucht«, »Respekt« vor der Revolution und ihren Führern wurden von allen verlangt. Deshalb konnte es keine Wahlen geben, keine Oppositionszeitung: so einfach war der Volkswille. »To manners«, züchtigen, wurde zum revolutionären Verb. Einen »Konter« zu züchtigen hieß, einem Konterrevolutionär eine Lektion zu erteilen: ihn zu piesacken, ihm seinen Job zu kündigen, ihn ohne Anklage oder Prozeß ins Gefängnis zu bringen. So wurden mit der Zeit Hunderte ins Gefängnis gebracht. Prozesse waren eine Form »bürgerlicher Rechtsprechung«. Die »Revo« brauchte nur die Volksjustiz, »heavy manners«; und die Worte allein schon vermochten den Verlust von Gesetzlichkeit in ein bloßes Calypso-Motiv zu verwandeln. Um der Zucht willen wurde eine Armee geschaffen — und das hieß eine Art Anstellung bei der Partei.

Kuba lieferte die Waffen für die Armee. Und Kuba begann — zum Schrecken der Vereinigten Staaten wie mancher anderen karibischen Nachbarn — den großen Zweimeilenflughafen in Point Salines zu bauen.

Mindestens 200 »internationalistische« Arbeiter, Sozialisten, wurden ins Land geholt, um bei der Durchführung der Revolution zu helfen. Die Hälfte von ihnen kam aus Europa und Amerika, die andere Hälfte von anderen westindischen Inselstaaten. Ohne Kenntnisse von Grenada, anspruchsvolle Gäste beim revolutionären Fest der anderen, legten diese Besucher größten Wert darauf, daß die sozialistische Mimikry so vollkommen, so rein wie möglich war. Daher rührte im Grenada der Revolution die fixe Idee mit Formalitäten, Organisationen, Strukturen, Komitees. Grenada hatte sogar einen Schriftstellerverband. Beinahe schon gegen Ende der Revolution entdeckte ein westindischer Besucher aus den Vereinigten Staaten, daß etwas fehlte. In Grenada, sagte er, habe er kein Haus der Kultur vorgefunden; sozialistische Länder hätten Häuser der Kultur. Also nahm man in Grenada ein Haus der Kultur in Angriff.

In dem Maße, wie die Mimikry vervollkommnet wurde, wuchs die Erregung unter den aufrechten Revolutionären in vielen Ländern; und die grenadinische Revolution hatte im Ausland eine gute Presse. Das kleine Grenada, ein Agrarland, rückständig und schwarz, hatte nicht nur die Revolution erlebt; es hatte auch schlagartig alle korrekten sozialistischen Formen hervorgebracht. Die Mimikry war wie ein Beweis dafür, daß ihre Sache natürlich und richtig war.

Dann geriet die Revolution ins Schleudern. Ihr Erfolg in der sozialistischen Welt war zu groß, zu plötzlich gewesen. Es gab Unstimmigkeiten an der Spitze, im Zentralkomitee, und Forderungen, die Macht zu teilen. Es herrschte das Gefühl, der Führer sei zu sehr mit seinem ausländischen Ruhm, seinen Besuchen im Ausland beschäftigt, während die Revolution zu Hause aus dem Ruder lief.

Der Führer machte Ausflüchte. Er gab zu, in mancher Hinsicht kleinbürgerlich zu sein, aber er wollte auf keinen Fall zurücktreten. Schließlich hatte er die Revolution gemacht; das Volk war ihm treu ergeben. Deshalb wurde am Ende die Zucht, die man Hunderten anderen beigebracht hatte, auch dem Führer selbst beigebracht. Er wurde von einigen seiner Genossen im Zentralkomitee unter Hausarrest gestellt.

Dem Volk gefiel das nicht. Nach einer Woche stürmte eine Menschenmenge das Haus, und der Führer wurde befreit. Es herrschte allgemeine Konfusion;

ein Bürgerkrieg drohte. Der Führer und seine Anhänger begaben sich zur Garnison im Fort George (damals noch Fort Rupert, nach dem Vater des Führers) und zogen die Soldaten dort auf ihre Seite. Der Revolutionäre Militärrat, der seit der Krise in Grenada herrschte, schickte Panzerwagen zum Fort. Es wurde geschossen; die unbewaffnete Menge brach in Panik aus, eine unbekannte Zahl Menschen — zwischen siebzehn und hundert — wurde getötet; und der Führer und fünf frühere Minister wurden hingerichtet. Eine vierundzwanzigstündige Ausgangssperre wurde über das Land verhängt, und fast eine Woche lang lebte das Volk von Grenada in Angst und Schrecken vor der Revolutionären Volksarmee. Dann kam die Invasion der Amerikaner, und mit ihr eine neue Zucht, strenger als jede, die Grenada je gekannt hatte.

Die Amerikaner fanden keine Revolution. Die hatte sich in der vorangegangenen Schreckenswoche aufgelöst. Die Amerikaner, die lediglich ihrer eigenen Sache dienten und in Grenada nach einem Plan einmarschierten, den sie mindestens zwei Jahre vorher erstellt hatten, sahen sich als Befreier begrüßt. Das eingenommene Land, mehr noch voller Töne und Geräusche als Calibans Insel, war voller Informanten; das Internierungslager in Point Salines bevölkerte sich schnell.

Die westindischen Zuckerkolonien waren reicher als die amerikanischen Kolonien im 18. Jahrhundert. Die Schiffe, die den von Sklaven angebauten Zucker nach Europa abholten, brachten manchmal Ziegel und Tonfliesen als Ballast mit. Diese Ziegel und Fliesen verliehen manchen Ecken im alten St. George's, einer kleinen Stadt, erbaut am Steilhang des hufeisenförmigen Hügels, der den inneren Hafen umschließt, eine Atmosphäre wie im 18. Jahrhundert.

Auf der Höhe des Hafens war die Hauptstraße dieser Spielzeugstadt: Feuerwehr, Zigarettenfabrik, Fluggesellschaft, Restaurant, Hauptpostamt. Oben auf dem Hügel — leicht überschaubar, mit einem einzigen schweifenden Blick erfaßt — waren die Amtsgebäude, die von dem jüngsten Drama in Mitleidenschaft gezogen waren. Auf dem südwestlichen Vorsprung war das Fort mit dem grünen Dach, wo der Führer und andere erschossen worden waren. Auf der anderen Seite der Bucht war das Haus mit dem roten Dach, wo man den Führer unter Hausarrest gehalten hatte. Nicht weit entfernt davon war das Gefängnis, wo nun Mitglieder des Revolutionären Militärrats und weitere frühere Mitglieder des Zentralkomitees eingesperrt waren.

Am nördlichen Ende des Hügels, der Spitze des Hufeisens, befand sich das großartige Haus, das die Residenz des Generalgouverneurs war. Es hatte eine breite Veranda, mit Steinplatten ausgelegt, wo die Bodenfliesen aufhörten; einen Empfangsraum mit hohen Türen, eine hohe und reichverzierte Holzdecke, vergoldete Spiegel und handgeschreinerte Möbel. Dort wohnte ein paar Tage später der Generalgouverneur, ein Schwarzer, ehemals Lehrer, der nun verkörperte, was von der Autorität des Staates Grenada übriggeblieben war, der Vereidigung der Mitglieder seines neuen Beraterkomitees bei. Die Männer leisteten ihren Treueeid auf Königin Elisabeth II. und küßten die Bibel.

Die rechtmäßige Obrigkeit in Grenada leitete ihre Formen noch vom britischen Empire ab. Doch die wichtigsten Zeugen an jenem Tag — abgesehen von den Korrespondenten und Fernsehteams — waren General Farris, schlank, weißhaarig, in Uniform, Kommandeur der 82. Luftlandedivision, und ein Mann im blauen Anzug, der de facto amerikanischer Botschafter war, der zivile Arm von General Farris.

In einer Glasvitrine in dem primitiven kleinen Museum im Stadtzentrum war das Geschenk Großbritanniens an Grenada zu seiner Unabhängigkeit vor neun Jahren: ein silbernes Kaffeeservice und 24 Kaffeetassen aus feinstem Porzellan von Wedgwood, alle auf ungefärbtem Nessel ausgestellt.

Die New Jewel Movement hatte sich dieser Unabhängigkeit widersetzt. Sie hatten Gairys Exzesse in einem unabhängigen Grenada gefürchtet. Der Führer der Bewegung und andere waren bei einer Demonstration von Gairys Leuten böse zusammengeschlagen worden. Und in einer anderen Vitrine im Museum lagen Souvenirs von diesem Ereignis: das blutbefleckte Sporthemd des Führers, der Stein, der seinen Kopf getroffen und ihn für immer mit Doppelsehen geschlagen hatte.

In der Tat war Gewalt über das unabhängige Grenada gekommen. Zehn Jahre später war der Führer von der Armee, die er gegründet hatte, hingerichtet worden. Und dieses Mal gab es keine Souvenirs. Man hatte die Leiche des Führers noch nicht gefunden.

Es war Regenzeit in der östlichen Karibik. Im Morgengrauen stiegen die Regenwolken schnell wie Rauch am östlichen Hügel von St. George's in die Höhe. Der Himmel verdunkelte sich; Regen stürzte herab und nährte die Pflanzen in den schuttgefüllten Lücken zwischen den Gebäuden aus dem 18. Jahrhundert; dann klarte der Himmel wieder auf. Am späten Nachmittag verlieh das goldene Licht, eingefangen von dem geschwungenen Hügel und von der Bucht widergespiegelt, allen Gebäuden eine rosige Farbe gegen die dunkle Vegetation und den milchblauen östlichen Himmel.

Schwarze Helikopter durchschnitten das Blickfeld, wie sie es schon den ganzen Tag getan hatten. Minutenlang schwebten sie über dem Gefängnis.

»So ist das Militär«, sagte ein amerikanischer Korrespondent. »Waren Sie schon einmal mit ihnen unterwegs? Sie müssen was zu tun haben.«

Erstaunlicherweise gab es noch eine amerikanische »internationalistische« Aktivistin auf der Insel. Sie hieß Michele Gibbs; sie war aus Chicago. Das amerikanische Militär hatte sie »ersucht«, Grenada zu verlassen; und sie wollte auch gehen. Sie hatte keinen Grund mehr, in Grenada zu bleiben.

Sie war eine attraktive braunhäutige Frau Ende 30, schlank, mit kleinen Brüsten, und mit unrasierten Achselhöhlen — merkwürdig aggressiv, diese Haarbüschel, schwer, nicht hinzusehen. Ihr politisches Anliegen sei ihr von Geburt an mitgegeben worden, sagte sie: beide Eltern — die Mutter eine russische Jüdin, der Vater ein Schwarzer aus Texas — waren Kommunisten gewesen.

Der revolutionäre schwarze Staat Grenada war für Michele drei Jahre lang eine Art Paradies gewesen. Sie hatte das Gefühl, sie habe eine Heimat gefunden, und sie hatte gehofft, immer dort leben zu können. Sie hatte eine Wohnung im Erdgeschoß eines restaurierten alten Hauses in einer Traumlage auf der Klippe gefunden, direkt unter dem Amtssitz des Premierministers. Bougainvilleabüsche schützten ihr Vorderzimmer mit Blick aufs Meer und ihre kleine runde Terrasse vor der Nachmittagssonne. Unter diesen Bedingungen, die jemandem aus Chicago idyllisch vorkommen mußten, hatte Michele der Revolution in Grenada gedient, bei der Schulung geholfen, ihre revolutionären Gemälde und Schriften verfaßt und ihre revolutionären Gedichte veröffentlicht (handschriftlich und fotokopiert).

de forest move	(der Wald bewegt sich
de land watch	das Land sieht zu

de folk talk das Volk erzählt sich
de cat mew die Katze miaut
de dog bark der Hund bellt
de revo start die Revo geht los)

de folk talk	das Volk erzählt sich
de cat mew	die Katze miaut
de dog bark	der Hund bellt
de revo start	die Revo geht los)

Jetzt, über drei Wochen nach dem Desaster, war sie noch wie betäubt. Die Leute stünden »moralisch unter Schock«, sagte sie; sie hätten das Gefühl, sie seien »von ihren eigenen Leuten betrogen«. Und über die amerikanische Invasion sagte sie, die Leute seien »erleichtert, daß man ihnen die Situation aus der Hand genommen hat«. Für sich selbst wünschte sie jetzt nur noch, »weit, weit weg« zu gehen.

Der Kommunismus, der ihr als Anliegen mitgegeben war, hatte ihr eine beinahe mystische Persönlichkeitssuche auferlegt. In Grenada hatte sie gefunden, was sie finden wollte und mußte; und wenn auch unter ihren Gedichten einige waren, die jemanden zur Ordnung riefen, der offenbar die Revolution im Stich gelassen hatte, konnte es nicht wirklich überraschen, daß Micheles Gedichte über Grenada abstrakt waren, kaum mehr als Parteipropaganda. Ihre Gedichte über das Leben der Schwarzen in Detroit waren persönlicher, konkreter, unerwartet hart, mit vielen nach innen gekehrten Stacheln. In Amerika war ihr Anliegen wie ein Schmerz gewesen: Hier und da konnte man etwas wie Erschöpfung vom ständigen Lebenskampf in Amerika entdekken. Eines von Micheles längeren Gedichten war autobiographisch.

So livid were police to see
we three:
Ted, black
Paula, white
and me
together and at liberty

(Ganz schön wütend die Polizei, als sie uns drei sah: Ted, schwarz, Paula, weiß, und mich, zusammen in Freiheit)

Dieses Gedicht hatte Michele in Grenada geschrieben, nachdem sie erfahren hatte, daß ihre Mutter im Alter von 72 Jahren in den Vereinigten Staaten von einem Straßendieb erschossen worden war, womöglich einem schwarzen — obwohl das Gedicht darüber nichts sagte.

Die Ironie dieses Todes glich der Ironie der Vernichtung von Micheles Anliegen in Grenada. Und vielleicht steckte ihr Leben voller Ironien wegen ihrer Art, die Dinge zu sehen oder nicht zu sehen. Ihr Grenada war privat; und ihre Stellung in Grenada war nicht, was sie meinte. Nicht von allen Revolutionären war sie ernst genommen worden. Ihre Wahrnehmung der eigenen Person war zu amerikanisch; ihre Gedichte und Gemälde und ihr allgemeines Verhalten erweckten den Anschein, als rücke sie sich selbst zu sehr in den Vordergrund. Man hatte sie — und andere amerikanische Internationalisten — für Menschen gehalten, die in der Revolution »Ferien machten«, Menschen mit amerikanischen Anliegen, Menschen, denen es mehr um Protest ging als um Machtausübung.

Nach meiner Rückkehr aus Grenada traf ich eine westindische Internationalistin von einer anderen Karibikinsel, die meinte, Michele könnte vielleicht sogar eine CIA-Agentin gewesen sein. Die westindische Frau hatte auch das Gefühl gehabt, daß man ihr einmal ihren Job weggenommen und — aufgrund der Intrigen von Micheles Gönnern in der Revolution — Michele gegeben hatte.

Das revolutionäre Leben — das Michele als Idyll gemalt hatte — klang ein wenig heuchlerisch. Die Führer und die privilegierten Helfer hatten eine Vision von einem gesäuberten Volk, das korrekt geführt wurde und in friedlicher Kooperation zusammenlebte. Doch an der Spitze und direkt darunter hatte es immer Meinungsverschiedenheiten gegeben, Konflikte zwischen unterschiedlichen Persönlichkeiten, das Spiel der menschlichen Leidenschaften, das die Verwalter der sozialistischen Utopie dem Volk gerne verwehrt hätten.

Es gab eine rein grenadinische Geschichte. Das war die Geschichte von einer zurückgebliebenen Inselgemeinschaft, die von ein wenig besser gebildeten Leuten mit Gewalt in die Formalitäten einer grandiosen Revolution verschleppt worden war. Unabhängig von ihr, aufgepfropft, gab es eine amerikanische Geschichte — die Geschichte des US-Militärs in Grenada. Und auf die genau konzentrierten sich die amerikanischen Korrespondenten.

Was sie von dem Internierungszentrum in Point Salines gesehen hatten, hatte ihnen nicht gefallen. Als sie ins Hotel zurückkamen, sprachen sie von acht Quadratfuß großen Zellen, direkt auf dem Erdboden errichtet, mit PVC-Dächern und vier Fuß hohen Eingangsklappen. Es störte die Korrespondenten, daß diese Einrichtung den Leuten von der Armee so gefallen hatte, daß sie darauf brannten, sie vorzuzeigen. Vielleicht hatte man die Anlage schon vorher geplant? Vielleicht war die Invasion in Grenada nur eine Übung für die Invasion in Nicaragua?

Die menschliche Betroffenheit der Korrespondenten war echt, doch vermischten sich damit auch professionelle Journalisteninstinkte. Grenada war Teil einer größeren amerikanischen Geschichte; und Mißtrauen gegenüber dem Militär war für die Ausstattung des guten Korrespondenten unerläßlich. In Grenada war dieses Mißtrauen groß. Amerikanische Korrespondenten hatten das Gefühl, man habe sie von der Invasion ausgeschlossen, und sie nahmen das persönlich.

»Es ist eine feindselige Beziehung«, sagte ein Fotograf. Und auf kleine, doch aufreizende Weise siegte das Militär weiter. Jeden Tag zogen mehr aus ihren Feldzelten aus und nahmen die funktionierenden Hotels in Beschlag. Sie buddelten an den Stränden, um Sandsäcke zu füllen; sie errichteten Barrikaden aus Sandsäcken und zogen Stacheldraht über die Rasen; sie parkten Laster mit Maschinengewehren zwischen den Kokospalmen. Korrespondenten, die am Morgen noch von Hotelangestellten als Gäste behandelt worden waren, konnten am Abend von einem nervösen Wachposten um ein Losungswort angegangen werden. Unter den Marines waren auch Frauen. Das merkte man manchmal nur, wenn man nachts eine weibliche Stimme »Halt!« rufen hörte.

Das Grenada Beach Hotel, früher Holiday Inn, war das Hauptquartier der 82. Luftlandedivision. In einem Flügel waren während der Kämpfe einige Zimmer von einer Bombe getroffen worden; doch eigentlich hatten die Amerikaner ihre Bomben überall wunderbar präzise plaziert, und das Hotel war betriebsfähig. Die Pressekonferenz der Psy-Ops wurde in dem offenen Speisesaal abgehalten, direkt neben dem Garten, wo der Stacheldraht, neu und glänzend, noch nicht von der Meeresluft verrostet, kaum zu sehen war. Die Kellner, in ebenso korrekten Uniformen wie die Soldaten, deckten die Tische fürs Mittagessen.

Der Mann vom *Miami Herald* wollte etwas über das Psy-Ops-Plakat mit einem Foto vom Kommandeur der Revolutionären Volksarmee wissen. »Es zeigt ihn nackt, nur in ein Badetuch gehüllt, ein Marineinfanterist hinter ihm. Halten Sie das nicht für demütigend?«

Der Colonel führte mit jedem Satz ein neues Argument an: »Es hatte, was wir dort vorfanden, als wir hinkamen. Vielleicht wurden seine Kleider gerade durchsucht. Vielleicht duschte er gerade oder so etwas.

Er selbst wollte jedenfalls das Tuch nicht über die Schultern haben. Es zeigt außerdem, daß er nicht verletzt war. Der Soldat war im Bild, um zu beweisen, daß der Mann gefangen war.«

Das war eine erschöpfende Auskunft. Doch das Hauptinteresse der amerikanischen Korrespondenten galt dem Special Warfare Centre. Es war offenbar etwas Neues für sie. Sie wollten wissen, wo es lag, was man dort machte und wie es organisiert war.

»Wer ist der Kommandeur?«

»Brigadier-General Promotable Lutz. L-u-t-z.«

Pflichtbewußt, wie Erstsemester an der Universität, die alles mitschreiben wollen, kritzelten die Korrespondenten los. Dann hatte jemand Zweifel.

»Promotable. Ist das sein Vorname?«

»Es bedeutet, daß er in ein paar Tagen zum Major General befördert wird.« Der Colonel lächelte. »Sorry wegen des Armeejargons.«

In korrekter Schreibweise hieß der Kommandeur also wahrscheinlich Brigadier (General, Promotable) Lutz.

Der Hauptpressetermin des Morgens war in St. George's selbst, in einem kleinen altmodischen Wohnhaus in einer der Querstraßen auf dem Hügel oberhalb des Hafens. Es war eine alte westindische Stadtstraße, sozial gemischt. Herr und Sklave hatten früher Seite an Seite gelebt; und ein Slum — verandalose Holzschuppen, dicht beieinander stehend — konnte immer noch lediglich einen Hof oder ein Grundstück vom gehobenen Bürgertum entfernt sein. Das Haus — mit einer einheimischen modernen Skulptur am Eingang und einem einheimischen Gemälde im Flur — war den bescheidenen Bedürfnissen der University of the West Indies entsprechend ausgerüstet und nun erneut zum Pressezentrum umgerüstet worden. Handschriftliche Hinweise über den Türen besagten: »Telex«, »Konferenzraum«. Auf einer grünen Tafel in einem Zimmer waren mit Kreide die Tabellen von Toten und Verwundeten angeschrieben. KIA, WIA, Killed in Action, Wounded in Action: USA 18 und 113, Kuba 42 und 57, Grenada 21 und 280.

Die Konferenz wurde in der Aula abgehalten, die an die Rückwand des Hauses angebaut war. Es gab wenig Neues zu besprechen. Die meisten Fragen galten dem Internierungszentrum und den Opferzahlen. Es gab einen Disput über die Zahl der Toten: Nachprüfungen bei den örtlichen Leichenhäusern hatten höhere Zahlen ergeben. Einige Korrespondenten wurden aggressiv. Die Militärsprecher, einer schwarz, einer weiß, bewahrten Ruhe. Von Zeit zu Zeit sagte der schwarze Sprecher: »Soll ich das nehmen?« oder »Gut, das nehme ich.« »Nehmen« war offensichtlich ein Terminus technicus: Es bedeutete »etwas überprüfen«.

Angestellte der Universitätsbibliothek standen an den Fenstern des ursprünglichen Hauses und sahen zu. Die Fenster öffneten sich direkt auf die Bühne der Aula; und die Zuschauer waren wie Figuren auf dem Balkon eines elisabethanischen Theaters oder wie Leute aus der westindischen Mittelschicht, die aus gemessener Entfernung einem Hinterhofstreit zuschauen.

Der Disput über die Zahl der Toten war eigentlich ein Disput über Desinformation der Armee und Teil des anhaltenden Disputs zwischen dem amerikanischen Militär und der amerikanischen Presse in Grenada. Die Berufsehre spielte auf beiden Seiten eine Rolle. Die schreckliche Tatsache des Todes war wie eine ganz andere Geschichte und Grenada selbst bloß der Hintergrund.

Die Verstimmung zwischen Korrespondenten und Militärleuten erreichte zwei Tage später ihren Höhepunkt, als der Korrespondent einer berühmten amerikanischen Zeitung, der sich bei einer nächtlichen Straßensperre der Marines benahm, wie er es wohl bei der morgendlichen Pressekonferenz tat, sich plötzlich in Handschellen am Boden sitzend vorfand.

Die wichtigen Häftlinge waren im Gefängnis in St. George's. Die minder wichtigen — der Mitgliedschaft in der Revolutionären Volksarmee verdächtigt — waren in dem Internierungslager in Point Salines, ein paar kurvenreiche Straßenmeilen weiter im Südwesten, hinter Buchten und buschbewachsenem Land.

Dort war auch der von den Kubanern gebaute große Flughafen. Er war zum Mittelpunkt des amerikanischen Hauptlagers geworden, einer kompletten Militärsiedlung — mit neu entwickelten klimatisierten Lazarettzelten —, die die *Rapid Deployment Force* mit Hilfe ihrer computerisierten Inventarliste aufgebaut hatte (und binnen 18 Stunden wieder abbauen konnte).

Wenn man nach den Wäldchen und Hügeln und gewundenen Straßen des restlichen Grenada dort ankam, war es, als trete man ins Freie und in ein anderes Land: eine ramponierte Ebene aus Beton und aufgeworfener Erde, durch die sich als breiter Streifen bis zum Horizont die zwei Meilen lange Landebahn der Kubaner erstreckte. Eine Menge schweres kubanisches Baugerät stand herum. Die Landebahn entlang war Stacheldraht gezogen. Die noch nicht fertigen Betonhangars gehörten zu den größten Gebäuden in Grenada; und drei Wochen nach der Invasion füllten und stapelten Amerikaner und Einheimische immer noch Sandsäcke vor den Hangars. Müllwagen fuhren hin und her. Darüber knatterten, wie immer, die Helikopter.

Das Lagergelände, in einiger Entfernung von der Landebahn und in der Nähe einer brennenden Müllhalde (sogar der Müll sah neu aus), war von Stacheldrahtrollen umzäunt und von Marines bewacht. Die PVC-gedeckten Zellen, acht Fuß im Quadrat (wie man uns gesagt hatte), glichen hohen Kisten. Man hatte sie einfach in Reihen auf die Erde gestellt. Sie wirkten trostlos. Doch das Gerede der amerikanischen Korrespondenten von Mungokäfigen schien übertrieben.

Einige der Internierten sollten an diesem Nachmittag entlassen werden. Das wollten wir beobachten. Wir mußten warten. Von Zeit zu Zeit regnete es. Ein Armeelaster mit einheimischen Soldaten kam, und neuer Müll flog auf die brennende Halde. Auf dem Gelände übte ein Marineinfanterist (möglicherweise ein weiblicher — ein Sieg für ein anderes amerikanisches Anliegen) an einem Maschinengewehr auf der Stelle, an der die Internierten entlassen werden sollten.

Ein alter Zivilwagen tauchte auf. Die Marines an der Schranke senkten ihre Gewehre in die Waagerechte. Das Auto hielt an, parkte penibel. Eine schwarze Familie stieg aus: ein zurückhaltender Mann, ein unförmiges, eingeschüchtertes Mädchen in Hosen und ein dünneres, schwärzeres Mädchen in grellbunten Farben und mit weiß-roten Plastikohrringen, deren Farbe und Material sich effektvoll gegen ihre schwarze Haut abhoben.

Sie war das reine Gift, das schwarze Mädchen, eine der richtigen »beißenden Ameisen« der Slums. Sie sagte, uns anredend, ohne uns jedoch zu grüßen: »Die steckn uns hinter Stacheldraht. Steckn die Straße hinter Stacheldraht. Steckn die Strände hinter Stacheldraht. Steckn alles hinter Stacheldraht.«

Ihr Bruder war drinnen. Einmal hatte man sie hineingelassen, ihn zu besuchen; sie wußte nicht, ob er an diesem Nachmittag freikommen würde. Doch er wurde entlassen: Sie sah ihn in der Gruppe, die sich vor den Hütten in Reih und Glied aufstellte, und sie vergaß uns.

Aus der Ferne ließen die Jeans und Hemden und Strohhüte (und die kleine amerikanische Flagge, die einer der Internierten in der Hand hielt) die Männer, die gerade entlassen wurden, wie beim Karneval aussehen. Doch aus der Nähe — die Busse hielten vor dem Lager kurz an, und wir durften hineinschauen und mit den Männern reden — waren die Gesichter beunruhigend: Gesichter der Männer der Revolutionären Armee, immer noch eine Gruppe, immer noch einer für den anderen handelnd: nicht mehr einfach die derben Gesichter der Straße, sondern die Gesichter einfacher Männer, die — in dem kleinen Maßstab von Grenada — Macht gekannt hatten. Ich war kein Amerikaner. Der Blick, der meinem standhielt, vermittelte immer noch Macht und Überzeugung.

Gairy hatte mit Hilfe der Mungo-Gang, der Green Beasts, geherrscht. Die New Jewel Movement hatte mit Hilfe ihrer Armee geherrscht. Für eine kleine Insel war Grenada erstaunlich vielseitig, was Rassen, Sprachfärbung, Gebräuche, Bildungsniveau anging. Und vielleicht war die mörderische Politik der Geheimgesellschaften in Grenada zum Teil durch die geographische Beschaffenheit der kleinen Insel entstanden, durch die einengenden Hügel und Wälder und kleinen Dörfer, wo Menschen sich nicht recht entwickeln konnten und die Vergangenheit immer nahe war. Gairy war mehr als ein Arbeiterführer gewesen: Er hatte das afrikanische religiöse Gefühl seiner Anhänger ausgenutzt. Und vielleicht steckte in diesem merkwürdigen Namen Jewel (Joint Effort for Welfare, Education and Liberation) so etwas wie ein grenadinischer Gegenzauber gegen die Green Beasts. Was beide Bewegungen in dieser schwarzen Hänsel-und-Gretel-Welt gemeinsam hatten, war die Vision einer prompten rassischen Erlösung, die bot Gairy einem primitiven Volk, die Jewel Movement einem etwas gebildeteren.

George Louison, ein Gründungsmitglied von Jewel, war Minister der Revolutionären Volksregierung und

Mitglied des Zentralkomitees gewesen, bis alles auseinanderfiel. Im Zentralkomitee hatte man ihn oft wegen Kleinbürgerlichkeit kritisiert. Ganz zum Schluß war er vom Revolutionären Militärrat inhaftiert worden, weil er angeblich versucht hatte, das Volk zum Aufruhr anzustiften. Nach der Invasion hatten die Amerikaner ihn einen Tag in Point Salines festgehalten. Dann waren ganz unerwartet die Amerikaner noch einmal gekommen. Diesmal — er sah es als reine psychologische Belästigung — hatten sie ihn nur acht Stunden festgehalten. Nach dieser zweiten Freilassung fand unser Gespräch statt.

Er war ein Mann von 32 Jahren, ein Mann vom Lande, rein schwarz, nicht groß. Er war Sohn eines Maurermeisters und von Beruf Lehrer. Er lebte an der Westküste, in einem Dorf hinter einem Landstrich, der einen unkultivierten Eindruck machte. Sein Haus stand an einem steinigen Weg, der von der Hauptküstenstraße abzweigte und entlang eines reißenden Flusses ein Tal hinaufführte. Das Tal war dunkel, der Spätnachmittagssonne entzogen. Das Betonhaus war zwar kühn gelegen, aber einfach gebaut, mit einer Außentreppe zum oberen Stock.

Die Dunkelheit brach urplötzlich herein. Der Strom fiel aus; wir unterhielten uns bei Kerzenlicht in dem schlichten Vorderzimmer unten.

Louison hatte nichts Stilvolles. Er hatte die Ernsthaftigkeit und Einfachheit seiner Herkunft bewahrt. Der Name Louison war in der Gegend wohlbekannt: Ein Onkel seines Vaters hatte 1900 eine höhere Schule besucht und war einer der ersten schwarzen Männer Grenadas, der eine richtige Ausbildung erhielt. Louisons Vater war 1918 geboren. Er hatte als Dorfschreiner und Maurer angefangen, dann einen Fernkurs genommen und war ausgebildeter Maurermeister geworden. Mit seinem Drang, sich weiterzubilden, begann sich Louisons Vater für die Anliegen der Neger seiner Zeit zu interessieren. Die Zurück-nach-Afrika-Haltung von Marcus Garvey sagte ihm zu; im Haus hing ein Bild von Garvey.

Aber hatte Garvey nicht Schwarze um das Geld betrogen, das sie für die Sache gespendet hatten? War das für Louisons Vater nicht ein Schlag gewesen?

Louison sagte: »Hier im Dorf glauben die Leute, daß es eine Intrige von Anti-Garvey-Elementen sowie der US-Regierung war. Und Garvey stand für mehr als nur die Rassenfrage. Er stand für den ganzen antikolonialistischen Kampf.«

Nach Garvey kam der grenadinische Politiker Marryshow, der die Idee einer westindischen Föderation predigte. »Marryshow endete bettelarm«, sagte Louison. Und dann war da noch Grantly Adams von der Barbados Labour Party.

»Später führte mein Vater ein kleines Geschäft direkt hier, wo das Haus steht. Es war ein Treffpunkt zum Debattieren. Ende der fünfziger Jahre machte er einen Versuch, im Dorf mit Erwachsenenbildung anzufangen.« Das war zur Zeit von Gairy. Am Anfang war Louisons Vater ein Gairy-Anhänger, aber 1960 brach er mit ihm. »Gairy hatte den größten Rückhalt bei den Landarbeitern, und er tat nichts, um ihren Lebensstandard zu heben. Gairy versuchte nie, den Prozeß gesellschaftlicher Entwicklung zu verstehen.«

»Hätte Ihr Vater auch so gedacht?«

Louison gab keine direkte Antwort. Er sagte: »Bis 1969/70 war ich sicher zu dem Schluß gekommen.«

Um die Zeit, im Alter von 18 Jahren, war George Louison schon in der Politik engagiert. Er hatte jung angefangen, mit Jugendarbeit, »Politik in humanitärer Form«. 1970 dann nahm ihn und alle anderen seiner Generation die Black-Power-Bewegung in Anspruch. Er ging zum Studium nicht ins Ausland; er blieb ein einfacher Lehrer; er dachte nicht ans Heiraten. »Bis auf den heutigen Tag bin ich nicht verheiratet. Viele in der New Jewel Movement waren wie ich. Für uns wurde sie Anfang der siebziger Jahre beinahe eine Mission.« Black Power war mehr als eine Bezeichnung. »Was die Rassenfrage anging, dauerte Black Power in Grenada zwei Jahre. Anfang 1973 ereignete sich ein kleiner, aber dramatischer Vorfall. Wir wollten Leute zum 6. Panafrikanischen Kongreß schicken. Einen Monat vor dem Kongreß hörten wir, daß Gairy fuhr.« Gairys Standpunkt war, daß er, Gairy, schwarz war und er bereits in Grenada Black Power zustande gebracht hatte. Und in gewisser Weise stimmte das. »Das brachte uns zu der Erkenntnis, daß Black Power keine Frage der Hautfarbe war. Es war eine Frage von Politik und umfassenden Ideen.«

Und die ganze Zeit über, während die Bemühungen, sich weiterzubilden, andauerten, studierten Louison und seine Kollegen in der New Jewel Movement. Das Studium, die Idee des Studierens war diesen ernsthaften jungen Männern wichtig, und ihre Studien drehten sich offenbar vor allem um Politik. »Bis vor zwei Monaten haben wir im Kollektiv studiert. Eine breite Skala von Fächern. Ursprünglich studierten wir ziemlich drauflos, doch in den letzten sechs oder sieben Jahren haben wir hauptsächlich sozialistisches Material studiert.«

1973 und 1974, kurz vor und nach der Unabhängigkeit, gab es erbitterte Kämpfe mit Gairys Leuten. 1973 wurde der Führer der Bewegung schrecklich verwundet — im Museum lag sein blutbeflecktes Hemd; und Anfang 1974 wurde der Vater des Führers getötet. Die New Jewel Movement änderte sich. »1973 waren wir eine populistische Bewegung. Gegen Ende des Jahres 1974 waren wir zu dem Schluß gekommen, daß es lebenswichtig für uns war, eine fest umrissene Vorstellung zu haben.« Und zu dieser Zeit brachen sie mit der »humanitären Politik« der Vergangenheit. Das Studium hatte sie zum Sozialismus geführt; und seitdem engte der Sozialismus ihre Studien ein. »Wir wollten die ungeheuerlichen Übel der kapitalistischen Entwicklung vermeiden. Wir erkannten, daß wir auf viele Länder blicken mußten. Kuba, aus offensichtlichen Gründen — 20 Jahre in diesem Prozeß. Wir blickten auch nach Jemen und Laos.«

»Sind diese Länder nicht völlig anders als Grenada?«

»Wir wollten uns Länder jenseits des Rahmens der kapitalistischen Entwicklung und der imperialistischen Handzettel anschauen. Wir mußten uns auch Länder anschauen, die eine kolonialistische Erfahrung hatten.«

Louison konnte nicht ganz befriedigend erklären, wie sie diesen letzten großen Sprung geschafft hatten — er stellte ihn als Tatsache, etwas Selbstverständliches dar. Doch seine politische Entwicklung war einigermaßen klar. Von Beginn des Jahrhunderts an hatte es in diesem Dorf Louisons gegeben, die auf verschiedene Weise durch die Vorstellung von schwarzer Erlösung beeinflußt waren. Einfache Menschen hatten die Vorstellung von Erlösung zu einer einfachen Vorstellung gemacht; die einfache Vorstellung hatte Männer wie Gairy auf den Plan gerufen, die die Menschen unterdrückt hielten, um sich immer selbst als Retter darzustellen. Der Sozialismus absorbierte die Rassenvorstellung, reinigte sie, überwand die ihr innewohnenden verderblichen Einflüsse. Indem er das Rassenthema überwand, stellte der Sozialismus es den Menschen frei, Menschen zu sein. Das einzige, was der Sozialismus verlangte, war, daß man ihn studierte und treu befolgte, daß man Grenada die korrekten Formen verpaßte.

Doch wie jeder andere Glauben hatte auch der Sozialismus seine Puristen und Fanatiker. »Wie einmal jemand sagte, die Revolution ist uns ins Gesicht explodiert. Wir haben die Revolution selbst zunichte gemacht.« Die Männer im Zentralkomitee, die um der revolutionären Reinheit willen auf kollektive Führung gedrängt, den Führer unter Hausarrest gestellt und die Armee gegen die Massen eingesetzt hatten — diese Männer waren »verrückt«. »Sie verfolgten einen idealistischen, voluntaristischen Kurs, hatten kein wissenschaftliches Fundament und kein Fundament beim Volk.«

»Voluntaristisch? Handelten sie eigenwillig?«

»Mit voluntaristisch meine ich, sie handelten eigensüchtig.«

Selbst nach dem Desaster verlieh der Sozialismus, den er studiert hatte, Louison die Worte, alles zu erklären. Sein Haus war geplündert worden. Die Menschen hatten sich gegen die Revolution gewandt, doch er trauerte ihr nach. »Ich bin in einer Phase tiefer Neubesinnung.« Aber politisch konnte er nur da verharren, wohin sein Studium ihn gebracht hatte. Er konnte nicht zu der »humanitären Politik« zurück, zu den rassisch geprägten einfachen Gegebenheiten eines Grenada ohne Sozialismus. Er konnte die Weltsicht, die ihm gewährt worden war, nicht vergessen; er konnte sich nicht wieder klein machen.

Große Revolution, kleines Land — so hieß ein kubanischer Film über die Revolution in Grenada. Doch in den viereinhalb Jahren ihrer Herrschaft hatte die Revolutionäre Volksregierung wenig zustande gebracht.

Sie baute mit kubanischer Hilfe den großen Flughafen in Point Salines. Sie schuf eine Armee und eine Miliz. Sie kämpfte ständig gegen Konterrevolutionäre, entdeckte einmal eine 26er-Bande. Sie begünstigte ihre Gefolgsleute durch verschiedene neue, unproduktive Staatsorganisationen. Sie holte 200 ausländische internationalistische Aktivisten ins Land. Sie malte Parolen. Dafür wurde das Geld ausgegeben — für Formalitäten, Parteibürokratie, Sicherheit, Show, Machtgepränge.

Das Leben der Insel wurde deformiert; die Menschen lebten in Furcht vor »Zucht«. Doch ganz oben, im Zentralkomitee, herrschten — wie nach der Invasion herauskam, als seine Sitzungsprotokolle zugänglich wurden — Unfähigkeit und Durcheinander.

Wenig wurde in dem Agrarstaat für die Landwirtschaft getan, obwohl Propagandatafeln von »Produktion« kündeten und obwohl in Grenada viel Land brachlag, das vom Gairy-Regime konfisziert und dann mehr oder weniger aufgegeben worden war. Die Doktrin stand der Aktion im Weg: Die tüchtigsten Bauern zu fördern hieße, Klassenvorstellungen auf dem Land zu fördern. Das höchste Ziel war kooperative Landwirtschaft. Die sozialistische Doktrin paßte auch in anderer Hinsicht nicht zur Natur der Menschen. So wollten etwa unterprivilegierte Jugendliche nicht wirklich auf dem Land arbeiten, obwohl sie begeistert Marihuana anbauten. Und dann gab es das Problem — wie es bei einer Sitzung des Zentralkomitees in sorgsam klassenloser Sprache vorgebracht wurde — »des nicht netten, angenehmen Typs Jugendlichen, der *Grassroots*-Jugendlichen«, mit denen man rein gar nichts anfangen konnte.

Hochtrabende neue Worte für alte Gewohnheiten wurden gefunden: Die Arbeiter Grenadas, so entdeckte man, waren vom »Ökonomismus« unterminiert — sie wollten bloß Geld und sahen keine »konzeptionelle Verbindung« zwischen Arbeit und Geld. Manchmal herrschte in den Sitzungen des Zentralkomitees eine Atmosphäre wie im Klassenzimmer: Redegewandtheit, ein neuer Wortschatz schienen zum Selbstzweck geworden.

Die Teilnahme an den »Massen«versammlungen ging drastisch zurück. Im Zentralkomitee wurden immer wieder dieselben Themen diskutiert, doch kaum etwas schien sich zu ändern. Einmal kam es sogar vor, daß bestimmte wichtige Parolen nicht gemalt wurden; als Entschuldigung hieß es, daß es keine Farbe gebe. Die Mitglieder des Zantralkomitees waren bei den Versammlungen oft müde und nicht vorbereitet; bei einer Versammlung schliefen einige tatsächlich ein. Es gab Sitzungen mit Kritik und Selbstkritik; dieser sozialistische Ritus schien großen Spaß zu machen.

Sie hatten den Apparat einer Revolution geschaffen, aber sie wußten nicht, was sie damit anfangen sollten. Der Sozialismus hätte mit dem Apparat kommen sollen, tat es aber nicht. Sie bekamen langsam das Gefühl, daß mit dem Apparat etwas nicht stimmte. Deshalb holten sie — und deformierten das Leben der Gemeinschaft damit noch mehr — weitere sozialistische Experten aus Rußland und Kuba; und ziemlich spät, beinahe schon gegen Ende, kamen sie auf den Gedanken, noch mehr Lehrer aus den fortgeschrittenen sozialistischen Ländern zu holen, damit sie bei der Organisation ihrer Partei halfen.

Sie beschuldigten sich gegenseitig, kleinbürgerlich zu sein. Und dann kam ihnen noch ein anderer Zweifel; und der war — wenn er sich hier und da einmal gedämpft in konfusen Phrasen äußerte — wie ein Neuerwachen der alten rassischen Unsicherheit. Vielleicht gab es letzten Endes tatsächlich eine Unvereinbarkeit zwischen dem Volk von Grenada und den hohen Idealen des Sozialismus. Vielleicht hielten die richtigen Sozialisten, die Leute aus der großen weiten Welt draußen, sie nur für »Witzfiguren«.

Es war dieser Wunsch, ernst genommen zu werden, dieser Wunsch, das Volk der Theorie anzupassen, der sie zu außergewöhnlichen Schritten trieb. Es gab ein

Problem mit den Rastafaris. Zu Gairys Zeit hatte es ausgesehen, als seien die Rastafaris auf der Seite der Revolution, gegen Gairy und gegen das kapitalistische System. Doch als die Revolution kam, waren die Rastas einfach weiter geblieben, was sie waren. Sie weigerten sich, zu arbeiten oder ihre Kinder zur Schule zu schicken; sie liefen schmutzig und nackt herum; sie rauchten Marihuana und hielten es für legitim, zu stehlen, wenn die Not sie drückte.

Das war für die Revolution ein beschämender Sachverhalt. Man beschloß, daß es Rastafaris gab, die Konterrevolutionäre waren, »Konter-Rastas«; und manche wurden festgenommen. Es gab Anträge, solche Rastas in Lager zu sperren »mit einem strengen Erziehungsprogramm und Musik, die sie auf Linie brachte«. Es gab andere Anträge, »Lumpen«rastas vor Gericht zu stellen und sie auf Häftlingsfarmen unterzubringen. Kriminelle Rastas, die nicht vor Gericht verurteilt werden konnten, sollten in geheime Internierungslager gesteckt werden, und die Miliz sollte »gut bezahlte, bewaffnete Wachen unter der Aufsicht von Parteipersönlichkeiten« abstellen. Bizarrerweise brachte so revolutionärer Stolz, vermischt mit einem unausgesprochenen Rassenstolz, einige Leute im Zentralkomitee so weit, die Einrichtung von Konzentrationslagern in Erwägung zu ziehen.

Diese Einstellung, dieser Wunsch nach reinem, leidenschaftslosem, klassenlosem revolutionärem Handeln führte zur letzten, jähen Wahnsinnstat: den Führer unter Arrest zu stellen, die Armee gegen die Menschenmenge einzusetzen, den Führer und andere Minister (sämtliche Mitglieder des Zentralkomitees) hinzurichten. Der Revolutionäre Militärrat meinte, er habe das Richtige getan. Er war erschrocken über die unfreundliche Haltung Fidel Castros, der sich weigerte, Hilfe gegen einen amerikanischen Angriff anzubieten. Einer handschriftlichen Notiz zufolge, die man nachher fand, meinte der Revolutionäre Militärrat, die Kubaner hätten »gegenüber den Ereignissen in Grenada einen persönlichen und keinen Klassenstandpunkt« eingenommen.

Bei dem Versuch, sich zu beweisen, zerstörte die Revolution von Grenada sich selbst.

Die Psy-Ops-Leute schickten ein Team von Marines über die Dörfer, um die Herzen und Köpfe der Menschen zu erobern.

Ein CBS-Fernsehteam begleitete sie, und ich durfte im Minibus von CBS mitfahren. Die CBS-Abendnachrichten brachten acht oder neun Filmberichte von je ungefähr 100 Sekunden Länge. Der CBS-Produzent hoffte, einen dieser Beiträge zu machen. Er hatte einen Kameramann, eine Tontechnikerin, einen Reporter (mit tiefer gebieterischer Stimme), einen einheimischen Fahrer, einen einheimischen Führer. Am Ende des Tages würde per Telex ein Skript nach New York geschickt werden. Wenn das Skript in New York gefiel, hatte der Produzent einen Helikopter, der seinen Film nach Point Salines brachte, und ein Flugzeug, das ihn von dort nach Barbados flog, wo er seinen Film schnitt.

Das amerikanische Unternehmen hatte so viele Facetten, so viele verschiedene ehrgeizige Motive, die sich gegenseitig Nahrung gaben. Grenada lieferte wieder bloß den Hintergrund.

Die Wohltätigkeitsmission war zur Hälfte eine Übung. Die Vorräte, die die Marines mitnahmen, bestanden hauptsächlich aus kubanischen Restbeständen: Kondensmilch, von der manche Büchsen schlecht waren. Und obwohl Krankenbesuche gemacht werden sollten, gab es nicht viele Medikamente.

Wir fuhren zu einem Dorf mit dem Namen Munich und hielten vor einem Lebensmittelgeschäft. Rundum war alles grün und naß und hügelig. Das Schild über der Ladentür teilte den Namen des Besitzers mit, Calliste, und wies ihn als Handelsbevollmächtigten einer Firma in St. George's aus, die Spezialisten »für Einbalsamieren und Verschiffen« waren. Der Laden roch nach Stockfisch und Öl und Gewürzen. Eine große, gelassene braunhäutige Frau mittleren Alters mit Brille stand hinter der Theke. Sie war Mrs. Calliste.

Ein braunhäutiger Mann sagte zu ihr: »Sehnse, wennse sich ordentlich benehm, dann gehts Ihnen ordentlich. Wennse richtig lebn, holt die Polizei Se nich. Wennse sich schlecht benehm, kommense und helfn Ihnen, alles in Ordnung zu bringn.« Dann stieg er hastig, als habe er bereits zuviel gesagt, in seinen Lieferwagen und fuhr davon.

Ein kleiner junger Mann mit nackter Brust und dem Ansatz von Rastafarilocken kam über die Straße. Er redete von Marihuana, und dann, weil er dachte, ich gehöre zu dem amerikanischen Team, bot er mir seine Dienste als Führer an. Er spielte nur den Bösewicht; eigentlich war er halbwegs solide, bestellte ein kleines Familiengrundstück oben in den Hügeln und litt wie die anderen Bauern unter den niedrigen Preisen für Muskatnuß, den schlechten Transport- und fehlenden Lagermöglichkeiten für verderbliche Ware. Die Callistes waren die reichsten Leute in der Gegend, sagte er; sie hatten viele Muskatnußbäume. In einem zweistöckigen Haus, ein Stück die Straße hinauf, lebte ein weiterer reicher Mann; er betrieb eine Tanzhalle im Erdgeschoß seines Hauses, und er hatte einen Bus. »Er hat mehr Bares. Sie« — und der junge Mann rollte ehrfürchtig mit den Augen und neigte den Kopf in Richtung von Mrs. Calliste, die unerschütterlich und ruhig hinter der Theke stand — »sie haben mehr Wert.«

Mrs. Calliste ging in ein Hinterzimmer. Es begann zu regnen, und der Hühnermist vor dem Geschäft wurde teilweise weggespült. Eine barfüßige schwarze Frau in einem schmutzigen graublauen Kleid, mit glänzendem Gesicht, staubigem, ungekämmtem Haar und fehlenden Vorderzähnen, kam durch den Regen herein. Sie sagte zu der Verkäuferin: »Frag Mrs. Calliste, obse *clart* fürn *pocket* hat.«

»Clart?« sagte ein alter Mann. »*Clart?* Du muß jetz anfangn, Yankee sprechn. Du muß sagn ›Cloth‹ [Stoff].«

»Ja, wir müssn jetz Yankee sprechn.«

Das Mädchen kam wieder. »Mistress Calliste sagt, sie hat kein *Cloth* für *pocket*.«

»Kein *Cloth* fürn ausländisches *pocket?*« Ausländisches pocket, ein Paket ins Ausland, ein Paket, das nach Übersee geschickt werden sollte. »Hatse da drübn nichn bißchn was *shop-cloth?*«

Doch das Tuch auf dem Regal war ein wenig zu fein.

»Na gut«, sagte die barfüßige Frau und gab ihren Stolz auf. »Gebense mirn Mehlsack.« Sie zeigte auf die Glasvitrine. »Lassense mich das Päckchen Kekse ma kuckn. Ich wills nich kaufn, eh. Ich wills bloß ma ankuckn.« Sie hielt die Packung in der Hand. »Was? Dreifünfzig dafür?« Als hätte sie das nicht gewußt. In ihrer laschen Armefrauenart hätte sie gerne Geld für die feinen Kekse hinausgeschmissen, doch selbst für fünfzig Cent wären sie zu teuer für sie gewesen. So blieb ihr nur dieser kleine Theaterauftritt übrig, der den Leuten peinlich war, die im Laden vor dem Regen Schutz suchten und über ihre Armut sicher Bescheid wußten.

Mrs. Calliste stand wieder hinter ihrer Theke. Ein schwarzer Marineinfanterist, der plötzlich auftauchte, sagte barsch zu ihr: »Ist das Ihr Laden?«

Seine Aussprache war schwer zu verstehen, und er hatte sich weder vorgestellt noch gegrüßt. Sie wußte nicht, wie sie reagieren sollte.

»Wo ist der Besitzer?«

»Nicht zu Hause«, sagte Mrs. Calliste, die endlich den Mund aufmachte.

»Wann kommt er wieder?«

»Gegen vier.« Mrs. Calliste sah beunruhigt drein.

»Dann bin ich weg.«

Die barfüßige Frau übernahm das Kommando. Sie sagte zu dem Soldaten: »Sie können mit ihr reden. Das ist Mistress Calliste.«

Doch der Amerikaner hatte nichts Besonderes mitzuteilen. Er wollte nur sagen, was die Psy-Ops-Schulung in diesem Stadium von ihm verlangte. Er sagte: »Wir machen ein bißchen Musik und ein paar Ansagen. Es wird laut sein, und es werden eine Masse Leute kommen.« Und weg war er.

Doch es gab keine Menschenmasse. Die kam erst rund eine Stunde später, nachdem das Psy-Ops-Team, geführt von einer einheimischen Krankenschwester und gefolgt von dem CBS-Team, in verschiedenen Häusern Kranke besucht hatte.

Die steinige Lehmstraße, die vom Laden herunterführte, war nach dem Regen rutschig.

»Schlechte Sicht«, sagte ein alter Mann. »Ah, aber wie schlecht.« Er hatte von den Krankenbesuchen gehört und seine guten Kleider angezogen. Tapperig kam er hinter mir her die rote Straße herunter, weil er dachte, ich gehöre zu dem Team. Doch es gab niemanden, der seinen Augen helfen konnte. Und es gab auch keine Medizin für die alte Frau, deren Nerven schwer angegriffen waren. Auch sie und ihr Zimmer waren für den Besuch bereitgemacht worden.

»Sie hatte einen Nervenzusammenbruch«, sagte ihr Neffe, ein gelernter Maurer, »und sie mußte ins Krankenhaus. Dieses Jahr ist es schon viermal gekommen. Sie wohnt in dem Haus da oben auf dem Hügel, und ich habe sie zu mir runtergeholt, nicht wahr, als es schlimmer mit ihr wurde. Es juckt sie hier, und es juckt sie da, und die ganze Zeit hat sie Schmerzen im Rücken.«

Die alte Dame, halb wahnsinnig vor Schmerzen, hob die Arme. »Ich hab diese Nerven. Ich hab diesen Schmerz.«

Doch es gab keine Medizin für sie. Der Psy-Ops-Arzt war bekümmert; er sagte, er würde am nächsten Tag zu ihr kommen.

Die Psy-Ops-Männer waren in North Carolina ausgebildet worden. Grenada war ihr erster Einsatz im Ausland. Die ausländische Bevölkerung war freundlich. Hier brauchte man keine Köpfe und Herzen zu erobern. Die Psy-Ops-Leute waren auf wirkliche Not, wirkliche Abhängigkeit gestoßen; und die Männer, ausgebildet für eine stärkere Macho-Rolle, hatten nicht die Möglichkeiten, damit fertig zu werden.

Der Lautsprecher auf dem Jeep spielte einen merkwürdigen (vielleicht »auf Linie bringenden«) Reggae, ein zusätzlicher Trommelrhythmus in dem lärmenden tropischen Regen. Die vom Band gespielten Mitteilungen, halb drohend, halb begütigend, wurden wiederholt. Die Nachricht von dem Besuch breitete sich in andere Dörfer aus, und bald standen vor Mrs. Callistes Geschäft jede Menge Menschen, Männer und Frauen, die ihren »Blutdruck« gemessen haben wollten.

Das CBS-Team hatte viel gedreht und war im Regen herumgelaufen. Der Kameramann war ausgerutscht und hatte sich am Ellbogen verletzt (doch seine Kamera gerettet). Die Arbeit an dem Film, wenn er es denn in die Abendnachrichten der CBS schaffte, war sicherlich das bedeutendere amerikanische Unternehmen an diesem Tag. Wenn er nicht in die Abendnachrichten kam, dann war er weniger wert als die Psy-Ops-Übung.

Auf dem Rückweg nach St. George's kamen wir an drei Schulmädchen in weißen Blusen und dunkelblauen Röcken vorbei. Eins von ihnen rief: »Weiße — Leute!« Es war kein Gruß. Es war rein beschreibend, genauso wie ein Pfeifen, zwischen freundlichem Spott und Aggression schwebend, etwas aus einem sehr alten Grenada, eine Bestätigung rassischer Distanz.

Psy-Ops hatte es nicht für nötig erachtet, die Parolen der Revolution zu übermalen oder zu entfernen — außer auf der kurzen Straße, die den Hügel zu Fort George hinaufführte. Dort hatten die Hinrichtungen der Revolutionären Volksarmee stattgefunden.

Die Ereignisse jenes Tages waren bereits zur Legende geworden. Die Einzelheiten gingen auseinander — beinahe jeder behauptete, ein Augenzeuge oder Teilnehmer gewesen zu sein; doch eine übereinstimmende Geschichte schälte sich heraus. Als die Menge den Führer aus seinem Hausarrest befreit hatte, war er schwach. Er hatte drei Tage lang nichts gegessen, aus Angst vor Gift oder weil kubanische Ärzte ihm eine dehydrierende Droge injiziert hatten. Er wurde nackt gefunden, ans Bett gefesselt. Er konnte nicht laufen. Die Leute hatten ihn in einem Auto zum Fort gebracht. Dort waren die Soldaten zu ihm übergelaufen; seine Mutter hatte Sandwiches und Orangensaft für ihn geschickt. Dann hatte der Revolutionäre Militärrat die Panzerwagen geschickt. Es war eine unvollständige Geschichte. Doch das war jetzt die Legende, die Geschichte einer grenadinischen Passion.

Das Fort lag direkt über der Einfahrt zum inneren Hafen. Auf seinen Bastionen standen Kanonen aus dem 19. Jahrhundert. Die Armeekaserne — die Polizeihauptwache, ehe die Revolutionäre Volksarmee geschaffen wurde — befand sich in einem soliden alten Kolonialgebäude im italienisierten Stil des Amtes für öffentliche Arbeiten. Die Bombenabwürfe der Amerikaner waren präzise und leicht gewesen: vier Löcher dicht nebeneinander im grünen Wellblechdach. Auf einer Seite des Hofs war der Gefängnisteil, rostiger Stacheldraht zog sich über den kleinen Hof, auf den sich die drei kleinen Betonzellen öffneten.

In diesem Gefängnis war den Konterrevolutionären Zucht beigebracht worden. Manche Gefangenen waren Rastafaris gewesen; bis zu 20 hatte man in diesem kleinen Raum festgehalten. Offizielle, in roten Schablonen geschriebene Parolen — DISZIPLIN IST EIN MUSS / SEI JETZT DISZIPLINIERT und WIR WOLLEN LIEBER STERBEN ALS MARIONETTEN DES US-IMPERIALISMUS WERDEN — standen noch dicht neben wirren oder bekifften Rastafari-Protestparolen: DENN WAS IST EINES MENSCHEN BESITZ, WENN ER DIE GANZE WELT GEWINNT UND DEN VERLUST SEINER SEELE VERLIERT.

Überall auf den Bastionen lag Abfall herum: plattgetretene weggeworfene Uniformen der Revolutionären Armee, Stiefel, ausgepolsterte Kisten, die russische Waffen enthalten hatten (der Inhalt war in Englisch auf dem Deckel verzeichnet), viel Papier, viele Schriften. Diese Armee hatte studiert. Sie hatte Politik studiert; sie hatte eine besondere Luftwaffenabwehr studiert und viele einfache schriftliche Übungen durchgeführt. In der Kaserne selbst war noch mehr Papier: unzählige schriftliche Übungen, viele kommunistische Zeitschriften.

Die Revolution war auf Sprache angewiesen. Auf der einen Ebene benutzte sie großartige verschwommene Begriffe; auf der anderen mißbrauchte sie die Sprache des Volkes. Die Idee des Studiums — eine gute Idee, in den Köpfen der meisten Grenadier mit Weiterbildung verbunden — war hier benutzt worden, um einfache Leute einfach und gehorsam zu halten.

»Mein Gott, sie haben die Waffen auf das Volk gerichtet!« Das gehört zu den letzten überlieferten

Worten des Führers der Revolution. Ein Foto, zur Zeit der Hinrichtung aufgenommen, zeigt die Panzerwagen, die Armeelaster, laufende Menschen und die Parolentafel — die später übermalt wurde — am Fuße des Forthügels: POLITIK DISZIPLIN KAMPF / BEREITSCHAFT IST GLEICH SIEG.

Die Revolution war eine Revolution der Worte. Die Worte wirkten auf frisch ausgebildete Menschen, die in der Gemeinschaft nichts hatten, woran sie sich messen konnten, und die in ihrer eigenen Gemeinde letztlich kaum etwas zählten, wie eine Erleuchtung, wie eine Abkürzung auf dem Weg zu Würde. Doch die Worte waren Mimikry. Sie waren zu groß; sie paßten nicht; sie blieben Worte. Die Revolution verwehte; und in Grenada blieb nur eine Mordgeschichte.

Argentinien: Mit der Grausamkeit leben

1991

1

In Argentinien wurde ich im März 1977, zur Zeit des »schmutzigen Krieges« des Militärregimes gegen die Guerilla, eines Tages von der Polizei aus einem Überlandbus geholt und ein paar Stunden lang unter dem Verdacht, ein Guerillero zu sein, festgehalten.

Es war hoch oben im Norden des Landes — in einem älteren, tropischeren Argentinien, in der Tiefe des Kontinents, noch immer mit der Atmosphäre des spanischen Reiches, weite Täler am Fuß der Anden, meilenweit Zuckerrohr, eine indianische Bevölkerung. Während ich in Buenos Aires unverkennbar ein Fremder war, konnte ich hier im Norden unerkannt durchgehen. (Und manchmal mehr als das. In einer kleinen Stadt im

Hügelland Córdobas hatte mir auf einer früheren Reise einmal ein spanisch aussehender Mann mittleren Alters ganz ernst quer durch ein Café zugerufen: »Sie da! Sie sehen aus wie ein *pistolero*.« Ein Gangster.)

Diesmal hielt ich mich in der alten Kolonialstadt Salta auf. Eines Morgens nahm ich einen Bus in die Stadt Jujuy, in der nächsten Provinz im Norden, an der Grenze zu Bolivien. Kurz hinter Salta hielt der Bus, vielleicht an der Provinzgrenze. Indianische Polizisten in dunkelblauen Uniformen stiegen ein und fragten nach Ausweispapieren. Argentiniern wird von klein auf beigebracht, ihre Papiere bei sich zu tragen. Ich hatte keine; ich hatte meinen Paß im Hotel in Salta gelassen. So wurde ich — mein Gangstergesicht vorübergehend von Interesse für die anderen Passagiere, die größtenteils Indios waren — aus dem Bus geholt, der dann weiterfuhr.

Ich ging mit den beiden Polizisten zu dem kleinen weißen Schuppen, einer Betonhütte am Straßenrand. Dieser Schuppen war außen wie innen nackt und kahl. Ein dritter Polizist war dort, stand hinter einem brusthohen Schalter; und ich konnte auf einem Tisch auf seiner Seite des Schalters dicht neben seiner Hand das schwarzgraue Metall einer flach daliegenden Maschinenpistole erkennen. Sonst lag nichts auf dem Tisch.

Ich war bei ernstzunehmenden Leuten. Sie hörten sich an, was ich zu sagen hatte, doch ohne großes Interesse. Sie sprachen miteinander; dann berieten sie sich mit jemand per Telefon oder Funk. Nach einiger Zeit wurde ich — in was für einem Fahrzeug oder auf welchen Wegen, weiß ich nicht mehr: ich habe von den Ereignissen dieses Tages keine Notizen gemacht — zu einem kleinen flachen Gebäude gebracht, das ganz allein irgendwo auf einem sonnenverbrannten Flecken Buschland stand. Dies war, obwohl es nicht danach aussah, eine Polizeistation oder ein -posten.

Die Männer, die mich dorthin gebracht hatten, fuhren davon — ähnlich wie der Morgenbus nach Jujuy. Salta kam mir langsam weit entfernt vor. Mein Zeitgefühl änderte sich; ich lernte warten. Ich machte noch einmal meine Angaben. Der Polizist, der sie aufnahm, begann zu telefonieren. Das war nicht leicht; das argentinische Telefonsystem war sehr schlecht. Telefondrähte, legale und illegale, hingen wie gigantische Spinnweben über den Straßen und *Belle-Époque*-Häusern der Innenstadt von Buenos Aires; der indianische Polizist versuchte, sich von einem 1 000 Meilen entfernten Flecken Buschland aus in diese spinnwebüberzogene Stadt einzuschalten. Er wählte und wählte, manchmal sprach er, manchmal nicht. Sein Kamerad wandte die Augen nicht von mir: lächelnde Augen, höflich jetzt, doch abwartend.

Ich saß auf einer Bank vor einer glatten, verputzten Wand. Ich schaute hinaus auf den Busch und das Licht. Ich rauchte die Pfeife, die ich bei mir hatte. Nach einiger Zeit wollte ich auf die Toilette. Mir wurde gesagt, in dem kleinen Gebäude gebe es so etwas nicht. Der Polizist mit den lächelnden Augen zeigte auf eine in einiger Entfernung gelegene Stelle im Busch: Ich sollte dorthin gehen. Er sagte: »Wenn Sie versuchen fortzulaufen, erschieße ich Sie.« Weil er lächelte, klang es wie ein Scherz, aber ich wußte, daß es keiner war.

Und dann kam — unerwartet — ein Gespräch auf dem Telefon durch: Niemand, der meiner Beschreibung entsprach, stand auf einer Guerilla-Liste. Ich konnte gehen. Der ältere Polizist sagte beinahe freundlich: »Ihre Pfeife hat Sie gerettet. Wußten Sie das? Die Pfeife hat mich überzeugt, daß Sie wirklich ein Fremder sind.«

Es war eine amerikanische Pfeife, eine kleine schwarze Meerschaumpfeife aus Tanganjika, die ich elf Jahre zuvor in Uganda gekauft hatte: Mir war aufgefallen, daß sie sich dafür interessiert hatten. Doch die ganze Zeit hatte ich mich auf mein Aussehen verlassen, mein gebrochenes Spanisch, meinen spanischen Akzent. Erst jetzt begriff ich, daß Argentinien für diese indianischen Polizisten aus dem hohen Norden voller Fremder sein mußte. Daher begriff ich erst im Augenblick meiner Freilassung, als ich aus dem leichten Schock, dem gestörten Zeitgefühl auftauchte, wie ernst meine Lage gewesen war. In der Stadt Tucumán hatte ich, nur wenige Tage vorher, mit einer kleinen Gruppe von Einwohnern zusammengestanden und zugesehen, wie Polizisten mit Maschinenpistolen unter den Regenmänteln in ihre Wagen ohne Nummernschilder stiegen. Wie eine Jagdgesellschaft vor einem Landhaus; doch in Tucumán war der schmutzige Krieg besonders schmutzig, und Tucumán lag nur etwas südlich von Salta.

Ich war frei, aber ich hatte keine Ahnung, wo ich war. Irgendwie meinte ich, daß die Polizisten mich dorthin zurückbringen müßten, wo sie mich aufgegriffen hatten, aber ich bat sie nicht darum. Sie zeigten mir, wo die Straße lag. Ich ging in die Richtung, als mir einfiel, daß ich noch immer keine »Papiere« hatte und wieder mitgenommen werden konnte. Ich ging zu dem kleinen Gebäude zurück und fragte den älteren Polizisten nach irgendeiner Bescheinigung. Er begriff sofort; es freute ihn beinahe, gefragt zu werden. Er setzte sich an seinen Tisch, spannte ein schmales Blatt mit Briefkopf in seine schwere alte Schreibmaschine und fing an, mit einer Geschwindigkeit, die mich überraschte, eine *constancia policial,* eine polizeiliche »Bescheinigung«, zu tippen. Die Sprache war formell: Der Inhaber war in Haft genommen worden, hatte jedoch »die Freiheit wiedererlangt«, da seine Inhaftierung »nicht von Interesse« sei, *por no interesar su detención.* Damit ging ich und wartete an der Straße. Ein junger italienischer Einwanderer, der einen weißen Kleintransporter fuhr, nahm mich mit zurück nach Salta.

Ich gab den Plan auf, weiter im Norden umherzureisen. Am nächsten Tag machte ich mich auf den Rückweg nach Buenos Aires; binnen weniger Tage hatte ich das Land verlassen. Kurze Zeit später schrieb ich in zwei oder drei Wochen den Artikel, dessentwegen ich nach Argentinien gereist war. Doch ich war mit der Form dessen, was ich geschrieben hatte, nicht zufrieden; und als ich dann über weitere drei oder vier Wochen versuchte, den Text hinzukriegen, stellte ich fest, daß ich mehr oder weniger immer wieder den gleichen Artikel schrieb. Ich wurde verwirrt und legte den Artikel beiseite.

Als ich mir zwei Jahre später noch einmal ansah, was ich geschrieben hatte, fand ich es ganz gelungen und wunderte mich über meine Verwirrung[1]. Es war, als habe damals der Schriftsteller instinktiv gewünscht, daß ich die Gefühle jenes Tages für mich behalten und nicht einmal indirekt in einem Artikel offenbaren möge. In demselben Jahr fing ich dann noch ein langes fiktionales Werk an, das in einem Land in Zentralafrika spielte. Als die Zeit kam, verlegte ich die argentinischen Gefühle und sogar das einsame Polizeigebäude im Buschland von Jujuy an meinen zentralafrikanischen Schauplatz. Als das Buch beendet war, verschwand das unangenehme Erlebnis von Jujuy aus meinem Bewußtsein; ich vergaß es. Obwohl mit ihm fünf Jahre wiederholter Reisen durch Argentinien ein Ende gefunden hatten und obwohl ich 14 Jahre lang nicht wieder nach Argentinien reisen sollte, war der Tag in Jujuy nicht Teil meiner argentinischen Erinnerungen.

[1] »Argentine Terror: A Memoir« (Argentinischer Terror: Eine Erinnerung) New York Review, 11. 10. 1979.

Aber so wie das Gefühl in den Kiefer zurückkehrt, wenn die örtliche Betäubung nachläßt, so kehrte mehr als zehn Jahre später, als das Afrika-Buch sich langsam aus meinem System geschlichen hatte und ich mich an die Einzelheiten einer Erzählung, die ich einmal auswendig gekannt hatte, nicht mehr sicher erinnerte, der Tag in Jujuy zurück. Und es kann mir — ohne den Schock des Tages an sich und ohne das gestörte Zeitgefühl, das mich die ganze Zeit ruhiggestellt hatte — bei dem Gedanken übel werden, wie nahe ich damals dem Schmutz des schmutzigen Krieges war. Tausende Männer und Frauen, viele von ihnen keineswegs Guerilleros, wurden damals aus dem Weg geräumt. Folter war Routine: Das stand in den lächelnden Augen des jüngeren Polizisten. Nur meine kleine afrikanische Pfeife weckte in dem älteren Polizisten Zweifel — und am Ende des Jahres, als ich tief in meinem zentralafrikanischen Buch steckte, sollte ich mit dem Rauchen aufhören und diese und alle anderen Pfeifen beiseite legen.

Ich glaubte nie, daß die argentinischen Guerilleros eine wirklich gute Sache verfochten. Manche waren Linke; manche waren Peronisten und warben für die Rückkehr des korrupten alten Perón; manche wollten Peronismus — eine Mischung von Nationalismus und Sozialismus und Antiamerikanismus — ohne Perón. Manche, meinte ich, hatten gar kein Anliegen; und manche waren schlicht Gangster. Sie waren mir 1972, als ich zum ersten Mal nach Argentinien reiste, ein Rätsel. Sie waren gebildete, abgesicherte Angehörige der Mittelschicht, vielleicht die erste vollständige Generation abgesicherter und gebildeter Menschen nach den großen Einwanderungsströmen aus Europa zu Beginn des Jahrhunderts und nach der Depression der dreißiger Jahre. Doch kaum hatten sie Privilegien erlangt, versuchten sie — so schien es mir — ihre Welt niederzureißen.

Was hatte sie zu ihrem Anliegen getrieben? Sicher gab es das Moment der Nachahmung, den Wunsch, den politischen Aufbruch der sechziger Jahre nicht zu verpassen. »Was die Studenten in Amerika sagen, wollen sie hier umsetzen« — dies sagte mir 1972 eine Frau, deren Guerilla-Neffe von der Polizei getötet worden war: der junge Mann hatte seine Revolution ernster genommen als die amerikanischen Studenten, denen er ebenbürtig sein wollte. Eine andere, jüngere Frau sagte mir, wie einer ihrer Freunde zu seinem Entschluß gekommen war. Sie waren ins Kino gegangen, um sich *Sacco und Vanzetti* anzusehen; danach hatte ihr Freund gesagt: »Ich schäme mich, daß ich kein Guerillero bin.«

Dann gab es noch die alte argentinische Vorstellung von Revolution. Sie umfaßte sehr viel mehr als nur Ideen von Umsturz und Chaos. Sie beinhaltete die Vorstellung, daß es möglich sei, jede politisch verfahrene Lage zu beenden und einen neuen Anfang zu machen. Sábat, der Karikaturist aus Buenos Aires, drückte es so aus:

»Jedesmal wenn ein Präsident abgesetzt wird, ziehen sie die Fahne auf und singen die Nationalhymne.« Robert Cox, der Herausgeber des englischsprachigen *Buenos Aires Herald*, sagte: »Wenn es einen Putsch gibt, ist jeder guter Dinge und geht am nächsten Morgen mit beflügeltem Schritt.«

Für einen Filmemacher italienischer Abstammung ging diese Vorstellung von Revolution auf das frühe 19. Jahrhundert und die blutigen Unabhängigkeitskriege zurück. Er fand sie nicht lustig; er meinte, sie beinhalte »die mystische spanische Vorstellung von Blut«. Ich hielt diese Worte für zu großspurig; doch nachdem ich einige Zeit im Land verbracht hatte, spürte ich, daß sie die argentinische Obsession mit Folter zum guten Teil erklärten.

Bevor ich nach Argentinien gereist war, hatte man mir schauerliche Folterdokumente zugesandt. Doch manche der Leute, die ich in Buenos Aires aufsuchte, wirkten nicht so verzweifelt wie die Botschaften, die sie ausgesandt hatten; manche schienen eher überrascht, daß ich die Sache so ernst nahm. Ein junger trotzkistischer Rechtsanwalt sagte nüchtern: »Folter ist hier ziemlich wichtig.« Als er sah, daß ich seinen Ton für zu beiläufig hielt, sagte er beschwörend, wie Eltern, die erschöpft einem schwierigen Kind zureden: »Die Folter wird erst mit einer Arbeiterregierung und dem Sturz der Bourgeoisie verschwinden.« Ein peronistischer Gewerkschaftsführer in seinem gut eingerichteten Büro sagte auf die sanfte und überlegte Art, für die er bekannt war: »Eine Welt ohne Folter ist eine ideale Welt.« Folter würde es weiterhin geben; aber es gab gute Folter und schlechte Folter. Schlechte Folter war, was die Feinde des Volkes taten; gute Folter war, was die Beschützer des Volkes den Feinden des Volkes antaten, wenn sie an der Reihe waren.

Das war 1972, als fast jeder Peronist war und die Leute sich laut über die schlechte militärische Folter beschwerten und über die gute Folter schwiegen, auf die sie sich schon freuten, wenn Perón zurückkam.

Robert Cox sagte: »Man kann sich zum Narren halten lassen. Manchmal macht man sich für jemanden stark, der einem als unschuldiges Polizeiopfer hingestellt wird. Und an seinem Grab werden dann alle Gewalttaten, an denen er beteiligt war, großartig gewürdigt.«

Selbst wenn man das Moment der Nachahmung berücksichtigt, hatte die Guerilla-Idee in Argentinien wenig mit dem Studenten-Theater von Paris und den

Vereinigten Staaten gemeinsam. Auch wenn Revolution in Argentinien nicht unbedingt die mystische Vorstellung von Blut barg, hegte sie doch die Vorstellung von körperlicher Züchtigung für die Menschen auf der falschen Seite. Hehre politische Prinzipien mündeten in diese einfachere Vorstellung von persönlicher Empörung, persönlichem Streit, Blutfehde: Zuerst spricht man dem anderen seine Sache ab und dann seine Menschlichkeit.

1880 gab es in der Innenstadt von Buenos Aires offene Abwasserkanäle und ungepflasterte Straßen. Die Bevölkerung zählte damals 300000. Bis 1915, nach der »Eroberung der Wüste« — den denkwürdigen Namen hatte man in Argentinien der Auslöschung der Pampas-Indios und der Beschlagnahmung ihres ungeheuren Gebietes gegeben — und nach der großen Zuwanderung aus Europa, zählte die Bevölkerung der Stadt bereits 1500000; und zwar der großartigen *Belle-Époque*-Stadt, erbaut im Pariser Stil, wo die Namen von Architekten und Ingenieuren in Stein gehauen oder in metallenen Buchstaben an einer Seite der hohen Portale standen. Die Eleganz war von kurzer Dauer. Nur 30 Jahre später, 1945, begann die peronistische Revolution; und 25 Jahre danach tauchte die Guerilla auf.

1977 war die Guerilla fast völlig vernichtet. Jetzt, 14 Jahre später, in einer Stadt, in der die Zeichen langjähriger Vernachlässigung zu erkennen waren, war ich unterwegs, um mit Ricardo über die Bewegung zu sprechen. Ricardo war ein Sympathisant gewesen.

Er lebte in einer Wohnung in einem heruntergekommenen, vor 1914 erbauten Häuserblock in der Innenstadt. Die Wohnung war typisch für ihre Zeit, hatte einen separaten Dienstboteneingang und winzige Dienstbotenkammern; die Räume zur Straße waren hell, die hinteren sehr dunkel. Ricardo hatte keine Dienstboten. Er war wie ein Mann, der in der alten Wohnung kampierte. Farbschichten hatten die Feinheiten von Decken und Architraven und Fußleisten verkleistert.

Er war Anfang 40, von seiner Bildung her Mittelstand. Er schien von der jüngsten Geschichte seines Landes noch immer irritiert und hatte noch keinen festen Beruf. Er gehörte zur Generation der Guerilla und war in der Tat auf eine Schule gegangen, an der einige der bedeutenderen Guerilleros unterrichtet worden waren. Er hatte sie aus der Ferne gekannt: Als er 15 war, waren sie 17.

Die Schule, das *National College of Buenos Aires,* war berühmt; es sei, sagte Ricardo, die beste Schule des Landes. Die Jesuiten hatten das College im 18. Jahrhundert gegründet und geleitet, bis sie aus dem spanischen Reich verbannt wurden. »Als das moderne Argentinien begann, wurde die Schule von einem Franzosen gemäß der damaligen französischen enzyklopädischen Bildung neu gestaltet.« 1966 hörte Ricardo in jener Schule einige der älteren Jungen im Umkleideraum nach der Schwimmstunde »die faschistische Hymne, die Mussolini-Hymne« singen. »Es war ihnen ganz schön ernst damit.« Es war zur Zeit einer weiteren militärischen Machtergreifung: Der innere Konflikt Argentiniens mit all seinem Hin und Her ging nach dem Populismus und dem wirtschaftlichen Fiasko der peronistischen Revolution weiter.

Ricardo begann zu begreifen, daß ihm in Argentinien ein Kampf bevorstand. Noch etwas trug zu seiner politischen Bildung bei. »Ende der fünfziger und in den sechziger Jahren gab es in Argentinien diese Bewegung namens Katholische Aktion, *Acción Católica.* Es war eine militante Organisation innerhalb der Kirche. Zwei Priester von der *Acción Católica* waren

Studienberater an unserer Schule. Sie waren nur zwei Blocks von der Schule entfernt. Die Montonero-Guerilla, die peronistische Guerilla-Bewegung, ging auf den Einfluß dieser beiden Priester zurück. Einer von ihnen wurde Pater Mujica genannt. Er wurde ein paar Jahre später, 1974, von paramilitärischen Einheiten getötet.«

Ich sagte: »Ich habe Mujica 1972 getroffen. Ich wußte nicht, daß er so bedeutend war. Ich hielt ihn für einen sehr eitlen Mann.«

Ricardo sagte: »Eitelkeit spielt in dieser Geschichte eine große Rolle. Im Spanischen gibt es ein Wort, *soberbia*. Stolz ist nicht die richtige Übersetzung. ›Arroganz‹ ist besser. Mujica besaß diese *soberbia*. Er stammte aus einer alten argentinischen Familie. Jeder wußte das, und er wohnte in einer guten Gegend. Aber manchmal sind Arroganz und Scham Geschwister. Oder Arroganz und Schuld. Viele Leute, die bei dieser Bewegung mitmachten, von der wir reden, hatten Schuldgefühle wegen der Rolle, die ihre Familien in der Version der argentinischen Geschichte spielten, die damals gerade in Mode war.«

Als er 20 war, gelang es Ricardo, für einige Monate außerhalb Argentiniens zu reisen.

»Ich heuerte auf einem Frachter an und verließ das Land, weil ich Abenteuer suchte, Aufregung suchte, darauf aus war, eine Persönlichkeit zu werden.« Im Mai 1970 kam er nach Paris. Am Abend seiner Ankunft machte er einen Spaziergang und stellte fest, daß er in einen Krawall geraten war. »Diese Leute feierten den Mai 1968, und auf einer Seite standen Polizisten und auf der anderen Demonstranten. Das war für mich sehr überraschend.« Es machte ihm seinen Zorn und seine Frustration und Passivität in Argentinien deutlicher bewußt. Kurze Zeit später las er in der Zeitung, daß die Montonero-Guerilla den früheren Präsidenten

Aramburu, den argentinischen General, der nach der Absetzung Peróns von 1955 bis 1958 Präsident gewesen war, entführt hatte (und später ermordete).

Er kehrte als anderer Mensch nach Argentinien zurück. Das Militär war noch an der Macht, und er war nun bereit, auf der Seite der Guerilla zu stehen.

Was wollte die Guerilla?

Er sagte, als sei er überrascht, daß ich überhaupt fragte: »Die Armee vernichten. Länder an der Peripherie, wie das unsere, empfinden sehr deutlich, was auf der Nordhalbkugel gedacht wird. ›Befreiung‹ war das Motto. Kuba lag nicht lange zurück. In Chile tat sich etwas, in Allendes Chile. Auch in Vietnam tat sich etwas.«

Aber wenn sie doch die Armee vernichten wollten, warum beklagten sie sich dann im Ausland so sehr, daß die Armee sie vernichten wolle?

Nach all diesen Jahren war seine Leidenschaft noch immer die Leidenschaft der Fehde, bei der die andere Seite immer absolut im Unrecht ist.

Er sagte: »Sie benutzten Gewehre, die vom Geld der Steuerzahler angeschafft worden waren. Und sie setzten die Folter illegal ein. Sie waren Verbrecher, faktisch Verbrecher, die vom Staat beschützt wurden.«

»Verbrecher« — das Militär benutzte das gleiche Wort, um die Guerilla zu beschreiben.

Doch dann begann Ricardo, trotz seiner Gefühle gegenüber der argentinischen Armee, an den Montoneros zu zweifeln. Sie wollten, daß Perón, der Revolutionär der vierziger Jahre, zurückkehrte: Doch Perón war jetzt sehr alt und von Gaunern umgeben.

»Ihre Vorstellung von Perón stimmte nicht. Das zweite, was ich nur schwer schlucken konnte, war ihre Behauptung, sie verträten die Interessen der Arbeiterklasse, mit der sie ganz offenkundig nur sehr wenig Kontakt hatten.« Doch er gab die Guerilla nicht gleich auf. »Sie versuchten nicht, einen zum Narren zu halten. Ich glaube, es waren aufrichtige Menschen. Es waren Menschen, denen ich vertraute, weil ich sie kannte. Und außerdem hatten sie Erfolg. Es war ihnen gelungen, aus dem Nichts eine Organisation aufzubauen, sie hatten der Polizei und der Armee getrotzt, und es gab sie noch. Also mußten sie irgendwo recht haben: sie waren nicht gescheitert. Diesem Erfolg hatte ich nur meine intellektuellen Zweifel entgegenzusetzen, die nicht wirklich von Belang zu sein schienen.«

Und dann gab es die Erregung, die die Aktionen selbst mit sich brachten, die geheimen Treffen, die Flucht in ein Dutzend verschiedene Richtungen, wenn die Polizei auftauchte, und das erneute Zusammenkommen nach einem vorher vereinbarten Plan an einem anderen Ort. Trotzdem wuchsen seine Zweifel an den Montoneros.

»Wenn wir als Truppe zusammen waren, zeigten sie manchmal — eigentlich jedes Mal — Stolz auf ihre eigenen Verbrechen.« Entführung und Mord und Banküberfälle. Die Ideologie war nicht immer deutlich. Die Montoneros sagten, sie seien Peronisten. Warum ermordeten sie dann Rucci, den peronistischen Gewerkschaftsführer? »Das war ein Verbrechen, mit dem sie Schwierigkeiten hatten. Sie konnten den Leuten schwerlich erzählen, daß sie es gewesen waren.«

Paris im Jahr 1970 hatte Ricardo, passiv und frustriert, eine Vorstellung davon vermittelt, daß Handeln möglich war. Doch die Konflikte Argentiniens waren nicht so formalisiert und geregelt wie die rituellen Krawalle von Paris, bei denen sich die Polizei auf der einen und die Studentenschaft auf der anderen Seite gegenüberstanden und hinterher alle nach Hause gingen. Argentinien war voller Haßgefühle, die nicht alle eindeutig waren, nicht immer auf Prinzipien zurückgeführt werden konnten. Argentinien war viel blutiger, voller echter Morde. Ricardo spürte, wie er in einem moralischen und politischen Chaos versank. Er hatte noch keine große Aktion unternommen; in dieser Hinsicht war er noch nicht kompromittiert; und es war ihm möglich, sich von der Guerilla zu lösen.

Er sagte: »Argentinien ließ die Menschen zuviel träumen. Wenn die Träume zerstoben, waren Zorn und Suche nach den Schuldigen die Reaktion. Viele der Guerilleros waren Enkel von Einwanderern. Und die Männer in der Armee auch. Zwischen den beiden Parteien gab es viele familiäre Beziehungen, weil es im Grunde ein Kampf innerhalb einer bestimmten sozialen Schicht der Gesellschaft war. Sie waren keine Großgrundbesitzer; sie gehörten nicht zur Arbeiterklasse. Sie waren Menschen, die aufgrund ihrer Bildung ein gewisses soziales Fortkommen erwarteten, und sie bekamen das Gefühl, daß sich aus verschiedenen Gründen die Türen vor ihnen schlossen.«

Zu Beginn des Jahrhunderts, heute nur schwer vorstellbar, gab es eine Zeit, in der Argentinien glaubte, mit all seinem fruchtbaren Brachland, seiner eroberten »Wüste«, all seinem neuen Reichtum der Pampas den Vereinigten Staaten ebenbürtig zu sein; und es zog die gleichen europäischen Einwanderer an. Aber Argentinien war ein Schwindel; es war nie ein Land für Pioniere; es hatte eine koloniale Agrarwirtschaft von riesigen Dimensionen um die großen Estanzias und Güter herum aufgebaut. Argentinien brauchte keine Pioniere; es brauchte bloß Arbeiter. In den Vereinigten Staaten machten die Enkel der Einwanderer, die Ende der sechziger Jahre Revolution spielten, in Wirklichkeit nur in einem offenen und reichen und vielseitigen Land ihren Weg. In Argentinien war die Revolte derselben Generation, mit einer mehr oder weniger gleichen Vorgeschichte, verzweifelter.

Die Revolte hatte eine religiöse Seite. Darüber wollte ich mehr erfahren, und eines Morgens begleitete Ricardo mich in der Frühe zu einem Überlebenden der Jahre nach 1970. Wir trafen uns im Büro des Mannes im Zentrum von Buenos Aires, vor Geschäftsbeginn. Der Aufzug funktionierte nicht; die Täfelung von der Jahrhundertwende war matt und fleckig. Wie Ricardos Wohnung wirkten diese Geschäftsräume aus einer besseren Zeit wie ein Ort, an dem jemand kampierte.

Der Mann, den wir treffen wollten, war recht groß, um die 40, dick geworden. Er trug einen braunen Anzug. So wie Ricado Melancholie ausstrahlte, suggerierte dieser Mann Schwerfälligkeit und Stumpfsinnigkeit. Er ging in seinem düsteren Büro einer stumpfsinnigen Arbeit nach; er hatte ein teigiges, ausdrucksloses Gesicht. Es fiel schwer, ihn sich als Mann mit einem Gewehr vorzustellen.

Von Anfang an redete er abstrakt.

Er sagte: »Die Vorstellung, Zeugnis zu geben, einen Lebensentwurf *(un proyecto de vida)* zu verwirklichen, in dessen Mitte die Sorge für andere steht, hat nicht nur katholischen Ursprung. Das entstammt auch der Tradition der Linken.«

Der Katholizismus gehörte zu seinem Hintergrund. Auf seiner Privatschule, auf der nationalistische und faschistische und linke Ideen vertreten waren, stellte er fest, daß seine katholischen Instinkte sich mit den Vorstellungen der Linken deckten. Welche Vorstellungen im besonderen?

»Die Vorstellung vom Neuen Menschen, die Vorstellung vom Revolutionär als Identität, dem Revolutionär, der sich der Ungerechtigkeit entgegenstellt. Wenn eines der Gebote der jüdisch-christlichen Kultur lautet, man solle seinen Nächsten lieben — was auch bedeutet, daß Gott im Nächsten ist —, dann kann ich der Not dieses anderen gegenüber nicht gleichgültig sein, und ich meine nicht nur seine materielle Not, sondern auch seine kulturelle und geistige Not. Das ist Teil des Evangeliums. Damals deckte sich das mit der Ideologie der Linken — Che Guevara, der Neue Mensch, die kubanische Revolutionstradition, die marxistische Revolutionstradition. Der Neue Mensch ist eine kulturelle Einstellung. Sie entlarvt die herrschende Kultur, tritt ihr entgegen und prangert sie an« — die Worte kamen genau so heraus: Die wohlklingenden Laute des Spanischen können Menschen dazu verführen, mehr Worte als nötig und immer wohlklingendere Worte zu machen —, »wenn diese Kultur als Herrschaftsinstrument angesehen wird.«

Ich wollte die Stationen kennenlernen, an denen sein katholischer Glaube und sein Glaube an den Neuen Menschen, so weit gefaßt und abstrakt, sich auf den Guerillakampf verengt hatten. Dieser Kampf war etwas Besonderes; manchmal schien er — sogar für jemanden wie Ricardo — mit rätselhaften Feindschaften zu tun zu haben.

Er gab nicht die Antwort, auf die ich hoffte. Er sagte: »Es gleicht dem Prozeß einer Bekehrung, Bekehrung in politischer Hinsicht. Und es geht sehr schnell. Man kommt zu der Vorstellung, daß man die Geschichte ändern kann, daß die Geschichte nicht ihrem eigenen festgeschriebenen Lauf folgt. Und ich verpflichtete mich der Sache. Ich gab meine berufliche Laufbahn auf, meine Familie, mein gesellschaftliches Leben und fing an zu tun, was ich tun mußte. Man entwickelt auch das deutliche Gefühl der Zugehörigkeit zu einer Gruppe, einer neuen Gruppe, nicht der, die man von den Eltern mitbekommen hat. Obwohl meine Familie tolerant war und mich sehr unterstützte.

Der Begriff der Verpflichtung beinhaltete auch die Vorstellung von körperlichem Risiko. Es ist einfach. Wenn man das Richtige tut, glaubt man, daß man richtig handelt, und achtet, was man tut. Auf einer bestimmten Stufe des Kampfes versucht man, mit der eigenen Angst und Einsamkeit fertig zu werden. Doch in meinem Fall war das Wichtigste nicht der Kampf selbst, sondern die Selbstachtung, die mir aus dem Kampf erwuchs. Die Selbstachtung erwuchs daraus, daß ich das Richtige tat.«

Ich sagte: »Das ist eine religiöse Einstellung. Sie ist fast priesterlich.«

Der Mann in dem braunen Anzug sagte: »Das war sie auch.«

Ricardo sagte zu mir: »Sie finden das seltsam? Das liegt daran, daß Sie kein Christ sind. Das psychologische Szenario hatte mit dieser Tradition zu tun.«

Schritte erklangen auf den massiven Marmorstufen, und eine Frau betrat das vordere Büro: eine Sekretärin, die sich anschickte, den Arbeitstag zu beginnen.

Der Mann im braunen Anzug sagte: »Unsere katholische Erziehung machte uns militant. Da fing es an, mit der Vorstellung von Dienst und Disziplin.« Und dann — noch jemand kam ins Büro, und Ricardo und ich wollten gehen — stand er auf und sagte: »Was daraus entstand, war manchmal eine Perversion.« Das war letztlich wie ein Eingeständnis der Verwirrung und des Unheils, die über seine Sache gekommen waren.

Auf der Straße sagte Ricardo: »Der Bursche« — Ricardo gebrauchte das Wort unparteiisch — »hat sich Ihnen als besiegter Mann gezeigt, als Angehöriger einer besiegten Generation.«

Ich wünschte allerdings, ich hätte ihn dazu bewegen können, konkreter zu erzählen. Vielleicht wollte er, weil seine Sache so gründlich gescheitert war, nicht von wirklichen Menschen und wirklichen Ereignissen sprechen. Doch es war auch möglich, daß die Abstraktionen seine Denkweise widerspiegelten. Die

Prinzipien, nach denen er zu leben versucht hatte, waren die seinen und das, woran er festhalten mußte. Der Kampf (*protagonismo* war das Wort, das er gebrauchte), in den ihn diese Prinzipien geführt hatten, war von anderen, denen er sich anvertraut hatte, geplant worden und war seinem höheren Ziel untergeordnet.

Ricardo und ich tranken in einem Studentencafé eine Tasse Kaffee.

Ricardo sagte: »Konsequente Ideen ziehen mich unwiderstehlich an, wenn ich sie begreifen kann. Mangelnde Konsequenz haben wir teuer bezahlt.«

Die Straße, auf die wir hinaustraten, war sehr breit: Mit der Stadt der Jahrhundertwende hatte man große Dinge vorgehabt. Schwarzer Qualm quoll aus den Auspuffrohren kleiner und lauter einheimischer Busse, die zwischen den Ampeln dahinächzten. Über ihnen waren die *Belle-Époque*-Gebäude verschwenderisch mit Spinnweben überzogen — von den schwarzen Telefondrähten einer Anlage, die 1945, zu Beginn seiner Revolution, von Perón unter großen Kosten verstaatlicht worden war, einer Anlage, die seither weniger eine öffentliche Dienstleistung gewesen war als vielmehr eine Herausforderung für jeden Telefonarbeiter: Die dicken schwarzen Fäden entspannen sich gleichsam den Eingeweiden der Stadt und hingen über ihr wie ein Sinnbild für fast ein halbes Jahrhundert revolutionärer Plünderei und Verschwendung.

Die Guerilleros der siebziger Jahre, gebildete Männer und Frauen, Enkel von Einwanderern, hatten Peróns Revolution weitergeführt. 20 Jahre später (mit der Unterdrückung, die sie heraufbeschworen hatten, und allem, was der Unterdrückung gefolgt war) konnte man meinen, sie hätten das Land noch ärmer gemacht und zum Narren gehalten.

Fast jeder auf dieser Straße war wahrscheinlich vom Geld besessen: nicht bloß davon, seinen Lebensunterhalt zu verdienen, sondern den Wert des Geldes zu erhalten. Sich eine Woche lang nicht um sein Geld zu kümmern hieß, es zu verlieren. Die Inflation, die zu Peróns Zeiten begonnen hatte, war in den vergangenen 20 Jahren galoppiert. 1972 hatte mich eine Bankwerbung irritiert, die 24 Prozent Jahreszinsen geboten hatte; seither hatte die Inflation manchmal 100 Prozent im Monat erreicht; jetzt, mit der neuen rigorosen Politik, lag sie offiziell bei ungefähr 4 Prozent im Monat.

Ricardo sagte über die Guerilla der Siebziger: »Nur ein Teil der Intelligenz war darin verwickelt, aber alle wurden massiv angegriffen. Ein Intellektueller zu sein war damals gefährlich. Die Unterdrückung wurde massiv.« So wie es in Argentinien gute Folter und schlechte Folter gab, je nachdem, auf welcher Seite man stand, so gab es für Ricardo immer noch den guten Krieg, den die Guerilleros kämpften, und den schlechten Krieg, die »Unterdrückung« durch die Armee. »Ein großer Teil der Intelligenz mußte fliehen, und dafür zahlt das Land noch heute.«

Er fing an, seine Melancholie auf seine Vorstellung von der Zukunft zu übertragen. Eines Tages würde es mehr Guerilleros geben, sagte er. Sie würden nicht die »Eleganz« der Guerilleros der Siebziger haben; sie würden eher dem Sendero Luminoso von Peru ähneln, getrieben von Blut und Zorn.

»Die Guerilla der Siebziger bemühte sich um eine ethische Einstellung, einen ethischen Vorteil gegenüber ihren Feinden. Sendero hat das aufgegeben. Sie spielen nicht mehr die guten Jungs. Das könnte auch hier geschehen. Man fährt heute mit dem Zug in die Vorstädte und kommt in Kontakt mit Leuten, von denen man nicht weiß, wie man sie in die Gesellschaft der Zukunft wieder eingliedern könnte. Sie sind für uns nicht als menschliche Wesen erkennbar. Es sind Mestizen.« Menschen aus dem alten indianischen Norden. »Sie schießen aus dem Boden wie Pilze.«

Was Ricardo sagte, stimmte: In diesen Vorstädten schien die pariserische Stadt wieder ihrer südamerikanischen Erde anheimzufallen.

»Das Feudalsystem ihrer Herkunft, das System, aus dem ihre Eltern kamen, will sie nicht mehr. Es schließt sie nicht mehr ein und befriedigt sie auch nicht mehr. Und das kapitalistische System der Stadt hat keinen Platz für sie. Daher sind sie zu Geächteten geboren. Die Sendero-Guerilla hat für diese Art Menschen eine gewisse Anziehungskraft. Wie auch manche religiösen Gruppen — das ist übrigens eine wichtige neue Erscheinung: Diese amerikanischen Fernsehprediger beginnen herzukommen.«

2

Als ich Pater Mujica 1972 kennenlernte, wußte ich nicht, daß er ein Förderer der Guerilla war. Ich bin mir heute sicher, daß Daniel, der mich zu ihm brachte, es wußte. Daniel legte großen Wert darauf, daß ich Mujica kennenlernte; aber er sagte mir nur, Mujica sei einer der »Priester für die Dritte Welt« und gehöre zur argentinischen Oberschicht. Daniel war ein ehrbarer mittelständischer Geschäftsmann; und selbst damals fand ich sein Interesse an dem, was er als Mujicas Anliegen geschildert hatte, ein wenig seltsam. Es zeigte, in welchem Umfang die Guerilleros 1972, bevor Perón zurückkam und es wirklich ungemütlich wurde, aus der Gesellschaft heraus operierten und — trotz der Polizeihunde auf den Straßen und den Polizisten mit Maschinenpistolen an den Straßenecken — in Wirklichkeit geschützte Menschen waren.

Mujica war Priester einer Kirchengemeinde in einer *villa miseria,* einer indianischen Hüttenstadt im Bezirk Palermo. Palermo ist für Buenos Aires, was Kensington Gardens für London sind oder der Bois-de-Boulogne für Paris. Palermo hat einen großen Park. (Und eine stattliche Zahl national-patriotischer Denkmäler: für die Heimatgeschichte viel zu pariserisch. Der Park selbst war auf dem Buenos-Aires-Gut des Viehzüchters und Kriegsherrn Rosas angelegt, der einige Jahre nach der Unabhängigkeit an die Macht kam und dann auf seine rücksichtslose Art Argentinien fast ein Vierteljahrhundert lang, bis 1852, regierte.)

Die etwa 15 Jahre alte *villa miseria* in Palermo lag versteckt. Man konnte die breiten, tosenden Straßen hinunterfahren, ohne sie zu sehen. Sie lag direkt am Fluß, und sie war unerwartet groß und wirkte solide und beständig. Sobald man sie betrat, hatte man das Gefühl, daß man Palermo und Buenos Aires verlassen hatte. Die Bewohner waren Indios aus dem hohen Norden, aus Salta und Jujuy; Daniel sagte, manche kämen sogar aus Bolivien. Die Gassen waren ungepflastert und morastig. Die kleinen Häuser waren niedrig und standen dicht beieinander, aber sie waren aus Ziegeln und hier und da zweigeschossig. Mit der frühabendlichen Geschäftigkeit und dem weichen Licht der elektrischen Lampen, hier ebenso trübe wie in der ganzen Stadt, sah sie gar nicht so schlimm aus; in Indien hätte diese argentinische *villa miseria* als wohlhabender Basarbezirk einer Kleinstadt durchgehen können.

Mujicas Kirche war ein großer, ungeheizter Betonschuppen. Es gab keine sichtbaren religiösen Symbole, zumindest keine, an die ich mich erinnere; und ihre Raumaufteilung hatte nichts Kirchliches. Sie bot Musik: ein elektrisch verstärktes argentinisches Lied — auch dieses ohne Hinweis auf Gott oder Religion.

Mujica war in seinem Schuppen, und er schien ganz zu der Inszenierung zu gehören. Er war ein großer Mann, geschäftig und ernst und finster blickend. Die schwarze Lederjacke, die er anhatte, ließ Arme und Oberkörper kräftig erscheinen. Sein Haar war dünn, und seine Augen waren zornig. Daniel, der ihn schon kannte, verfiel sogleich in eine ehrerbietige Haltung, ging ruhig und leise und blickte unverwandt auf den großen Mann. Mujica gefiel es, dermaßen herausgestellt zu werden; doch ich spürte, daß er etwas von einem Schauspieler hatte und — um in Gegenwart Daniels seinem Ruf gerecht zu werden — Probleme machen würde.

Bald genug bot ich ihm den Anlaß dazu. Ich fragte nach den Priestern für die Dritte Welt. Er sagte, ein wenig ironisch, er sei »zufällig« auch Peronist; und dann fügte er hinzu, wobei die Ironie ihn völlig übermannte und er am Ende ein wenig aufgebracht wurde, daß er als Peronist sich *nicht* so sehr wie andere mit wirtschaftlichem Wachstum befasse.

Ich fragte, wie viele Menschen in der *villa miseria* lebten. Er sagte in seiner ausweichenden Art, daß für jeden, der gehe, zwei Neue kämen. Ich drängte ihn, eine Zahl zu nennen. Er sagte, vor ein paar Jahren seien es nur 40000 gewesen; jetzt wären es 70000. (Daniel hatte mir gesagt, 30000.) Wegen der Dummheit der Regierung gäbe es im Landesinneren keine Arbeit, sagte Mujica; deshalb kämen die Indios stetig aus dem Norden herunter. Ich wunderte mich, wie er das mit seiner peronistischen Ablehnung der Idee von von wirtschaftlichem Wachstum in Einklang bringen könnte. Ich fragte das nicht, um zu streiten. Argentinien 1972 war verwirrend für einen Besucher; und ich wußte nicht, was Peronismus bedeutete.

Mujica wurde wütend. Er sagte, er habe Wichtigeres zu tun, und er werde seine Zeit nicht damit verschwenden mit einem *norteamericano,* einem Amerikaner, zu sprechen. Er wandte sich von Daniel und mir ab und ging, von Wut zur Leutseligkeit der Oberschicht umschaltend (wie um uns zu zeigen, was wir verpaßt hatten), auf eine in schwarze Umhänge gehüllte, verängstigt dreinschauende bolivianische Familie zu, niemand größer als ein Meter sechzig, die gerade den Betonschuppen betreten hatte. Er breitete die Arme aus, als wolle er sie alle an seine lederbedeckte Brust ziehen.

Wenn ich gewußt hätte — was Daniel wußte —, daß Mujica Beziehungen zur Guerilla hatte, wäre ich vielleicht anders auf ihn zugegangen. Wie die Dinge lagen, glaubte ich, ich könne von diesem speziellen Priester für die Dritte Welt nicht mehr erfahren. Außerdem war es in dem Schuppen kalt und feucht. Es war Ende Mai, Winter in Argentinien; der Abendnebel vom Rio de la Plata machte sich langsam im trüben elektrischen Licht bemerkbar. Und das argentinische Lied aus Mujicas Musikanlage war wirklich sehr laut.

Ich sagte Daniel, wir sollten gehen. Er sah unglücklich drein. Er stand mehr auf Mujicas Seite als auf meiner. Er sagte, ich solle wenigstens bleiben und dem Pater sagen, daß ich kein Amerikaner sei. Ich hatte das Gefühl, daß ich Daniels Ansehen bei Mujica schaden würde, wenn ich nicht tat, worum er mich bat. Also wartete ich. Als Mujica mit den Bolivianern fertig war, gingen sie und setzten sich demütig auf eine Bank, blickten auf den Betonfußboden und beteten in dem leichten Nebel.

Daniel, im Mantel, still dastehend, den Blick jetzt auf Mujicas Rücken geheftet, sagte zu mir: »Gehen Sie und sagen Sie es ihm.«

Ich ging und sagte zu dem lederbedeckten Rücken: »Pater, ich bin kein Amerikaner.«

Er drehte sich um; er war beschämt. Sein Blick wurde weich; aber als wir wieder miteinander redeten und ich noch einiges über den Peronismus wissen wollte, kehrte sein Ärger zurück.

Er sagte: »Nur ein Argentinier kann den Peronismus verstehen.« Peronisten seien nicht bloß die Angehörigen der Mittelschicht, die ich kennengelernt hatte: alle Indios in der *villa miseria* Palermos seien Peronisten. »Ich könnte fünf Jahre lang mit Ihnen reden, und Sie würden den Peronismus noch immer nicht verstehen.«

So wie er es erklärte, beinhaltete der Peronismus sowohl Castroismus als auch Maoismus. In Maos China habe man der industriellen Gesellschaft den Rücken gekehrt und befasse sich mehr mit »der Entwicklung des menschlichen Geistes«. Das gelte auch für den Castroismus, und der Peronismus in Argentinien habe ein ähnliches Ziel. Doch es gebe Feinde. Er sagte sie her (während seine schwarzgekleideten Bolivianer in seinem Heiligtum beteten): die Oligarchie, das Militär und der amerikanische Imperialismus, der sich in Argentinien durch wirtschaftliche Kontrolle äußere. Diese Feinde saugten das Land aus.

Von der Theorie »der Entwicklung des menschlichen Geistes« als einem Ziel, das sich alles verzeihen konnte, vermochte Mujica mühelos zur Vorstellung vom Feind zu springen, der einfach da war, und zu der sehr konkreten Vorstellung von körperlicher Züchtigung. In dieser Hinsicht glich Mujica dem jüdischen peronistischen Rechtsanwalt, den ich kennengelernt hatte und der die Feinde des argentinischen Volkes auf nahezu aristotelische Art kategorisierte. »Im wesentlichen«, sagte der Rechtsanwalt, »sind der amerikanische Imperialismus und seine natürlichen Verbündeten die Feinde. Diese Verbündeten sind: die Oligarchie, die abhängige Bourgeoisie, der internationale Zionismus, die Sepoy-Linke. Mit Sepoys meine ich die Kommunistische Partei und den Sozialismus im allgemeinen.«

Viele Leute hatten ähnliche kleine Listen von Feinden, und wenn man ein paar dieser Listen nebeneinanderlegte, dann stellte sich fast jeder in Argentinien als Feind von irgend jemandem heraus.

Eine Freundin von Daniels Frau hatte eine rassische Rangliste. Eines Abends beim Abendessen sagte sie zu mir: »Wenn wir bloß mehr nordisches Blut hätten, mehr Menschen aus Europa — ich meine nicht Polen. Wenn wir bloß mehr Deutsche hätten, mehr Engländer, mehr Holländer, um die Rasse zu erneuern und zu verbessern. In Buenos Aires und Rosario haben wir eine gutaussehende Rasse. Aber die Leute im Norden, die reinrassigen Indios, sehen nicht gut aus. Sie sind winzig. Schrecklich.«

Die Gruppe, zu der diese Frau gehörte, stand ihrerseits auf der rassischen Rangliste eines Mannes mit entfernt irischer Abstammung — ein Vorfahre war wohl zu Beginn des 19. Jahrhunderts als Schäfer oder Grabenbauer herübergekommen. Er sprach nur noch Spanisch und arbeitete an einer Provinzuniversität. Er hatte keinen Zweifel, worin das Unglück Argentiniens begründet lag. Eines Tages erzählte er mir flüsternd in der Bibliothek die Geschichte des früheren Präsidenten Roca, des Eroberers der Wüste, der gegen Ende des 19. Jahrhunderts Buenos Aires besuchte und eine Schiffsladung italienischer Einwanderer erblickte. »Mein armes Land«, sagte Roca, »es wird ein trauriger Tag für dich sein, wenn du von den Kindern dieser Leute regiert wirst.« Und jetzt, sagte dieser unwahrscheinliche Ire mit seinem durchdringenden spanischen Flüstern, sei dieser Tag gekommen.

»In Argentinien«, sagte Sabát 1972, »gibt es ein formales Rassenvorurteil gegen alle *(un perjudicio racial integral contra todos).* Was wir heute hier erleben, ist eine Art kollektiven Wahns. Denn früher war es hier immer leicht, an Geld zu kommen. Es gibt hier die Redensart, daß die entscheidende Revolution an dem Tag ausbrechen wird, an dem man kein Beefsteak, das sogenannte *bife de chorizo,* mehr bekommt.«

Die Einwanderergesellschaft löste sich auf, und Argentinien wurde so haltlos wie das Spanien, von dem Ortega y Gasset Anfang der zwanziger Jahre geschrieben hatte. Grundverschiedene Völker, hatte Ortega geschrieben, kämen nicht nur aus Freude am Zusammenleben zusammen, sondern um morgen zusammen etwas zu tun. Diese Hoffnung, die für die Gestaltung eines Einwandererlandes notwendig ist, war verschwunden, und an ihrer Stelle standen wachsender Zynismus und Sittenverfall.

Der junge Filmemacher, den ich kennengelernt hatte, definierte diesen Zynismus gut. »Ich bin selbst Italiener, aber vieles von dem, was ich hier nicht mag, bringe ich mit Italien in Verbindung — beispielsweise den Ereignissen zuzuschauen und die Situation, die daraus entsteht, auszunutzen. Das ist eine Einstellung der Mittelschicht, aber ich schätze, man fängt an, zum Zyniker zu werden, wenn man die eigene Skepsis ausnutzt, um Profit aus den Dingen zu schlagen.«

Ohne Zynismus zu sein hieß, ohne Schutz zu sein; es hieß, Schmerz zu fühlen. Der Dichter Jorge Luis Borges fühlte diesen Schmerz. Seine Vorfahren reichen bis in die spanische Kolonialzeit zurück. Manche hatten im Unabhängigkeitskrieg gegen Spanien und in den darauffolgenden Bürgerkriegen gekämpft. Borges wurde 1899 geboren; aus seiner Kindheit hatte er Erinnerungen an die Erbauung der großen neuen Stadt Buenos Aires. Seine frühen Gedichte hatten von seinen Vorfahren gehandelt, vom Tod und von der

Erschaffung eines Landes. Als junger Mann sei er argentinischer Patriot gewesen, sagte er 1972, ein viel größerer Patriot als sein Vater. »Man lehrte uns, alles Argentinische anzubeten.«

Doch dann, er war gerade Anfang 40, war der peronistische Umsturz gekommen; und das Land, kaum erschaffen, begann zu zerfallen. Borges war in der peronistischen Ära gedemütigt worden; man hatte ihn gezwungen, seine bescheidene Arbeit bei der städtischen Bibliothek aufzugeben. Heute, 20 Jahre später, waren peronistische Guerilleros in der Stadt aktiv; bewaffnete Polizisten waren auf den Straßen; und Perón war im Begriff zurückzukehren. Die einzige Möglichkeit für Borges, mit dieser neuen Wende der argentinischen Geschichte zurechtzukommen, bestand darin, sie zu ignorieren. Allein der Name Perón, sagte er, sei zu verächtlich, um in der Öffentlichkeit ausgesprochen zu werden, »so wie man in der Poesie bestimmte Worte vermeidet«. Seine Arbeit war sein Trost. »Wir können uns auf ein trojanisches Ende freuen.«

Ein wenig von seiner Traurigkeit kam in einem kurzen Gedicht zum Ausdruck, das er in diesem Jahr, 1972, dem Schriftsteller Manuel Mujica Lainez — einem entfernten Verwandten von Pater Mujica — widmete. Mujica Lainez (1910–1984) lebte wie in einem englischen Landhaus in einer Kleinstadt im Hügelland Córdobas. Sein großes, düsteres, schön eingerichtetes Haus in einem feuchten kleinen Tal hatte etwas von der Atmosphäre von Stephen Tennants Wilsford Manor in Wiltshire. Die Eroberung der Wüste und die ungeheure Expansion Argentiniens im späten 19. Jahrhundert hatten einer Reihe alter Kolonialfamilien Reichtum, Bildung und sogar so etwas wie überlieferten europäischen Lebensstil gebracht und dazu die Vorstellung von Argentinien als einer

Errungenschaft, die mit den nationalen Denkmälern von Buenos Aires zu Recht gefeiert würde.

1934 hatte Borges in einem auf englisch verfaßten Gedicht über die Denkmäler seiner Vorfahren geschrieben: »I offer you my ancestors, my dead men, the ghosts / that living men have honoured in bronze.« Jetzt, 1972, endete das Gedicht, das Borges Mujica Lainez gewidmet hatte: »Manuel Mujica Lainez, einst hatten wir beide ein Land — erinnerst du dich? — und wir haben es beide verloren.«

Manuel Mujica Lainez, alguna vez tuvimos
Una patria — ¿recuerdas? — y los dos la perdimos.

Zwei Jahre später, 1974, war der andere Mujica, der Dritte-Welt-Priester in der Hüttenstadt Palermos erschossen worden, um Schuld und (wie Ricardo sagte) die alte Vorstellung von der argentinischen Geschichte zu sühnen. Auch er hatte auf jemandes Liste gestanden. Perón war mittlerweile zurückgekehrt; er war sehr alt und dem Tode nahe. Er hatte sich gegen die Guerilleros gewendet, die ihm zur Rückkehr verholfen hatten; so war am Ende der Peronismus, den er — und sein schrecklicher Hofstaat — zurückgebracht hatte, noch ebenso räuberisch und mörderisch wie 20 Jahre zuvor. Einen oder zwei Tage lang, vielleicht eine Woche, nicht länger, verkündeten Plakate den Namen des ermordeten Mujica. Das war kaum eine Ehre. Die Mauern von Buenos Aires waren über und über mit vielen verschiedenen Namen und Parolen bekritzelt. Diese Wände waren das visuelle Gegenstück eines unablässigen öffentlichen Getöses. Es gab nun zu viele Märtyrer, zu viele Feinde; die revolutionären Anliegen waren unleserlich geworden.

Zwei Jahre später sollte die Armee wieder die Macht übernehmen. Sie sollte all die Plakate abreißen und alle Mauern weißen, und sie sollte anfangen, die

Guerilleros zu töten. Innerhalb eines Jahres hatten sie die verschiedenen Bewegungen zerschlagen; und die weißen Mauern der Stadt — alte Kritzeleien schimmerten schwach durch — sollten von einer entwurzelten Generation erzählen, von gebildeten Menschen, die wie ihr Förderer Mujica hohe religiöse und politische Ideale in elementare argentinisch-spanische Vorstellungen von Feind und körperlicher Züchtigung und Blut verwandelt hatten.

3

Nach 14 Jahren kam ich wieder nach Salta. Ich flog von Buenos Aires nach La Rioja und fuhr von dort mit dem Bus weiter, über zwei Tage lang, die Bergpässe hinauf und hinunter durch die weiten Zuckerrohrtäler.

1972 hatte mir Borges, ein echter Einwohner von Buenos Aires, erzählt, wenn er mit Leuten aus Salta zusammen sei, habe er das Gefühl, unter Fremden zu sein. In der Provinz Buenos Aires, sagte Borges, sei ein Gaucho ein Reiter der flachen Pampas; in Salta sei ein Gaucho ein Reiter in den Bergen. (Und Borges fügte, mit der für ihn üblichen automatischen Höflichkeit, hinzu: »Sie waren die besseren Reiter, nehme ich an.«) Eine andere Landschaft, eine andere Geschichte: Buenos Aires lebte von seinem Atlantikhafen, während Salta und der gesamte nördliche Teil Argentiniens von Peru und vom Pazifik aus kolonialisiert worden waren.

Was für Entfernungen — von Spanien in die Karibik, der Transport zum Pazifik und von dort nach Peru und südlicheren Orten! Salta lag am Ende einer Reichsstraße, die Spanien über zwei Jahrhunderte lang beschützt und gesichert hatte. Spanien schien unvorstellbar weit. Doch wenn man auf dem Hauptplatz von Salta stand — der im Jahre 1852 nach spanischem Brauch an einem einzigen Tag angelegt worden war —, bekam man ein starkes Bewußtsein von Spanien, vom spanischen Reich, der spanischen Eroberung. Ein Regierungsgebäude war im Pariser Stil von Buenos Aires errichtet; das Hotel Salta, für Ferienreisende 1941 gebaut, sorgfältig »kolonial« gehalten, erzählte von den letzten Tagen des alten Argentinien, kurz vor Perón. Aber fast alles andere an dem Platz, die große Kirche, die Glockentürme, die von Arkaden überdachten Gehsteige, der hohe und üppig grüne Park, erzählte von Spanien. Das Denkmal, das an den 400. Geburtstag der Stadt erinnerte, war nicht — wie es in den selbstsichereren Tagen in Buenos Aires der Fall gewesen wäre — ein Tribut an Argentinien, sondern eine Büste des Herzogs von Lerma, der vom so weit entfernten Spanien aus Befehl gegeben hatte, an dieser Stelle eine Stadt zu gründen. Welchen Verlauf die Geschichte auch anderswo genommen hatte, wie auch immer die gegenwärtige Lage Spaniens war, hier stand es weiterhin an erster Stelle.

Es war Ostern. Lautsprecher an Pfosten im Stadtpark verstärkten den Gesang in der Kirche, doch nicht zu laut — eine Frauenstimme, allein und rein, die zur Wohltat des grünen Gartens beizutragen schien, ein Grün, so satt und tief, daß es ein kühles grünes Licht zu verbreiten schien. Leute saßen in diesem Licht auf Bänken oder gingen spazieren oder kauften oder verkauften etwas. Einige standen auf den Stufen der Kirche; einige gingen hinein und blieben dort stehen. Die Kirche, von außen unscheinbar, glitzerte über dem Altar. Man mußte zwischen den stehenden Menschen ziemlich weit nach vorn gehen, bis man sehen konnte, daß die Frau mit der reinen Stimme eine junge indianische Nonne war, klein, mit bedecktem Kopf und einer modernen Tracht, die nicht weit unter den Knien ihrer O-Beine endete. Und zu all den Empfindungen hinsichtlich des Wunders von Spanien und der spanischen Höflichkeit Saltas, bei Kellnern und anderen, gesellte sich beim Anblick der jungen indianischen Nonne, die auf ihre Art Frieden mit der Welt geschlossen hatte, ein völlig anderes Urteil über die fortdauernde Grausamkeit der spanischen Eroberung.

Von dieser Grausamkeit des 16. Jahrhunderts, die am Ende des 20. noch weiterlebte, war im Norden immer etwas zu spüren: in den Zuckerrohrfeldern, den indianischen Gesichtern, den indianischen Häusern. Gold und Sklaven, *encomiendas,* »Schenkungen« von der spanischen Krone in Form von Indios — das lockte die ersten Spanier von Peru nach Süden.

Und es gab Grausamkeit in den anderen Argentinien, die folgten. Grausamkeit ist das eigentliche Thema des Gaucho-Volksepos *Martín Fierro* (erster Teil 1872), das einem argentinischen Nationalepos am nächsten kommt. In Buenos Aires werden in Wildleder gebundene Ausgaben dieses Buches als Andenken verkauft. In der argentinischen Vorstellung ist das Gedicht — von José Hernandez (1834–1886), für nichts anderes bekannt — das Denkmal einer besseren und reineren Zeit, als der Gaucho, ein freier Mann, über die zaun- und grenzenlose Pampa ritt und das Land voller glorreicher Möglichkeiten war. Doch das Argentinien des Gedichtes ist, obwohl es wild erscheint, bereits korrupt, ohne Gerechtigkeit. Der Gaucho-Held ist in Wirklichkeit ein Mann auf der Flucht, zwischen indianischer und argentinischer Barbarei gefangen. Er ist beständig in Gefahr, zum Militär gepreßt zu werden — und seines Lohns beraubt und wegen kleinerer Übertretungen ausgepeitscht zu werden —, um die Indios im Grenzland zu bekämpfen, um das Land für andere zu erobern.

Es besteht eine gewisse Ähnlichkeit zwischen *Martín Fierro* und einem nur wenige Monate später veröffentlichten russischen Abenteuerroman, Nikolai Leskows *Der verzauberte Wanderer* (1873). Leskow (1831–1894) ist praktisch ein Altersgenosse von José Hernandez; seine Geschichte, die in einer Zeit russischer Expansion erschien, handelt von einem einfachen Russen, der zwischen russischer und tatarischer Barbarei gefangen ist. Leskow ist am besten, wenn er eine starke Geschichte zu erzählen hat; und seine besten Geschichten sind die schmerzlichsten; sein allem zugrundeliegendes, durch seine religiöse Besessenheit zugespitztes Thema ist die russische Grausamkeit. Leskows verzauberter Wanderer gleicht, als er zum Gefangenen der Tataren wird, dem Gaucho Martín Fierro als Gefangenem der Pampas-Indios: Beide sind Männer in der Hölle, und beide haben eigentlich nichts, zu dem sie zurückkehren können.

Die wahre Eroberung der Wüste — *desierto* steht in der argentinischen Wendung *la Conquista de Desierto* nicht für Sand, sondern für eine grüne und üppige Wildnis — folgte unmittelbar auf die Veröffentlichung des zweiten Teils von *Martín Fierro* (1879). Diese Eroberung hatte nichts mit Tapferkeit zu tun; mit Hilfe der Eisenbahnen und des Remington-Gewehres löschte Präsident Roca in sechs Feldzügen die Pampas-Indios aus. Ein riesiges neues Territorium, eben und fruchtbar und baumlos, nie für Ackerbau genutzt, wurde unter einer Handvoll Menschen aufgeteilt. Es war, als hätten — wie bei der ersten spanischen Eroberung — Menschen, die Generationen lang arm gewesen waren und nie erfahren hatten, daß menschliche Bedürfnisse gestillt werden konnten, in sich nichts als grenzenlose Gier entdeckt, sobald sich die Gelegenheit ergab. Aus Europa wurden Einwanderer herübergebracht, um in dieser eroberten Wüste zu arbeiten, aber nicht zu siedeln; und die neue pariserische Stadt Buenos Aires wurde erbaut. Das »Paris« war nicht für jeden bestimmt. An den dunklen und winzigen und beschämenden »Mädchenkammern« der neuen Wohnhäuser kann man noch immer ein wichtiges Merkmal des argentinischen Reichtums erkennen: Andere Menschen mußten arm sein, nichts war zu teilen. Menschen, die für sich selbst und ihre Schafe und ihr Vieh nicht weniger forderten als den Himmel und den Horizont der eroberten Wüste, boten allen anderen nur sehr wenig, boten nichts.

1972 regte sich der Zorn hierüber immer noch. Ein Journalist, der in einer kleinen Pampasstadt aufgewachsen war, sagte: »Ich habe gesehen, wie sie die Arbeiter, die für Stundenlohn arbeiteten, betrogen — sie haben die Uhren zurückgedreht.« Das war schwer zu glauben, aber solche Geschichten erzählten die Leute. Ich hörte, daß in den alten Zeiten, vor Perón, die Dienstmädchen, die in den winzigen Kammern lebten, keinen freien Tag hatten; daß einige nur für Kost und Logis arbeiteten. Und es gab Geschichten, daß es Arbeitern und Indios verboten war, durch den Barrio Norte, das Viertel der Oberschicht, zu gehen.

Das klang nach Geschichten, Legenden, die den Zorn am Leben halten sollten. Aber manchmal kam ich ins Grübeln; beispielsweise als ich in einer bedeutenden Provinzstadt in einem schmierigen Fabrikschuppen mit Lehmfußboden folgendes Schild sah — im Jahr 1972, 20 Jahre nach dem Tod Eva Peróns und während die Guerilla für Peróns Rückkehr kämpfte —: »Wenn du für einen Mann arbeitest, arbeite für ihn. Sprich bei jeder passenden Gelegenheit gut von ihm. Denke daran: Eine Unze Loyalität ist ebensoviel wert wie ein Pfund Intelligenz.« Diese Aussage wurde San Martín zugeschrieben, den man in Argentinien als

Befreier feierte, dem Mann, der die Unabhängigkeit des Landes von Spanien errungen hatte.

Diese Einstellung, der schlichte Gehorsam, der gefordert wurde (und für den nur sehr wenig Gegenleistung geboten wurde), schien einen sehr weit zurückzuführen, noch hinter die Pionier-Grausamkeiten des *Martín Fierro,* zurück in die Tyrannei von Kriegsherren wie Rosas (Borges sagte, er habe immer die Köpfe Hingerichteter aufspießen und ausstellen lassen, »um die anderen fairerweise zu warnen«); und sogar noch weiter zurück in die Zeit der spanischen Eroberung. Verfolgt man die Spuren argentinischer Verhaltensweisen, Zorn und Gegenzorn, Aktion und Reaktion in die Vergangenheit, gelangt man immer zur spanischen Eroberung zurück, wie zur Erbsünde.

Es war Peróns Gabe oder Genialität, diesen ganzen Zorn für sich zu nutzen, nicht nur den Zorn der europäischen Einwanderer und ihrer Kinder — die meisten Arbeiter, manche gebildete Menschen, einige wenige Unternehmer —, nicht nur diesen europäischen Zorn, sondern auch den Zorn der enteigneten Indios im Norden, der Enteigneten der Regionen, die der neue Reichtum nicht erreichte: der *cabecitas negras,* der »Schwarzköpfe«, die er zu Aufmärschen und Demonstrationen nach Buenos Aires brachte. Diesen Zorn reizte er immer wieder, bis er zu einer nationalen Wunde wurde; und die schwärt noch immer, obwohl Perón und sein Hofstaat (in Argentinien unerreicht an Reichtum und Stil) ebenso raffgierig waren wie jede der alten Oligarchien und durch Verstaatlichungen, Geschenke und Vergünstigungen alles Geld und alle Mühe wertlos machten.

Ich sprach dieses Jahr mit einem Mann der angloargentinischen Gemeinschaft, mit dem ich auch 1972 gesprochen hatte. Er hatte damals, auf dem Höhepunkt der Bewegung für die Rückkehr Peróns, gesagt:

»Langsam komme ich mir völlig verloren vor. Perón hat mir jedes Gefühl genommen, daß er für irgend etwas stehen könnte. Alles könnte sich jeden Augenblick verändern. Und dann kann man hier wirklich nicht mit entscheiden, wer regieren wird. Also wird man am Ende zu einem Schaf. Man verliert das Vertrauen in die Politik, man verliert das Vertrauen in das Militär, und nichts bleibt übrig.« Nun — da sie keine Bedrohung mehr waren — sprach dieser Mann mit so etwas wie Sympathie von den Guerilleros. Er sagte: »Die meisten normalen Menschen in diesem Land wollen den Haufen an der Spitze erschießen. Sehen Sie, hier wird niemand bestraft; ist man erst einmal an der Spitze, ist man sicher. Es war sehr leicht für die Guerilla, diese Frustration auszunutzen.«

Das war die Falle an der Situation, das trojanische Ende, das Borges vier Jahre vor Beginn des schmutzigen Krieges vorausgesagt hatte: Die gebildete Guerilla-Generation, Enkel von Einwanderern, konnte an den guten abstrakten Vorstellungen, zu denen sie erzogen worden war — die Entwicklung des menschlichen Geistes, der Neue Mensch, der sich der Ungerechtigkeit entgegenstellt — , nur festhalten, indem sie diese um die alte argentinisch-spanische Vorstellung vom Blut, vom Feind erweiterte.

In *Martín Fierro* gibt es ein paar Verse, in denen der Gaucho zufällig hört, wie der örtliche Richter mit einem Mann den Plan ausheckt, Geld zu verdienen, indem sie die indianische Grenzlinie zurückdrängen. Gepreßte Soldaten werden den eigentlichen Kampf übernehmen; und dem Gaucho wird das Herz »klein«, als er diesem Gerede über »Siedlungen und Straßen und das Scheffeln von Tausenden« zuhört, *proyetos / de colonias y carriles / y tirar plata a miles.* Wenn das so weitergeht, denkt der Gaucho, könnte aus den Pampas bald »eine Wüste« werden, »mit nichts als den bleichenden Knochen toter Männer«.

Eine Parallele hierzu findet sich in Joseph Conrads Novelle *Herz der Finsternis,* die von der belgischen Reichsgründung auf der anderen Seite des Atlantik, im Kongo, erzählt und in der es um Ereignisse geht, die sich gut 20 Jahre nach den Ereignissen des argentinischen Gedichts zugetragen haben könnten. Conrads Erzähler, der auf dem Weg ins Landesinnere ist, um das Kommando über einen Flußdampfer zu übernehmen, findet sich an einem primitiven Posten am Kongo mit 16 oder 20 Belgiern der *Eldorado Exploring Expedition.* Um sie herum geschehen unaussprechliche Dinge; Menschen siechen dahin und sterben. Aber die Belgier nehmen es nicht wahr.

> »Das einzig echte Streben dort war der Wunsch, einen Handelsposten zugewiesen zu bekommen, wo Elfenbein zu haben war, damit man Provisionen verdienen könnte. Sie schmiedeten Ränke und verleumdeten und haßten einander nur aus diesem Grund — doch wenn es darum ging, auch nur den kleinen Finger zu rühren — o nein. [. . .] Ihre Redeweise [. . .] war dreist, ohne tapfer, gierig, ohne verwegen, und grausam, ohne mutig zu sein; in der ganzen Rotte war kein Deut Umsicht oder ernster Planung zu finden; und daß es dieser Dinge zur Arbeit in der Welt bedurfte, dessen schienen sie sich gar nicht bewußt zu sein.«

Der Erzähler wird veranlaßt, über die Vorstellung von Arbeit nachzudenken. Sie ist das fehlende moralische Ideal. »Nein, Arbeit mag ich nicht. Ich hätte viel lieber herumgefaulenzt und mir allerlei feine Dinge ausgedacht. Arbeit mag ich nicht — kein Mensch mag sie —, doch ich mag, was in der Arbeit steckt — die Möglichkeit, zu sich selbst zu finden, zur eigenen Wirklichkeit, der Wirklichkeit, wie man sie selbst sieht, nicht wie andere sie sehen — zu dem, was kein anderer je erfahren kann.«

Das ist beinahe religiös. Es liegt gewissermaßen auf der anderen Seite der kolonialen Finsternis. Diese hohe Vorstellung von menschlichen Fähigkeiten kann nur in einigermaßen freien und einigermaßen schöpferischen Gesellschaften entstehen. Es war das Gegenteil der Vorstellung, die hinter der ersten spanischen Eroberung, das Gegenteil der Vorstellung, die hinter der Eroberung der Wüste stand. Eine solche Vorstellung hatte wohl manche der Einwanderer nach Argentinien geführt, so wie sie manche in die Vereinigten Staaten geführt hatte; aber Argentinien mußte die Menschen, die es anzog, sicher enttäuschen.

In Argentinien hat das Fehlen der moralischen Vorstellung noch andere Folgen gehabt. Die großen Vermögen, die mit der Eroberung der Wüste zustande kamen, haben nicht alle überdauert. Argentinier werden einem sagen, daß es in Argentinien einen beständigen Wechsel an der Spitze gegeben hat. Ein Mann aus alter Familie sagte 1972: »In Peru gibt es eine echte Aristokratie. Sie hat eine zwei- bis dreihundertjährige Tradition. Wenn Sie die Namen der argentinischen Aristokraten zwischen 1850 und 1900 erwähnen, kennt sie in Argentinien heute keiner mehr. Ihre Nachkommen waren schwach, und das Ganze begann zu zerfallen.« Einer der wenigen Industriellen aus alter Familie drückte es so aus: »Sie dürfen nicht vergessen, daß es hinter der *Belle-Époque*-Fassade in Buenos Aires den Tango-Mann gab. Heute hat der Tango-Mann die Macht übernommen.«

Dieses Jahr besuchte ich eine Estanzia im Süden der Provinz Buenos Aires. Hinter den Eukalyptus- und anderen Bäumen am Straßenrand, hinter den Pfützen am Straßenrand erstreckte sich das niedrige braungrüne Gras bis an den Horizont und schien die Köpfe und Beine des Viehs zu verschlingen, reduzierte es auf die schwarzen oder dunkelbraunen Flecken auf ihren Rücken. Dieses große Stück der Eroberten Wüste war der Familie, der es zuerst zugesprochen worden war, schon vor langer Zeit verlorengegangen; und zweimal war es seither verkommen, einmal während der Depression und später, nach der Hochkonjunktur des Krieges, zur Zeit Peróns. Der Mann, der es 1960 erbte, stellte fest, daß nicht einmal genug Geld für den Unterhalt des Hauses da war. Es war ein gebildeter Mann; er entschloß sich, sein Leben ganz dem Gut zu widmen, und er hatte es wieder aufgebaut. Nicht jeder war wie er.

»Nebenan lebt eine alte spanische Familie, Freunde. Sie sind die größten Grundbesitzer im Distrikt. Sie haben das Land wahrscheinlich vor langer Zeit von Roca erhalten. Sie können es sich heute nicht mehr oft leisten, nach Europa zu reisen. Sie sind nicht in der Lage gewesen, sich anzupassen. Sie haben die Struktur ihres Betriebes nicht verändert. Sie haben noch immer ihr Haus und ihr gesellschaftliches Leben in der Stadt, in B. A., und sie versuchen, alles von dort aus zu führen. Sie überleben, indem sie stückchenweise das Kapital verkaufen. Ich kenne ein großes Haus, 40 Zimmer, das jetzt aus nur 130 Hektar unterhalten werden muß. Das ist unmöglich. Aber die alte Dame will nicht verkaufen, obwohl sie kein heißes Wasser hat. Dabei gibt es da wunderschöne Badezimmer mit prächtigen Wasserhähnen, die in den zwanziger Jahren von einem englischen Architekten im Jugendstil entworfen wurden. Spinnweben in den meisten Zimmern und undichte Stellen im Dach.«

Susana stammte aus einer solchen Familie, einer Familie, die viel Geld verloren hatte. Sie hatte einen

Intellektuellen aus der Mittelschicht geheiratet und war noch immer der Ansicht, sie habe damit etwas Kühnes getan. Sie hatte noch immer das Benehmen, das ihrer Erziehung entsprach: die Sicherheit, den Stolz, die seltsame Unschuld, den Charme. Sie wußte nicht genau, wie ihre Familie das Land verloren hatte. Sie glaubte nicht, daß Perón etwas damit zu tun hatte; aber ihr Mann erzählte mir später, daß Susanas Familie beim Amtsantritt Peróns wegen der neuen Steuern in Panik geraten sei, schlechtem Rat gefolgt und verkauft habe.

Susana sagte: »Was meiner Familie zugestoßen ist, hat nicht mit Perón begonnen. Es reicht weiter zurück. Als Vater 18 war — das muß 1930 oder so gewesen sein —, wollte er studieren. Er wollte Architekt werden. Vater war charmant, ziemlich schüchtern, äußerst höflich. Ein sehr schwacher Charakter. Er sprach mit seinem Stiefvater, und sein Stiefvater riet ihm, nicht zu studieren; er sagte: ›Warum studieren?‹ Für seinen Stiefvater reichte es, wenn man ein vollendetes Benehmen hatte. Ein bißchen später hatte mein Vater wieder den Wunsch zu studieren. Diesmal wollte er Jura studieren, und wieder sagte sein Stiefvater zu ihm: ›Warum studieren?‹ Und so studierte mein Vater nicht.

Auch für meinen Vater, wissen Sie, reichte es, wenn man ein vollendetes Benehmen hatte. Geld war wichtig — das verstand sich von selbst: Daß man Geld hatte, wurde vorausgesetzt. Aber man mußte auch Benehmen haben. Wenn jemand ins Haus meines Vaters kam und vollendet guten Tag sagte, im richtigen Augenblick aufstand, sich im richtigen Augenblick setzte und die richtigen Dinge sagte, wenn er die Möbel und das Silber meines Vaters lobte, reichte ihm das. Ich muß gestehen, daß auch ich noch manchmal von vollendetem Benehmen geblendet werden kann. Unser

Benehmen war sehr formell. Als Kinder wurden wir manchmal ins Wohnzimmer gerufen, dann gingen wir hinein und sagten guten Tag. Aber wir sprachen nicht, wenn wir nicht direkt etwas gefragt wurden. Wenn wir uns hingesetzt hatten, mußten wir aufstehen, wenn jemand hereinkam. Manchmal gingen wir ins Eßzimmer, um mit Vater und Mutter und ihren Gästen zu Abend zu essen, und ich erinnere mich, daß ich bei solchen Gelegenheiten dachte: ›Was für vollendete Leute, was für vollendetes Benehmen.‹ Aber wir waren nicht so vollendet. Keine der Töchter lernte irgend etwas. Selbst heute, wissen Sie, sprechen sie von den alten Zeiten. Zeiten, in denen man etwas besaß, nach Europa fuhr, reiste und herrliche Dinge zurückbrachte. Aber nicht Zeiten, in denen man etwas tat.«

Das war nicht der einzige Makel an dieser argentinischen Aristokratie, die auf neues Land gegründet war. Ihre Sprache war Spanisch; spanisch waren auch ihre Einstellungen und ihre zugrundeliegende Kultur. Das Ideal des Nichtarbeitens, des Nicht-von-Geld-Sprechens — das war spanisch. (So spanisch wie der zentimeterlange Nagel am kleinen Finger des Herren mittleren Alters, den ich 1974 in einem Café in La Rioja traf. Wir hatten beide Zeit, und er fuhr mich einen halben Tag lang durch die Gegend. Sein Fingernagel kennzeichnete ihn als Mann mit Muße: Er war halbzylindrisch geformt, sah hart und verhornt aus, war gefurcht, graugelb wie ein sehr schmutziger Zahn, merkwürdig unangenehm anzuschauen.) Aber das Spanien des 20. Jahrhunderts war als rückständig bekannt, Ursprung der armen Einwanderer, die in Argentinien allgemein als *gallegos* bekannt waren.

Susana sagte: »Das vollendete Benehmen meines Vaters war Ausdruck des Strebens nach dem Ideal des

Gentleman. Man hielt es für englisches Benehmen. Vaters ganze Erziehung war auf England ausgerichtet. Wenn meine Mutter und mein Vater nach Europa fuhren, fuhren sie nie nach Spanien. Spanien war —«, und Susana machte eine geringschätzige Geste. Die Geringschätzung Spaniens umfaßte auch eine Geringschätzung des spanisch sprechenden Argentinien. »Sie waren nicht stolz darauf, Argentinier zu sein. Sie hielten sich für Engländer. Sie sagten *este país,* ›dieses Land‹, nicht ›mein Land‹. Sie sagten immer, ›die Leute hier sind schrecklich‹, nicht ›wir sind schrecklich‹. Mein Mann sagt, viele unserer Probleme hier haben mit dieser *este-país*-Einstellung zu tun.«

Und mit einer anderen Vorstellung von ihrer Aristokratie hätte die argentinische Oberschicht vielleicht versucht, sich mit Perón, einem Mann ihres Landes, zu einigen; und das Land hätte nicht angefangen, sich in der Revolution aufzulösen.

Ich überlegte, ob das formelle Benehmen von Susanas Eltern nicht auch ein Moment von Stoizismus oder ein Schutzritual enthielt, das es ihnen möglich machte, sich mit den schweren Zeiten, die über sie gekommen waren, abzufinden. Ich drückte mich nicht richtig aus. Susana glaubte, ich fragte nach der Einstellung ihrer Familie gegenüber der Not anderer. Und sie sagte: »Nein. Wenn es November, unser Sommer, wurde und uns sehr heiß war, zeigte meine Mutter auf die Mietskaserne hinter unserer Wohnung und sagte: ›Denkt an sie.‹ Aber ich habe nie geglaubt, daß es sie wirklich kümmerte.«

Als Susana die Frage nach dem Stoizismus verstand, sagte sie: »Mutter war sehr instruiert *(estructurada).* Sie haben sie so gemacht. Als ich jung war, dachte ich, Mama hätte für alles eine Lösung. Aber als es in ihrer Familie ein Unglück gab, brach sie einfach zusammen. Sie war ohne Substanz.«

4

Das Land der Indios, so verschwenderisch genutzt, als sei nichts vorangegangen und solle nichts folgen, hat bereits seine Ruinen, sowohl Gebäude als auch Menschen. Wie so viele Landstriche der Neuen Welt, wie die Guyanas und die Karibischen Inseln, scheint die argentinische Pampa ihre Geschichte verschlungen zu haben; sie ist ein Ort des Verschwindens. Die Pampas-Indios sind verschwunden, und die Gauchos. Die Afrikaner, Nachfahren der Sklaven aus spanischer Zeit, sind verschwunden. In *Martín Fierro,* im Argentinien von 1860, sind sie noch sehr gegenwärtig, Schwarze und Mulatten, Männer und Frauen — selbstbewußt, nicht zu übersehen —, die das Spanisch der Gauchos sprechen. Und als Borges ein Junge war, im ersten Jahrzehnt dieses Jahrhunderts, waren in Buenos Aires noch Schwarze zu sehen.

Borges sagte 1972: »Als ich ein Kind war, berichtete ich es zu Hause nicht, wenn ich einen Neger sah. Ich weiß nicht, was aus unseren Schwarzen geworden ist. Unsere Familie war nicht reich. Wir hatten nur sechs Sklaven.« In einem Gedicht werden die Sklavenunterkünfte des Familiensitzes in der Stadt erwähnt. »Sie waren sich überhaupt nicht bewußt, daß ihre Vorfahren aus Afrika gekommen waren. Sie sprachen eine Art leierndes Spanisch. Sie konnten kein R aussprechen: sie sprachen ein L. Aber sie wurden nicht als andersartig betrachtet. Eigentlich war ein Neger ebensosehr ein *criollo*« — jemand aus dem alten kolonialen Argentinien vor der Einwandererwelle — »wie jeder andere. Hier waren sie Köche, Dienstmädchen. Ein Neger galt immer als Stadtmensch. Viele ausgezeichnete Infanterieregimenter bestanden aus Negern. Einer meiner Großonkel befehligte einen berühmten Infanterieangriff gegen die Spanier in Montevideo —

das muß 1815 oder 1816 gewesen sein —, und alle Soldaten waren reinblütige Neger aus dem Süden der Stadt, aus der Nähe der Nationalbibliothek.« Das war der Ort, an dem wir uns unterhielten. Borges war 1972 Direktor dort; sein Gehalt war im Zuge der Inflation auf umgerechnet 70 Dollar zusammengeschrumpft.

Also hatten Afrikaner für die Unabhängigkeit Argentiniens gekämpft. Wenn Borges es mir nicht erzählt hätte, wäre ich nie darauf gekommen: 100 Jahre später waren ihre Nachfahren wie durch Zauberei in der neuen europäischen Bevölkerung aufgegangen, und niemand erinnerte sich mehr an sie.

Durch diese Durchmischung der Völker litten auch die Spanier des alten kolonialen Nordens. Sie waren wirtschaftlich von Peru abhängig gewesen. Jetzt — nach der Unabhängigkeit und nach den verheerenden Bürgerkriegen, »dem Schwert und der Gefahr und harten Einschränkungen« eines Gedichts von Borges, *la espada y el peligro / Las duras proscripciones* — mußten sie sich nach Süden orientieren. Einst hatten sie am Ende einer sehr langen Reichsstraße gelebt, die in Spanien begann; jetzt — zumindest bis die Eisenbahnen kamen — lebten sie am Ende einer sehr langen Karrenstraße, die in Buenos Aires begann. Sie hatten wenig zu bieten. Die Region hatte keine wirtschaftliche Bedeutung mehr; die Menschen waren schließlich vom Rand der Welt in die Wildnis gestürzt.

Sie wurden zu Kostgängern der Regierung im Süden. Und das sind sie geblieben. Man sagt, daß die gesamte Provinz La Rioja (die Hauptstadt wurde 1591 gegründet) heute vom Staat lebt. Das Geld wird den Menschen nicht einfach als Almosen gegeben: sie müssen Regierungsposten übernehmen. Politiker, die um die Gunst der Öffentlichkeit buhlen, versprechen unweigerlich, mehr staatliche Stellen zu schaffen. Mr. Luna, ein Rechtsanwalt und Heimatgeschichtler, erzählte mir, daß sich zwischen 1983 (als die Militärherrschaft endete) und 1987 die Zahl der Regierungsangestellten in La Rioja mehr als verdreifachte, auf 44000 anstieg. Ich hielt diese Zahl bei einer Bevölkerung von 250000 in der ganzen Provinz für sehr hoch; aber Mr. Luna sagte mir, sie sei seither noch weiter gestiegen, auf 55000.

Diese Regierungsposten sind keine echten Arbeitsstellen. Es gibt nichts oder nur sehr wenig zu tun, und man könnte meinen, ein regelmäßiges Einkommen für Nichtstun sei ein wahr gewordener alter spanischer Traum, fast so gut wie die Schenkung in Form von Indios, nach der die Menschen einst verlangten. Aber diese Freigebigkeit geht mit einem Hauch spanisch-argentinischer Grausamkeit einher. Es gibt nichts zu tun, aber die Leute müssen erscheinen; sie müssen den ganzen Arbeitstag in dem Regierungsbüro anwesend sein, dem sie theoretisch zugeteilt sind. Jeden Augenblick könnte ein Vorgesetzter oder Abteilungsleiter eine Stichprobe anordnen, eine *planilla volante,* einen »fliegenden Anwesenheitsappell«, ausschicken, und dann muß jeder Mann und jede Frau auf der Gehaltsliste »Hier!« rufen.

Mr. Luna sagte: »Das ist eine sehr ernste Sache. In La Rioja führt es zu dem, was ich die Kultur der Langeweile nenne.« Die Worte gefielen ihm: *la cultura del tedio.* »Denn diese Menschen sind zu sieben Stunden Trostlosigkeit täglich verdammt, müssen vorgeben, eine Arbeit zu tun, die es nicht gibt.« Am Ende eines jeden Bürotages seien diese staatlichen Angestellten, so Mr. Luna, »müde, frustriert, voll Überdruß, voller Aggressionen«; und dann spürten auch die Familien die Folgen der angestauten Langeweile des Tages. »Ich weiß nicht, was für Beobachtungen Sie gemacht haben, aber das hier ist eine traurige Stadt, ohne Herz, ohne Unternehmungsgeist.«

Mr. Luna sprach mit Emphase. Er war durch und durch ein Mann von La Rioja und zum Teil indianischer Abstammung. Für ihn war La Rioja das Land der Kriegsherren und verwegenen, heldenhaften Männer des 19. Jahrhunderts. Regierungsposten, die Kultur der Langeweile hatten den Geist der Menschen gebrochen; sie kannten mittlerweile nicht einmal mehr ihre Geschichte. Drei Versuche, sagte Mr. Luna, seien unternommen worden, die Regierungsangestellten zu produktiver Arbeit in einem Industriepark zu bringen; aber die Menschen, die solche Posten annähmen, kehrten nach und nach unweigerlich in die Regierungsbüros zurück, obwohl dort das Gehalt niedriger sei. Mr. Luna sagte: »Sie ziehen die Krankheit vor.«

Zusätzlich zu der umfassenden Grausamkeit der Anwesenheitspflicht und dem beständigen Schrecken der *planilla volante* gab es raffiniertere Formen der Qual und der Kontrolle: Die Politiker, die die Jobs vergaben, wollten stets ihre Macht spüren lassen. Es gab 24 Dienstränge für staatliche Angestellte. Die meisten begannen mit Rang sechs; nur die, die auf die Gehaltslisten der Post gesetzt wurden, begannen aus irgendeinem Grund mit einem niedrigeren Rang. Danach arbeitete man sich hinauf. Aber da niemand etwas tat, gab es keine Möglichkeit, Verdienst zu beurteilen. Alles hing von den Politikern ab. Man mußte sich mit ihnen gut stellen. Man konnte sich mit ihnen gut stellen, indem man ihre Namen auf Wände oder — weit außerhalb der Stadt — auf Felsnasen oder Baumstämme schmierte; zu Wahlzeiten zeigte man tatkräftiges Engagement für sie und zu anderen Zeiten allgemeine Dankbarkeit. Wenn man das nicht tat, wenn man meinte, man habe seinen Regierungsposten und damit basta, mußte man die Folgen tragen.

Da gab es eine Frau, die 17 Jahre lang in Staatsdiensten gestanden hatte. In dieser Zeit war sie nur von Rang sechs zu Rang neun aufgestiegen, und dies auch nur, weil ein Politiker bei der Amtsübernahme — wie ein Monarch, der allen Häftlingen eine Generalamnestie verkündet — allen Regierungsangestellten eine Beförderung um drei Ränge gewährt hatte. Diese Rang-neun-Dame war in La Rioja berühmt. Ich wurde sogar eines Morgens in ihr Büro geführt, um sie kennenzulernen: klein und rund, unverheiratet, mit einem vollen und gut frisierten Haarschopf (der auch von langen, unausgefüllten Stunden daheim zu sprechen schien). Sie war — an dem leeren, schulterhohen Schalter stehend — bereit und willens, ihre Geschichte noch einmal von Anfang an zu erzählen. Bei Rang neun verdiente sie 120 Dollar im Monat. Der finanzielle Unterschied zwischen Rang sechs und Rang 18 betrug nur etwa 30 Dollar. Der Unterschied, sagte sie, werde erst ab Rang 20 erheblich. Aber dennoch.

Eine Rang-24-Dame war dabei, als die Rang-neun-Dame sich beklagte. Erstere war dünn und klein, und obwohl sie isoliert wirkte, war sie wegen ihres hohen Ranges kein bißchen in der Defensive. Sie habe einen akademischen Grad, sagte sie, und im Nebenberuf (dem sie vielleicht nachmittags nachging) sei sie Professorin. Bei Rang 24 bekam sie etwa 400 Dollar im Monat; aber dann versorgte sie auch ihre Familie mit 16 Brüdern und Schwestern.

Ein lächelnder Junge in einem blumengemusterten Hemd kam und ging leise, während wir uns unterhielten. Ich erkundigte mich nach ihm. Er war ein besonderer Fall. Er war mit Rang zwölf *eingetreten*. Wie hatte er das gemacht? Das wußte niemand; und der Junge in dem bunten Hemd lächelte nur, verließ das Zimmer und kehrte wieder zurück, während die anderen von Geld und Politikern und Inflation und Preisen sprachen, und an einer Stelle des wetteifernden Geschnatters sagte die Rang-neun-Dame (wenn ich richtig gehört habe), sie sei noch nie in einem Restaurant gewesen. Es war ihnen nicht erlaubt, das Büro zu verlassen; als Menschen waren sie von einem unsichtbaren Zaun umgeben: eingekerkert und klagend, aber schüchtern, wie eine Gruppe von Schatten, die in einer Unterwelt Vergils auf ein religiöses Begräbnis warten.

Bei Einbruch der Dunkelheit, nach der Hitze, explodierte die Langeweile des Tages: auf Motorrädern ohne Schalldämpfer drehten die jungen Männer und ihre Mädchen in einem blaubraunen Rauchschleier ihre endlosen Runden in den Straßen um den Hauptplatz, wie Menschen, die sich mittlerweile daran gewöhnt hatten, nichts zu tun.

5

Argentinien hat die Menschen aufgerieben, die es angezogen hat; und die letzten 20 Jahre waren besonders hart.

Jorge, ein Anglo-Argentinier, der als Wirtschaftsberater für eine große Gesellschaft tätig war, hatte 1972 gesagt: »Wir könnten am Rande einer echten Krise stehen.« Die Inflation, seit den Zeiten Peróns in den Vierzigern bei durchschnittlich 25 Prozent, war in jenem Jahr auf 60 Prozent angestiegen; und die koloniale Agrarwirtschaft des Landes war nicht wirklich verändert worden. Es gab einen industriellen Sektor, doch er zehrte Importe auf, für die mit landwirtschaftlichen Exporten bezahlt werden mußte.

Jorge sagte: »Perón hat diesen Teufelskreis in Gang gebracht. Er hat keine Schlüsselindustrien gegründet. Er mußte populär sein, also machte er die leichten Sachen und deformierte die Industrie weiter. Industrialisierung war ein emotionaler Vorgang; es gab keine Wirtschaftspolitik.« Argentiniens Wirtschaftsgüter waren geschützt; sie kosteten doppelt soviel wie entsprechende Waren im Ausland; und der Durchschnittslohn lag 1972 bei 50 Dollar im Monat. Perón hatte viel für die Arbeiter getan, aber ihre Löhne konnten nie mit der Inflation Schritt halten, die Peróns Politik, und jede vergleichbare Politik, geschaffen hatte.

Im Jahr zuvor hatte Jorge eine Wohnung gekauft. Die Preise stiegen so schnell, daß eine Woche Unentschlossenheit ihn 200 Dollar gekostet hatte — damals betrug sein Gehalt 400 Dollar im Monat. Aber bereits knapp ein Jahr später war seine Wohnung 80 Prozent mehr wert. 19 Jahre später, 1991, schien der Kauf ein sogar noch besseres Geschäft gewesen zu sein.

»Ich kaufte sie über eine Bankhypothek mit zwölf Jahren Laufzeit. Feste Kosten, nur die Zinsen auf den Saldo konnten sich verändern. Aber 1973, als John Sunday zurückkehrte« — John Sunday: die anglo-argentinische Übersetzung von Peróns Vornamen, Juan Domingo —, »stieg die Inflation sogar noch höher und fraß die Schulden weg. Wer hat also bezahlt? Der Rest der Gesellschaft, die Leute, die keine Schulden hatten. Das Schreckliche ist, daß die Inflation in den vergangenen 45 Jahren, mit Schwankungen, stetig, Monat für Monat, angestiegen ist. Nur sehr wenige Länder sind mit so einer Inflation über so lange Zeit hinweg fertig geworden. Das ist wie im Deutschland der zwanziger Jahre in Zeitlupe.

1974, nach John Sundays Tod, geriet die Lage wirklich außer Kontrolle, als seine Witwe Isabelita und ihr Astrologen-Zauberdoktor an die Macht kamen. Ein ehemaliger Unteroffizier der Polizei. Es gab einen plötzlichen Inflationsschub. Ich erinnere mich: Ich hatte einen Anzug angezahlt — vielleicht 200 Dollar in Pesos —, und der Schneider hatte Maß genommen. Die Erschütterungen waren damals so groß, daß der Peso innerhalb eines Monats um die Hälfte an Wert verlor. Ich konnte meinem Empfinden nach den Schneider nicht an seinen Preis binden. Und er zog es vor, ihn zu vergessen. Wenn wir uns sahen, sprachen wir nie über den Anzug. Der totgeborene Anzug: das war zu peinlich. Er schuldet mir noch immer einen Anzug — in heutiger Währung kostete er vielleicht 10 Cent.

Eine der Seltsamkeiten von Argentiniens Abstieg und Fall — ein Abstieg, ohne je einen Gipfel erreicht zu haben — ist, daß der Abstieg sich zum großen Teil in der demokratischen Ära zutrug. Die Beschleunigung des Abstiegs fiel mit der Rückkehr zur Demokratie 1983 zusammen, nach dem Falkland-Krieg. Die Ironie ist, daß beide große Parteien, die Peronisten, die Radikalen, einander im Verteilen übertreffen wollen, und es gibt keinen John Bull oder Uncle Sam mehr, der die Pfunde oder Dollars zuschießt.

Unter den Briten lief alles, wenn man voraussetzt, daß wir informell Mitglieder des Britischen Weltreichs waren. 1917 war unser Bruttosozialprodukt ungefähr Dreiviertel von dem der Vereinigten Staaten. Wir hatten die Märkte, wir hatten die Produktivität. Wir hatten die Methoden — die Anlagen, die Technologie. Heute haben wir nichts von alledem.

In Argentinien darf man nie vergessen, daß man nur die Überlebenden sieht. Alle anderen sind auf dem Boot Hill oder in Nervenkliniken. Die Inflation hält einen ständig unter Strom.

Meine Firma gehört zu einem Industriezweig, in dem man nur auf etwa vier oder fünf Tage Kredit gewähren kann. Sonst würde bei der Inflation, wie wir sie haben, unser Betriebskapital einfach verschwinden. In meiner Firma haben wir ständig rund 12 Millionen

Dollar Betriebskapital als Kredit bei Großhändlern ausstehen. Man will, daß dieses Geld schnell umgesetzt wird. Wenn man den Kreditzeitraum um einen halben Tag verkürzen kann, ist das von Bedeutung. Gesellschaften mit einem langsameren Umsatz — wie die mit langlebigen Konsumgütern — müssen wahrscheinlich 60 Tage Kredit gewähren. Wenn man ein Schiff baut, muß man eine Menge Kredit geben, und man verkauft vielleicht nur ein Schiff im Jahr. Und dann ist man wirklich am Arsch.

Ein weiterer negativer Aspekt der Inflation ist, daß man aufhört, sich über Produktivität oder selbst Technologie Gedanken zu machen. Das ist aber das Geheimnis allen Fortschritts: Produktivität. Aber man kann wirklich nirgendwo in der Welt mehr als drei oder vier Prozent Produktivitätszuwachs jährlich erreichen. Bei einer Inflation wie der unseren, kann man auf zehn Prozent täglich kommen, wenn man weiß, wann und wo man investieren muß. In unserer Branche müssen wir im Schnitt alle zwei Wochen Steuern zahlen. Also müssen wir in diesen 14 Tagen das Geld so klug wie möglich investieren. Es ist viel wichtiger, das Betriebskapital zu schützen, als über langfristige Dinge wie Technologie und Produktivität nachzudenken — obwohl man beides versucht.

Kapitalinvestitionen in Argentinien decken also nicht einmal die Kapitalabschreibung ab. Kurz gesagt, wenn die augenblickliche Fabrikanlage ausgedient hat, sind keine Rücklagen gebildet worden, um neue Betriebsmittel zu kaufen. Das ist das unvermeidliche Ergebnis der Inflation, der monetären Krankheit unserer Währung. Das Geld verfällt. Das ist wie Krebs.

Man lebt von einem Tag auf den anderen. Mehr kann man nicht tun, wenn man eine Inflation von mehr als einem Prozent täglich hat. Man hört auf zu planen.

Man ist schon glücklich, wenn man es jeweils bis zum Wochenende schafft. Und dann bleibe ich in meiner Wohnung in Belgrano und lese von uralten Kricketturnieren.

Auf einer Pro-Kopf-Grundlage sind wir heute um 25 Prozent ärmer als 1975. Die Menschen, die wirklich leiden, sind die Menschen, die man nicht zu sehen bekommt — die Armen, die Alten, die Jungen. Diese Menschen werden auf den großen Endbahnhöfen angespült, die merkwürdigerweise *Victoria* oder *Paddington Station* ähnlich sehen, weil sie von den Briten gebaut wurden. Das Strandgut des argentinischen Lebens — wie die Meeresgischt, diese Menschen. Ich habe noch nie solche Anzeichen der Armut in B. A. gesehen.«

Was Jorge über Industrie und Handel berichtet hatte, traf auch auf die Landwirtschaft zu: Man durfte nicht vergessen, daß man nur die Überlebenden sah. In Argentinien waren sie entweder sehr wichtig oder sehr engagiert.

Das Land der Indios hatte in den 400 Familien, die es in ihren Besitz brachten, eine ungeheure Gier geweckt. Und dann, nur 60 Jahre nach der Eroberung der Wüste, war Perón erschienen, von der gleichen Vorstellung grenzenlosen Reichtums des Landes zum Plündern und Schinden getrieben. Zu der Zeit waren die Großgrundbesitzer Viehzüchter. Pachtbauern besorgten den Fruchtwechsel und pachteten das Land auf jeweils kurze Zeit; dazwischen wurde das Land wieder auf Luzerne gesetzt, zum Weiden. Als Perón an die Regierung kam, ließ er den Pachtzins der Bauern einfrieren. Das war der Zeitpunkt, an dem Susanas Familie feststellte, daß ihre Steuern höher waren als die Pachteinnahmen, in Panik geriet und verkaufte. Die Menschen, die weitermachten, hatten ein paar schwere Jahre. Der Außenhandel wurde verstaatlicht; die Warenpreise wurden von der staatlichen Handelsmonopolgesellschaft festgelegt. Der Staat wollte Profit machen; er brauchte Devisen. Daher mußten die Leute unter den Weltmarktpreisen und manchmal unter den Produktionskosten verkaufen. Die landwirtschaftliche Produktion sank. 1951 lagen die Exporte Argentiniens, die im wesentlichen aus landwirtschaftlichen Produkten bestanden, niedriger als 1901. Argentiniens Devisenreserven waren auf die Verstaatlichung der Eisenbahn und anderer Versorgungsbetriebe verschwendet worden; und nun nahmen die Importe zu, um die Industrialisierung, die in Gang gebracht worden war, zu unterstützen. Diese Importe konnten nur von der Landwirtschaft finanziert werden, in die die Menschen nicht mehr investierten. So begann die Inflation und stellte dabei sicher, daß das Land niemals von Kleinbauern bestellt werden konnte.

Julio bewirtschaftete 3000 Morgen. Er stammte nicht aus einer der alten Großgrundbesitzerfamilien. Er war spät zur Landwirtschaft gekommen und hatte sich ihr ganz verschrieben. Mitte der sechziger Jahre übernahm er ein Gut, das — während des Krieges erfolgreich und innovativ, eins der ersten, die in Argentinien Traktoren einsetzten — zur Zeit Peróns verfallen war. Julio erhielt ein Darlehen von einer Staatsbank. Natürlich ließ der Manager ihn warten, ließ ihn mehrere Male wiederkommen, fragte nach Plänen, Berichten; und die Angestellten tranken Kaffee und Mate, sahen geradewegs durch ihn hindurch und sagten dann unweigerlich, er müsse zu jemand anderem gehen.

»Wir hatten Glück. Wir haben dies alles mit einem Kredit angefangen. Anders hätten wir es nicht machen können. Wir sind im letzten Augenblick eingestiegen, solange Kredite subventioniert wurden: Der Zinssatz war niedriger als die Inflationsrate. Der Bankmanager wußte sehr gut, daß er uns einen Gefallen tat.«

Die Inflation, die zu Beginn für Julio gearbeitet hatte, wurde in den siebziger und achtziger Jahren zum Tiger, den er reiten mußte.

»Um zu überleben, muß man Dinge tun, die genaugenommen unethisch sind. Man muß sich beim Bezahlen der Rechnungen Zeit lassen. Allerdings verdient man heute, wo alle Rechnungen in Dollar sind, an der Verspätung nichts. Man muß sein Kapital verstreut anlegen. Und man muß flexibel sein. Bei hoher Inflation fängt man eine Reihe Tauschgeschäfte an. Man neigt dazu, die Geldwirtschaft zu verlassen. Sagen wir, ich habe einen Handel mit Weizen gemacht — und dafür Brennstoff und Dünger bekommen. Man rechnet sich aus, daß man für jedes Kilo Dünger vier Kilo Weizen geben muß. Mit solchen Dingen verbringen wir jetzt viel Zeit. Es ist ein heikles Geschäft. Man will nichts einbüßen. Es ist wichtig, zu einer Gesellschaft mit einem Berater zu gehören, der einen bei diesen Tauschgeschäften berät.

Bei annehmbarer Inflation werden wir termingerecht bezahlt, und es gibt keine Probleme. Es hat uns sehr geholfen, daß Milch unser Hauptprodukt ist. Mit Milch sind wir ziemlich abgesichert. Dafür wird so bezahlt: 60 Prozent auf wöchentlicher Basis und 40 Prozent am Ende des darauffolgenden Monats. Aber wenn man in eine Hyperinflation gerät, ist man wirklich in Schwierigkeiten. 1989, gegen Ende der Regierung Alfonsín, hatten wir vier Monate lang eine Inflation von 100 Prozent pro Monat, und unsere Milch wurde monatlich bezahlt — kurzum, wir bekamen praktisch nichts. Natürlich traf das auch auf die Rechnungen zu, die wir bezahlen mußten, aber der Verlust war trotzdem da. Damit kann man nicht fertig werden. Milch muß man jeden Tag verkaufen.

Wenn man Vieh oder Feldfrüchte produziert, kann man sie auf Lager halten, um sie bar zu verkaufen.

Alfonsín unternahm nichts gegen die Hyperinflation. Er wartete bloß darauf, daß der neue Präsident, Menem, die Regierung übernahm. Und Menem war mit einem populistischen Programm gewählt worden — was immer Lohnerhöhungen für alle bedeutet.

Damals ging die Gesellschaft, an die wir unsere Milch verkauften, in Konkurs. Das bedeutete, daß wir für eine Milchlieferung von sechs Wochen nicht bezahlt wurden. Von da an verlangten wir eine wöchentliche Bezahlung. Und selbst mit dem Geld, das wir verloren hatten, schnitten wir besser ab als Kollegen, die immer bezahlt worden waren, aber auf der alten monatlichen Grundlage. Denn bei Hyperinflation kommt es darauf an, wann man bezahlt wird.

Ich machte mir damals wirklich Sorgen. Das war das einzige Mal. Einmal waren die Banken zehn Tage lang geschlossen. Jeder wollte sein Geld abheben, um es auszugeben.«

Bei einer Inflation wie dieser wird jeder zum Spieler, zehrt jeder von seinen Nerven. Und selbst Menschen, die in mancher Hinsicht gewinnen, können sich erschöpft und geschädigt fühlen, wie Gui, heute über 60, der ohne jedes Kapital begann, jeden Schritt aus Verzweiflung tat und dem es gelang, im Lauf von zehn Jahren eine Gratifikation in Höhe von 5000 Dollar in eine Wohnung im Wert von 140000 Dollar zu verwandeln.

In den sechziger Jahren stiegen die Mieten; Gui und seine Familie zogen fünfmal um, jedesmal verschlechterten sie sich. Er entschloß sich, etwas zu kaufen. Er fand für 15000 Dollar ein kleines Haus in einer Vorstadt, von dem er glaubte, es sich leisten zu können. Doch die Gesellschaft, bei der er arbeitete, glaubte das nicht. Sie weigerten sich, ihm ein Darlehen für den Hauskauf zu geben. Statt dessen boten sie ihm — aus Gefälligkeit — eine Gratifikation an, wenn er die Firma verließe. Gui hatte sich bereits verpflichtet, das Haus zu kaufen. Deshalb verließ er die Gesellschaft und nahm die Gratifikation — 5000 Dollar; lieh sich einen gewissen Betrag von seinem Bruder — 2500 Dollar; und bekam mit Hilfe seines Bruders von einer Bank einen Vierjahreskredit über 7500 Dollar.

»Normalerweise mußte damals ein solches Darlehen in Raten innerhalb von zwei Jahren zurückgezahlt werden — was überhaupt kein Kredit ist. Nun gut. Da waren wir also. Wir hatten ein Haus. Es war ein furchtbares kleines Haus, und wir schämten uns alle dafür. Es lag in einer Gegend von B. A., wo man buchstäblich innerhalb von 100 Metern von der guten Gegend in die arme gerät, wo die Leute nachts im Schlafanzug auf dem Bürgersteig sitzen. Wir lebten in der ärmeren Gegend.

Und dann hatten wir ein bißchen Glück. Die Bank, bei der wir das Geld geliehen hatten, ging bankrott. Das ist irgendwie typisch: ein Glücksfall auf argentinisch. So mußten wir die 7500 Dollar, die wir von der Bank geliehen hatten, nicht zurückzahlen — mein Bruder wurde allerdings 150000 Dollar los.

Wir beschlossen, das entsetzliche kleine Haus zu verlassen. Wir mieteten eine Wohnung in einer guten Gegend und vermieteten das Haus — schlecht, an eine Person, die sich als arm erwies und die Mindestmiete nicht weiter bezahlen konnte. Ich sollte an dieser Stelle auch erwähnen, daß der Bezirk, in dem das Haus lag, berühmt war für seine schlechte Verwaltung. Das war zur Zeit der Militärregierung, die 1976 an die Macht kam — noch krimineller als die peronistische, wenn das möglich ist. Sie schickten einem alle Steuerbescheide verspätet zu, absichtlich, damit man auch noch eine Mahngebühr zahlen mußte. Das ist auch typisch für die Argentinier. Und um zu bezahlen, stand man den ganzen Tag in einer Schlange, die einen Block lang war.

Darum beschlossen wir, das Haus zu verkaufen. Und dann hatten wir sogar noch mehr Glück. 1978 und 1979 hatten wir in Argentinien eine Zeit des »süßen Geldes« — *plata dulce,* leicht verdientes Geld —, in der man auf argentinisches Geld 30 Prozent im Monat bekam und der Dollar schließlich nichts mehr wert war. Das war die Idee des Wirtschaftsministers namens José Martínez de Hoz. Die Parkplätze der Fabriken waren voll mit Autos von Arbeitern, und die Leute reisten nach Miami und kamen mit Karren voller elektronischer Geräte zurück. Die Grundstückspreise schossen in die Höhe, und wir verkauften unser kleines Haus für 65 000 Dollar, mehr als das Vierfache von dem, was wir bezahlt hatten — und vergessen Sie nicht, daß wir die Hälfte des ursprünglichen Preises wegen der Bankpleite nicht einmal bezahlt hatten.

Und dann dachten wir, es hätte uns erwischt. Wir hatten gut verkauft, aber — natürlich — konnten wir nicht kaufen. Für 100 000 Dollar konnte man in B. A. nichts bekommen — bei dem Preis lachten sie einem ins Gesicht, und man schaute sich Zweizimmerwohnungen an, in denen der Kühlschrank an der Schlafzimmerwand hing, weil in der Kochnische kein Platz war. Das Haus der Familie meiner Frau stand für 1 800 000 Dollar zum Verkauf.

Wir mußten unser Geld anlegen. Wir legten es in argentinischem Geld an, um die 30 Prozent im Monat zu bekommen. Nirgendwo auf der Welt konnte man eine bessere Rate bekommen, und das Geld strömte aus dem Ausland herein. Wichtig war, die Zinsen zu kassieren und das Geld wieder in harte Währung zu tauschen, bevor das Ganze platzte. Ich sage Ihnen, jede Minute zehrte an unseren Nerven. Jede Minute fragte man sich, ob man das Richtige tat — denn beim ersten kleinen Hauch von Unsicherheit oder Gefahr würde das ganze ausländische Geld verschwinden. Innerhalb von Tagen konnte die ganze Sache platzen, und man war ständig damit beschäftigt, Geld zu tauschen.

Wir paßten es richtig ab. Wir hatten rechtzeitig wieder Dollar vor dem Zusammenbruch, der im Januar oder Februar 1981 kam, als das argentinische Geld um zehn Prozent abgewertet wurde und einen Monat später noch einmal um 20 Prozent. Die ganze Sache brach einfach zusammen. Das war unter einem neuen Wirtschaftsminister namens Lorenzo Siguat. Zur Zeit von Martínez de Hoz hatten die Leute zusätzlich zum Immobilienboom Geld geliehen — und waren dazu ermutigt worden —, um Maschinen für die Neuausstattung von Fabriken zu kaufen. Als alles zusammenbrach, brachen auch sie zusammen. Man erzählte die Geschichte, daß jemand seine Estanzia verkaufen mußte, um seine Schulden zu bezahlen.

Wir legten unsere Dollar an und bekamen ein bißchen mehr und verloren dann anschließend einen gewissen Teil unseres Gewinns: Unser Bankmanager legte ein Drittel unseres Geldes in Gold an. Wir kauften bei 800 Dollar und kamen mit 680 Dollar pro Unze raus. Trotzdem hatten wir am Ende genug, uns diese schöne Wohnung in einer der besten Gegenden der Stadt zu kaufen. Wir kauften sie im August 1982, als die Preise drei Wochen lang — wegen des Falkland-Krieges — auf dem niedrigsten Stand seit 20 Jahren waren. Nach Ablauf der drei Wochen stiegen die Preise wieder um mehr als 60 Prozent. Wenn wir gezögert hätten, hätten wir nicht kaufen können.

In einem Land wie Argentinien macht man Geld nur, wenn man Glück hat. In der einen oder anderen Ecke ist immer eine Krise. Und dadurch hat man keinen Sinn für die Zukunft. Man tut nichts für die Zukunft. Die europäische Vorstellung von Vorsorge für die Zukunft gibt es nicht. Ich frage mich oft, wie ich mich an so etwas gewöhnt habe. Die andere Sache ist, daß man als Arbeitnehmer ständig das Gefühl hat, ausgeraubt zu werden. Wenn man diese Erfahrung nicht machen muß und, sagen wir, in einer eigenen Sphäre des Glücks leben kann, kann es ein herrliches Land zum Leben sein. Und das, nehme ich an, schläfert alle ein.«

Borges sagte 1972, er lese nie Zeitungen. »Diese Dinge machen mich traurig. Außerdem sind sie trivial.« Borges konnte das sagen — von den täglichen Gewaltakten der Guerilla oder der Polizei, von dem Taktieren der Politiker und Militärs, marginaler Gestalten, die viel kleiner waren als der Augenblick —, denn für Borges war Argentinien ein Land, das er bereits verloren hatte.

Was Borges damals gesagt hatte, sagten andere heute, auf unterschiedliche Art. Eine Bekannte sagte: »Wir sind dümmer geworden.« 1972 war sie Peronistin gewesen, voller Erwartungen. Vielleicht zur gleichen Zeit, vielleicht ein bißchen später war sie auch »Marxistin« gewesen, strahlend mit ihren einfachen Wahrheiten, und jederzeit bereit, sie zu verkünden. Mittlerweile hatte sie vergessen, daß sie das eine und das andere gewesen war, und war — in der allgemeinen Abgespanntheit — nichts; es gab keine politischen Systeme mehr zum Ausprobieren. Frauen wie sie verlegten sich jetzt auf »Meditation« — jeden Tag gaben die Zeitungen Vorträge und Kurse bekannt.

Ricardo, der die Guerillaführer in der Schule gekannt und der Sache eine gewisse Sympathie entgegengebracht hatte, trauerte um diese gebildete, vernichtete

Generation. Diese vielen Tausende Neuer Menschen, in denen Religion und Revolution zusammengetroffen waren, waren die Enkel von Einwanderern; sie wären jetzt in den Vierzigern. Als wir nach dem Treffen mit dem früheren Guerillero (der sich selbst als besiegten Mann dargestellt hatte) zurückgingen, sagte Ricardo traurig: »Vielleicht müssen wir die Vorstellung akzeptieren, daß dieses Land nicht lebensfähig ist. Die jungen Leute, die ich kennenlerne, sehen es als selbstverständlich an, daß Argentinien in naher Zukunft eine Nation sein wird, und das könnte sie zu neuen Abenteuern und falschen Schlüssen führen.«

Ricardo sprach wie Borges aus seinem eigenen Kummer heraus, aus seinem eigenen Bedürfnis nach philosophischen Weltbildern, seinen nun überlebten Vorstellungen von Revolution und gerechtem Kampf. Diese Vorstellungen waren mit dem trojanischen Ende, das Borges vorhergesagt hatte, dahingegangen; und aus der Abgespanntheit und Ermattung dieses Endes heraus waren an ihrer Stelle neue und einfachere Denkweisen nach Argentinien gekommen.

Ein Geschäftsmann, den ich traf, zählte sie auf. Argentinien glaube nicht länger an den Feind von außen, glaube nicht länger, ein europäisches Land zu sein, und habe die Vorstellung vom grenzenlosen Reichtum des Landes verloren.

Diese drei Ideen waren miteinander verbunden: Zusammengenommen ergaben sie eine intellektuelle Revolution. Diese Vorstellung vom Reichtum — sie war Teil der Volksweisheit des Landes gewesen. Meine Notizbücher von 1972 sind voll davon. »Dieses Land kann niemals untergehen.« — »Trotzdem, man lebt hier besser.« — »Gott beseitigt bei Nacht das Durcheinander, das die Argentinier am Tage anrichten.« Diese Vorstellung vom Reichtum stammte aus der spanischen Zeit und war mit der Eroberung der

Wüste wiedergeboren worden. Sie hatte die große Gier der *estancieros* bestärkt, die auf spanische Art an den Reichtum des Landes dachten, etwas Unteilbares, das so vielen Menschen wie möglich verweigert werden mußte. Dies hatte wiederum die Gier und die Plündereien Peróns und seiner Nachfolger ermutigt und die Ansprüche ihrer Anhänger. Sie hatte die Vorstellung vom Pionier zerstört, die Vorstellung von Selbstverwirklichung durch Arbeit; sie erhöhte statt dessen die Vorstellung der Härte, *la viveza criolla.* Sie hatte die Vorstellung von Blut und Revolution, so endlos aufeinanderfolgend, ermutigt: Nur noch ein weiterer Neubeginn, nur noch einen weiteren Feind entdecken und töten, und der Reichtum des Landes würde — wie aus einem Spielautomaten — herabregnen.

All das war nun verschwunden. Um weiterzumachen, würden die Menschen einen neuen Vertrag mit dem Land schließen müssen. Das schloß einen neuen Vertrag mit anderen Menschen ein, eine neue Art politischen Lebens.

Jorge, der Ökonom, hatte gesagt, es sei eine Ironie Argentiniens, daß die beiden wichtigsten Parteien, die Radikalen und die Peronisten, noch immer auf »Verteilungspolitik« setzten, als es keinen Reichtum mehr zu verteilen gab. Alfonsín, von der Radikalen Partei, nach dem Sturz des Militärs 1983 zum Präsidenten gewählt, war durch die Hyperinflation untergegangen. Er war im Juli 1989 — einige Monate vor der Zeit — freiwillig von seinem Amt zurückgetreten; und sein Name wurde heute eher mit wirtschaftlichem Unheil in Verbindung gebracht als mit der Demokratie, die er wiederhergestellt hatte. Er war als Präsident von Carlos Menem, dem Peronisten, abgelöst worden.

Menem beunruhigte die argentinische Mittelschicht. Er war ungewöhnlich, Nachfahre erst vor kurzem eingewanderter Araber, aber er war dem kolonialen argentinischen Norden zugehörig. Er regierte in der Ödnis von La Rioja. Seine Erscheinung war Teil seiner Anziehungskraft: die weißgrauen Koteletten, breit und lang und lockig, ließen ihn wie einen argentinischen Caudillo oder Häuptling des 19. Jahrhunderts aussehen, einen hart kämpfenden, der steinigen Erde entsprossenen Mann. Für die Mittelschicht — für einen Farmer wie Julio beispielsweise, der in mancher Hinsicht bereits aus der Geldwirtschaft ausgestoßen war — bedeutete der Populismus von Menems Wahlkampf nur höhere Löhne für die Arbeiter, mehr Inflation, mehr Chaos.

Und dann, im Amt, überraschte Menem alle. Er wandte sich ab von der »Verteilungspolitik« — trat nicht in Alfonsíns Fußstapfen — und fing an, alte und grundlegende Elemente der peronistischen Doktrin, eine nach der anderen, abzulegen. Er bewahrte gegenüber den Gewerkschaften, dem Ursprung peronistischer Stärke, Zurückhaltung Er begann mit der Privatisierungspolitik. Er suchte — nicht immer klug — nach privaten Käufern für die sehr vielen beinahe bankrotten staatlichen Unternehmen. (Er verkaufte die Telefongesellschaft; es gab Zeitungsberichte, daß Arbeiter, die Telefonleitungen mißbraucht hatten, an die Luft gesetzt wurden; so daß es schließlich, nach fast einem halben Jahrhundert, eine Chance gab, daß die Spinnweben aus Telefonleitungen über Buenos Aires entfernt werden würden.) Er unternahm Schritte, die Zahl der staatlichen Angestellten, die Last der 24 Ränge, zu reduzieren. Zur gleichen Zeit senkte er die Zölle. Anfang 1991 band sein Finanzminister, Domingo Cavallo, die Landeswährung an den Dollar und blieb dabei.

Vergleichbare Versuche, die argentinische Wirtschaft nach der Ära Peróns in Ordnung zu bringen, waren schon vorher angestellt worden, und manchmal auch von guten Männern; aber sie waren gescheitert. Sie waren von einem Land, das an seinen großen Reichtum glaubte und der Vorstellung von Revolution noch sehr nahe war, zurückgewiesen worden. Doch nun hatte Argentinien seine Armut entdeckt; und obwohl Menem viel Zynisches an sich hatte und seine rigorose Politik große Härten mit sich brachte, gab es im Augenblick keinen Aufruhr. 1991 sank die Inflation auf vier Prozent im Monat, dann auf zwei Prozent. Für Argentinien war das praktisch Stabilität, und es stellte sich heraus, daß die Menschen dies wollten. Bei den Regionalwahlen im September 1991 schnitten die Peronisten — soweit dies Wort noch eine Bedeutung hat — sehr gut ab.

Vielleicht konnte nur ein Peronist verkünden, daß der Peronismus vorbei sei, und dieser besonderen argentinischen Vorstellung von Revolution und Gerechtigkeit ein Ende machen. Die Revolution hatte ein halbes Jahrhundert aufgezehrt: Sie hatte das Land an den Abgrund geführt. Es war, als seien die Gier und die Grausamkeit, die Vorstellungen von Blut und Rache, von Geld und Feind, die Vorstellungen, die mit der spanischen Eroberung entstanden und durch die Eroberung der Wüste und die Einwanderung aus Europa noch verderblicher geworden waren — es war, als hätten die so oft fehlgeleiteten Leidenschaften des Landes sich dem Verstand nie erschlossen, sondern sich selbst erschöpfen müssen.

Argentinien habe die Menschen zuviel träumen lassen, hatte Ricardo gesagt; und nun war das Land nicht mehr lebensfähig. Doch diese Art Verzweiflung war ebenso eine Abstraktion wie Pater Mujicas revolutionärer Wunsch, die Feinde des Volkes zu vernichten und den menschlichen Geist zu entwickeln. In Argentinien brauchten die Menschen einfachere Gesten, eine einfachere Moral.

Zwischen den Nachrichten über die Versuche der Regierung Menem, die Währung zu stabilisieren, und Klatsch über das Familienleben des neuen Präsidenten und Mutmaßungen darüber, warum dem einbalsamierten Leichnam Peróns die Hände abgeschnitten worden waren, gab es Berichte über den wöchentlichen Schweigemarsch, *la marcha del silencio,* in der Stadt Catamarca im Norden. Catamarca, im frühen 19. Jahrhundert von lokalen Kriegsherren beherrscht und heute sehr arm, wurde von einer einzigen mächtigen Familie kontrolliert. Eine junge Frau war in Catamarca ermordet worden. Die Einheimischen waren empört darüber, wie man die Angelegenheit vertuscht hatte; und in dieser Stadt, in der es seit der Zeit der Spanier eine autoritäre Tradition gab und der Lebensunterhalt der meisten Menschen (in 24 Rängen) nun vom Wohlwollen der örtlichen Herrscher abhing, hatte man aus Protest mit einem wöchentlichen Schweigemarsch begonnen, angeführt von einer Nonne. Die Zahl der Marschierenden hatte zugenommen; der Erfolg war überwältigend gewesen; die Bundesregierung hatte sich einschalten müssen. Der mächtige Gouverneur war zurückgetreten; jemand anders war ins Gefängnis gegangen. Dann hatten die Märsche aufgehört; die Nonne war in ihr Kloster zurückgekehrt. Pater Mujica und die Guerilleros, ihrem Selbstverständnis nach Neue Menschen, die sich der Ungerechtigkeit entgegengestellt hatten, hatten niemals etwas ähnlich Tapferes getan oder sich für ein gewichtigeres politisches und moralisches Anliegen eingesetzt. Wahrscheinlich hatte es hier im Norden seit der spanischen Eroberung kein solches Zeichen mehr gegeben.

Catamarca war im späten 17. Jahrhundert gegründet worden. Es lag an der Stelle einer älteren Andensiedlung, die die Spanier Mitte des 16. Jahrhunderts, nur 20 Jahre nach der Eroberung Perus, anzulegen versucht hatten. Diese erste Stadt oder Siedlung war bald darauf von Einheimischen zerstört worden, die damals noch nicht erniedrigt waren. Ihr spanischer Name lautete — zu Ehren der Ehe Philipps II. von Spanien mit Maria I. Tudor (1554–1558) — *Londres de la Nueva Inglaterra,* London des Neuen England.

Über den Autor

V.S. (Vidiadhar Surajprasad) Naipaul wurde 1932 auf der Insel Trinidad in der Karibik geboren. Seine Eltern waren Einwanderer aus Indien. Naipaul wurde als Brahmane in der hinduistischen Tradition erzogen. Sein Vater war Journalist, seine Mutter stammte aus einer Plantagenbesitzer-Familie. Mit achtzehn Jahren verließ er die Insel, um in Oxford zu studieren. 1954 zog er nach London, wo er eine Zeitlang für die BBC arbeitete und die Engländerin Patricia Ann Hale heiratete. Dort begann er zu schreiben. »Er ist nie einer anderen Beschäftigung nachgegangen«, heißt es in einer autobiographischen Notiz.

1957 erschien sein erster Roman. Seitdem ist er immer wieder gereist: nach Trinidad ,British Guyana, Suriname, Martinique und Jamaika, später auch nach Indien, nach Uganda, in die USA und nach Kanada. 1970 läßt er sich in der englischen Grafschaft Wiltshire nieder, wo er heute noch lebt. Auf den Spuren von

Joseph Conrad fährt er in den Kongo. Eine Gastprofessur in den USA scheitert. Mit dem Roman *A Bend in the River* wird er international berühmt. Eine weitere Expedition führt ihn durch die gesamte islamische Welt vom Iran bis nach Indonesien. Die Kritik nennt ihn jetzt den »Solschenizyn der Dritten Welt«, eine politische Charakterisierung, die seinen stilistischen Qualitäten nicht gerecht wird. Im Jahre 1990 schließt er eine großangelegte Trilogie über Indien ab. Seither hat Naipaul vor allem autobiographische Bücher veröffentlicht. Von sich selber sagt er: »Ich habe keine Feinde, keine Rivalen, keine Meister; ich fürchte niemanden. Man wird mir keinen Nobelpreis verleihen.«

Bibliographie

The Mystic Masseur. Roman. London 1957. (*Der mystische Masseur.* Köln 1984.)

The Suffrage of Elvira. Roman. London 1958. (*Wahlkampf auf karibisch, oder: Eine Hand wäscht die andere.* Neuägeri 1975.)

Miguel Street. Roman. London 1959. (*Blaue Karren im Calypsoland.* Neuägeri 1966.)

A House for Mr. Biswas. Roman. London 1961. (*Ein Haus für Mr. Biswas.* Köln 1981.)

The Middle Passage: The Caribbean Revisited. Reisebericht. London 1962.

Mr Stone and the Knights Companion. Roman. London 1963. (*Herr und Sklave.* Reinbek 1985.)

An Area of Darkness. Reportage. London 1964.

A Flag on the Island. Erzählungen. London 1967.

The Mimic Men. Roman. London 1967.

The Loss of El Dorado. Reisebericht. London 1969.

In a Free State. Erzählungen. London 1971. (*Sag mir, wer mein Feind ist.* Unterägi 1978.)

The Overcrowded Barracoon. Essays und Kritiken. London 1972.
Guerrillas. Roman. London 1975. (*Guerrillas.* Unterägi 1978.)
India: A Wounded Civilization. Reportage. London 1977.
A Bend in the River. Roman. London 1980. (*An der Biegung des großen Flusses.* Köln 1980.)
The Return of Eva Peron, with The Killings in Trinidad. Reportagen und Essays. London 1980.
Among the Believers. An Islamic Journey. Reportage. London 1981. (*Eine islamische Reise. Unter den Gläubigen.* Köln 1982.)
Finding the Centre: Two Narratives. Autobiographie. London 1984. (*Prolog zu einer Autobiographie.* Köln 1984.)
The Enigma of Arrival: A Novel in Five Sections. Autobiographie. London 1987. (*Das Rätsel der Ankunft.* Köln 1993.)
A Turn in the South. Reisebericht. London 1989. (*In den alten Sklavenstaaten. Eine Reise.* Köln 1990.)
India: A Million Mutinies Now. Reportage. London 1990. (*Indien, ein Land im Aufruhr.* Köln 1992.)
A Way in the World. Autobiographie. London 1994. (*Ein Weg in der Welt.* Hamburg 1995.)

Über V. S. Naipaul

P. Theroux, *V. S. Naipaul.* An Introduction to his Work. London 1972.
D. Z. Hassan, *V. S. Naipaul and the West Indies.* New York 1989.
M. Thorpe, *V. S. Naipaul.* Harlow 1976.
L. White, *V. S. Naipaul. A Critical Introduction.* London 1975.
Du (Zürich), Heft 10, Oktober 1993.

Inhalt

V. S. Naipauls Reportagen DUNKLE GEGENDEN sind im August 1995 als einhundertachtundzwanzigster Band der ANDEREN BIBLIOTHEK im Eichborn Verlag, Frankfurt am Main, erschienen. Karin Graf hat diesen Band aus verschiedenen Veröffentlichungen des Autors zusammengestellt und aus dem Englischen übersetzt. »Argentinien: Mit der Grausamkeit leben« ist auf deutsch erstmals in *Lettre International,* Berlin, erschienen; dieser Text wurde von Angelika Hartmann und Karin Graf gemeinsam übertragen. Das Lektorat für diesen Band hat Niels Kadritzke übernommen.

Dieses Buch wurde in der Buchdruckerei Greno in Nördlingen aus der Korpus Garamond Monotype gesetzt und auf einer Condor-Schnellpresse gedruckt. Das holz- und säurefreie mattgeglättete 100 g/qm Bücherpapier stammt aus der Papierfabrik Niefern. Den Einband besorgte die Buchbinderei G. Lachenmaier in Reutlingen.

1. bis 8. Tausend, August 1995. Einmalige, limitierte Ausgabe im Buchdruck vom Bleisatz.

ISBN 3-8218-4128-1. Printed in Germany.

Von jedem Band der ANDEREN BIBLIOTHEK gibt es eine Vorzugsausgabe mit den Nummern 1–999.